清史图典

清史图典

清朝通史图录
第十册

咸丰 同治朝

故宫博物院 编

主编
朱诚如

副主编
刘潞　任万平　郭玉海

本卷主编
朱赛虹

紫禁城出版社
2002.1

图书在版编目(CIP)数据

清史图典·咸丰 同治朝／朱诚如主编，—北京：紫禁城出版社，2002.1
（清朝通史图录）
ISBN 7-80047-339-2

Ⅰ.清… Ⅱ.朱… Ⅲ.中国－古代史－清代－图集 Ⅳ.K249.08
中国版本图书馆CIP数据核字（2001）第086689号

清史图典编辑委员会

主　任
朱诚如

副主任
刘　潞　任万平　郭玉海

委　员（以姓氏笔划为序）
马东玉　王思治　冯尔康　朱诚如
朱赛虹　任万平　刘　潞　李治亭
李　湜　严　勇　张玉芬　余同元
汪　亓　周远廉　周京南　赵　宏
聂　卉　阎崇年　曹连明　郭玉海
喻大华

清史图典·咸丰 同治朝

故宫博物院　编
朱诚如　主编
朱赛虹　本卷主编
紫禁城出版社　出版

（北京景山前街　故宫博物院内）
北京圣彩虹制版印刷技术有限公司　制版
中华商务联合印刷有限公司　印刷
新华书店北京发行所　发行
开本 850×1168mm　1/16
字数 140千　图版 532幅　印张 20
2002年1月第1版第1次印刷　印数 1—3000
ISBN7-80047-339-2/J·167
定价：200.00元

咸丰 同治朝总目

清史图典序言	朱诚如	2
咸丰 同治朝序言	马东玉	6
图版目录		11

编者说明	1
军政篇	2
经济篇	166
文化篇	200
后　记	297

清史图典总序

朱诚如

（故宫博物院教授）

《清史图典》是大型多卷本《清朝通史》的图录部分，意在以图片的形式连缀整个清朝的历史。

清王朝是中国封建专制制度发展的鼎盛时期，是值得史家倾尽一生精力去研究的重要历史阶段。清朝上承明朝中晚期封建社会强劲发展，专制主义中央集权急剧加强，经济领域出现崭新的资本主义的萌芽；下接中国封建专制制度全面巅峰之后的社会转型，在内忧日益严重，外患与日侵淫的社会环境中开始了迈入近代化的门槛。长达268年的清王朝主宰中国命运时期，营造了中国封建社会的夕阳辉煌：它开疆拓土，外御强敌，内弭反叛，封定藩属，奠定了今日中国版图的基础；它建立了封建专制主义的超级强权系统，以往封建朝代时断时续、相沿不衰的宦官专擅、外戚弄权、藩镇割据等蚕食皇权的派系毒瘤被彻底铲除，真正体现出一人决断，总揽朝纲的极端皇权威严；它编定了集中国数千年来的封建文化之大成的图书典籍，推出了体系纷呈、各树一帜的学术研究群体，培育了影响深远的文化大家；它改善了沿袭已久的中国封建农耕体制的经济模式，创办了具有资本主义因素的近代企业，逐步建立起适应近代资本主义的过渡体系，在一个封建因素积淀深厚的庞大国度开始了步履艰难的经济转型。大清王朝在其相对短暂的历史长河中创造了前所未有的社会业绩。

在中国有文字记载的5000年文明历史年轮中，大清王朝统治华夏大地的时间不过区区的268年。但在这268年的时间里，清代社会文明经历了中国历史上最为激荡的变革时期。清朝勃兴的前期，当康熙帝派出精兵强将水陆并进会战雅克萨，阻断沙俄侵略中国东北的企图之时；当乾隆帝10次派遣大军靖边纾难，越境扬威之时——巅峰时期的中国封建王朝是一道屹立在东方的威严不可侵犯的长城。大清王朝经略海疆，在她的东南沿海连接了琉球、苏禄、安南、暹罗等藩属国家，建立了独特的藩属体制，成为领袖东方文明的中心。然而，岁月星河，枝蔓流变，盛世繁荣的背后，一场来自西方资本主义世界的强大冲击已呈"山雨欲来风满楼"之势，古老的王朝面临着前所未有的危难与困厄。大清王朝步入衰落的中后期，正是世界历史的18世纪，西半球欧美的土地上新近崛起了一批资本主义国家，在确立了资本主义制度之后，迅速开展了产业革命。蒸汽机的强劲动力、大机器的生产方式极大地催化了欧美国家的社会生产力，使其综合国力的发展呈现出一日千里的态势。而大清王朝缔造的封建文明虽然是农耕社会发展的顶级阶段，但与资本主义文明相比不在一个文明层次上，况且逐渐显露出疲态，无力保住数千年来社会文明领先的局面。当西方殖民主义者越洋而来，用炮舰轰开中国闭关锁国的大门，迫使清王朝必须面对资本主义文明的时候，几千年来积淀的封建文明顿时相形见绌，处于低级层次的封建文明几乎没有抗衡的实力。于是外战惨败、口岸开放、土地割让、外国公使驻京等一系列破坏王朝统治秩序、摧毁民族尊严的灾难降临了。天朝大门被打开，大清王朝一步步走向沉沦的深渊。

沉沦之中，民族脊梁迸发出自强不屈的呐喊。晚清朝野中的开明绅士抛却天朝上国的自大心理，倾心学习西方的高新科技，试图举办洋务事业以拯救王朝危机，延缓王朝的沉沦。19世纪60年代起始，开明的封疆大吏、朝廷重臣陆续举办洋务企业，兴办洋务学堂，传播先进的科学技术。沿着这样一种势态发展下去，进入近代的中国在自强求新的道路上经历了从器物到理念的观念变迁，最终导致在世纪之初出现政治改革势力。这种革新势力前仆后继的启蒙与呐喊，不断催化转型时期的政治革新，引导中国走上政治近代化的道路。终于在1911年爆发了辛亥革命，推翻了大清王朝的封建统治，结束了中国社会沿袭2000多年的封建制度，迎来了尽管是军阀混战民不聊生但却符合社会发展潮流的民国时代。

整个清朝历史处于百年激荡的社会转型之中，展现出纷繁复杂、动荡多变的多彩画卷。《清史图典》（十二册）是大型多卷本《清朝通史》（十五卷、600万字）的图录部分，意在利用故宫博物院及全国各地收藏的包罗宏富的文物图片资料，连缀出简明清晰的历史线索，描绘出波澜壮阔的历史轮廓，全景般地再现出满族初兴、问鼎中原、囊括八荒、盛世繁华、闭关锁国、抗御外敌、艰难应变以及宇内风起云涌、王朝覆亡的整个历史，画龙点睛般地重现出重要的历史精彩瞬间，把昔日定格的图片、绘画、文物、书影、档案文献等单调孤立的图稿贯穿起来，凝结出清新鲜活、规制宏大的历史画卷。

与《清朝通史》采用的纪事本末体例略有不同，《清史图典》虽然也基本上以朝代划分卷次，但总体篇章结构是以历史的时间顺序为经，通贯全书的主体；以社会组织结构析分各个卷次的描述重点，使各个朝代的历史特点得以充分表现出来。《太祖 太宗朝》设置"源流篇"，长白山天池的烟雾缭绕，仙境朦胧；佛库伦沐浴吞神果感而受孕的满族远古神话传说，把清初的历史上溯到满族的母系氏族时代。不过，清初精彩的画卷展开始自雄才大略的努尔哈赤以"遗甲十三副"起兵对抗明朝。统一建州，宏括女真，试兵辽西，叩打雄关，建立意在与中央政权比肩的古老王城赫图阿拉。残垣断壁的古城遗址，锈迹斑驳的铁盔甲胄，无不显现出八旗骑兵粗犷勇猛的铁流雄风。皇太极继承了努尔哈赤的遗愿，数次派遣八旗铁骑千里奔袭明朝内地，劫掠财物，袭扰城池，保持战略进攻的主动权。在内政方面，皇太极致力于八旗政权建构与完善，接受汉族先进文化的熏陶，使满族的社会发展出现突飞猛进的势头。

顺治帝承续了皇太极的余荫，迁都定鼎北京，皇极门前演绎了满族入主中原的精彩一幕。征伐李自成，讨剿张献忠，摧毁南明流亡政权。一篇篇历史内涵包罗宏富的旧照、遗物，勾勒出摄政王多尔衮挥动各路兵马席卷大半个中国，奠定统一多民族国家雏形的基本脉络。康熙一朝，"名曰守成，实同开创"，计擒鳌拜，独领皇权；西征叛乱，东收台湾，北控沙俄；平定三藩，协和蒙古；巡游江南，劝课农桑，启清朝盛世之先兆。览阅《康熙朝》的绚丽图画，颇觉盛世华章扑面而来。雍正帝承续康熙帝的余荫，大刀阔斧、雷厉风行地革除了康熙帝晚年倦勤遗留的社会积弊，打击政敌残酷无情，整顿吏治疾风骤雨，设立直隶于皇帝的军机处，控遏朝政于皇帝一人的股掌之上。于是，《雍正朝》里展示了皇宫大内的刀光剑影、血雨腥风，政坛风云的变化莫测，以及经济文化生活的谨严有序。继雍正朝短暂的整顿之后，迎来了中国封建文明辉煌的乾隆时代。乾隆一朝集中国封建社会的文明积累之大成，生齿迅猛繁衍，土地赋税丰盈，经济迅速发展。编订基本囊括古代文化典籍的《四库全书》，挫扼强敌，完收十全武功。《乾隆朝》的图画，规制庞大，气势磅礴，展现出江山万里、沧海桑田的雄浑气势，锦绣盛世的气度挥洒洋溢。乾隆朝底定了中国基本版图，迎来了中国封建社会末期的盛世辉煌。盛世过后即是平凡到了极点的平庸，嘉庆帝在乾隆帝巨人般的身影下，初期并不涉及政务，听凭太上皇越俎代庖，及至乃父故去，有重新振奋之心却无崛起之力。盛世遗产是矛盾丛集，积弊甚深的社会难题，嘉庆帝尽管力图以勤政挽回颓势，但大势已去。于是《嘉庆朝》呈现出的历史遗存平淡无奇，很难找到能够凸显嘉庆一朝的历史文物和图卷。镇压白莲教起义算是嘉庆一朝的大事，但动用16省的军队，糜费2亿两的银饷，耗尽了乾隆帝勤恳持政积累的家底。嘉庆朝末期，国库空虚，帅老兵疲，政治混沌，主上平庸，仅仅20余年间大清王朝就已经呈现出衰败之象了。以至于继位的道光帝在清朝12帝中是名载史册的"吝啬鬼"，简约节省，握拳渗水。然而，如此简约自律也不能保障大清王朝延续下去。1840年，英国殖民主义者依靠坚船利炮轰开中国的大门，道光帝惜钱如金，小败即止，宁可签订屈辱的《南京条约》，洞开南中国门户。《道光朝》历史的图片表明，早年端起鸟枪冲锋在前勇退天理教的少年皇子，在强敌压境之际泯灭了杀敌勇气。割地赔款，开放口岸，天朝的崩溃使道光帝感到死后愧见列祖列宗，遂自我处罚：嘱死后不再配享太庙。道光帝撒手人寰，留给其子咸丰帝的是外敌入侵，江山残破；财政困窘，捉襟见肘的废烂局面。资质鲁钝的咸丰帝施政乏策，调遣无力。南方太平天国势焰正炽：定都天京（南京），北伐西征，长江中下游已不再为大清皇帝所控制。而英法列强二次入寇，溯海北上，登陆北塘，火烧圆明园，硝烟弥漫了北京城。困厄交织，咸丰帝亡故避暑山庄，慈禧太后借机发动宫廷政变，进而两宫垂帘听政，晚清政治由此进入了太后主政时期。浏览《咸丰 同治朝》的黑白世界，战火纷飞，政坛纷纭，主忧民困，水深火热，充满了乱世纷扰、抑郁难舒的困懑氛围。同治帝天花夺命之后，幼冲之龄的载湉入继大统，是为光绪帝。光绪一朝，列强频频扣打中国的大门，几乎每隔十年就发动一次侵华战争，中法战争、中日战争、日俄战争接踵而至，直至1900年八国联军再次攻掠中国的都城北京，自行划分各自的势力范围。自西安回銮的慈禧太后放言："量中华之物力，结与国之欢心"，彻底泯灭了抗拒之心，沦落为帝国主义列强的附庸。光宣时期，西学东渐已历数十载，外部意识的侵淫已经渗透进中国社会的肌体，以往社会的传统模式遭到了巨大冲击，催化出传统封建社会所没有的社会因子。中国封建社会在历经2000多年的发展历程之后，已经走到了脱胎换骨、鼎新革故的转型时期。为自强图存拯救王朝，朝廷的部分封疆大吏、阁老重臣举办近代新式工业，创办新式学堂，甚至在"中学为体、西学为用"的理念之下尝试改良传统政治结构——推出变法维新运动，试图借鉴中国封建社会历次变法图强的举措，延续大清王朝的统治生命。然而，极端专权的慈禧太后，呆板僵化的调控秩序已经失去了自我调节功能的弹性。当"戊戌六君子"洒血菜市口，光绪帝被幽囚瀛台时，大清朝廷舍弃了可能成为延续政权的回旋力量。资产阶级革命派开始以推翻清王朝为目标点起了南国边陲的烽烟。这种暴力挑战步伐迅速超越了大清王朝自身的"新政"步履。武昌起义一声枪响，十三省份通电响应，清朝统治即刻土崩瓦解。封建王朝终结了，中国步入了纷乱失序却又充满希冀的新时代。浏览《光绪 宣统朝》的张张图片，在体验岁月尘封的多味瞬间的同时，社会发展翻天覆地的惊人变迁给人以强烈的永久的震撼。

以图证史，利用各种实物附带的鲜活历史信息丰润后人对于历史的描述，弥补语言描述与真正历史内涵之间的差异，是我们编辑此书的初衷。近300年的清朝历史遗留下来了卷帙浩繁、汗牛充栋的文献资料，风蚀水浸、数不胜数的文物藏品，尘封失记、内容隐约的书影旧照，以及久历岁月消融却依然古韵犹存的宫闱建筑，给了我们以广阔的清理析分空间。然而，在庞杂纷乱、良莠四陈的资料海洋中，去粗取精，剔伪存真，提炼主题，深究图题背后隐藏的历史内涵是一项非常艰巨的使命，我们微薄之力稍有不逮。由于个别主题资料的稀密差别非常之大，尽管在清朝的历史长河中占居非常重要的地位，但资料的匮乏使我们只能暂时付诸阙如，留待日后再版修补。虽然如此，我们仍然希望本书能够与《清朝通史》相得益彰，给广大读者以思虑深刻的宏观历史的理性内涵，形象生动的微观历史的感性表征。是否能够达到这样一种效果，我们期待着学界专家、一般读者的批评指正。在本书杀青即将付梓之际，我作为本书的总主编缀就以上文字，即为本书序言。

2001年8月1日
北京　故宫博物院

咸丰 同治朝序言

马东玉
(辽宁师范大学教授)

咸丰、同治两朝（1851—1874年），从王朝发展的本身看，是清王朝由强盛走向衰落，由"治世"走向"乱世"，即将覆亡的一段历史。由于王朝自身的腐败，导致阶级、民族、朝野上下各种矛盾激化，从而发生了中国历史上规模最大的太平天国农民起义；也发生了清代历史上极少发生的宫廷政变。风起云涌的农民大起义，云谲波诡的宫廷斗争，使咸同两朝的历史极富动荡性和神秘性。

毛泽东把中国近代史归纳为帝国主义侵略变中国为半殖民地和中国人民反帝反封建的两个过程。咸丰年间发生了英法联军侵略中国的第二次鸦片战争，战争延续4年之久，从攻陷广州，到进攻北京；从攻陷大沽口，到火烧圆明园。咸同两朝的外敌侵略，典型地反映了清王朝统治下的中华民族在外敌侵略下的屈辱和痛苦。咸同两朝的历史，是中华民族的血泪史，也是中国人民的反抗史。具有反侵略传统的广州人民，京津地区人民，东北地区人民，总之，侵略者所到之处，都遭到各地人民群众的英勇反抗。如火如荼的反侵略斗争，写出了极其壮丽的历史篇章。中国人民不屈不挠的斗争，使帝国主义永远不能灭亡中国。

反侵略战争的一次次失败，割地、赔款的屈辱，不断促进中国人民的觉醒，促进中国社会各阶级和各种社会力量、政治派别，设计自强和救国、治国方案。毛泽东说："自从1840年鸦片战争失败那时起，先进的中国人，经过千辛万苦，向西方国家寻找真理"（《论人民民主专政》）。毫无疑问，当时西方国家比中国先进，"真理"是在西方国家那里。然而，可悲的是，持有"真理"的先进国家却扮演了侵略者的狰狞角色；学习"真理"，却要向这些杀人抢地的强盗去学！这种奇特的历史连马克思都感到"离奇"，在《鸦片贸易史》中，马克思写道："在这场决斗中，陈腐世界的代表是激于道义原则，而最现代的社会的代表却是为了获得贱买贵卖的特权——这的确是一种悲剧,甚至诗人的幻想也永远不敢创造出这种离奇的悲剧题材。"

这种特殊的历史原因和奇特的历史现象，把"先进的中国人"推向了一种困窘——二律背反的困窘。中国要富强就得"向西方国家寻找真理"，而真理的持有者却又正好是中国的敌人；换句话说，中国既要向侵略自己的敌人学习，又要打倒自己的敌人。实际上若说开了也没有什么困窘，这便是魏源说的"师夷长技以制夷"。然而，公式般的语言容易说，在实际运用时就很难。由于侵略者给中国人造成太坏的印象，"师夷长技者"就很难被常人理解，同治年间要向西方学习"真理"者都不顺利，或者干脆没有好下场。恭亲王奕䜣是在激烈的斗争中由统治阶级分化出的要求学习西方的代表，成了同治"新政"的领导者和洋务运动的发起人。他尽管大权在握，想搞起一项"新政"来都不那么容易。同文馆扩大招生的计划刚发布，便引起一场轩然大波，人们干脆攻击他是"诱佳弟子拜异类为师"，直送他"鬼子六"的雅号。江苏巡抚丁日昌，因从事洋务活动，任江南制造局总办，帮助容闳启动幼童留美出洋，人们便叫他"丁鬼奴"。因主张学习西方而遭厄运最惨烈者要数郭嵩焘。郭是中国派往西洋的首任使臣。咸丰十年《北京条约》签订后，外国派来的驻华公使驻进了北京，主持谈判的恭亲王奕䜣通过与外人的接触，知道公使是互派的，也明白互派使节是十分正常的。但直到光绪初年发生了马嘉理事件，英国人逼着清政府派人去英国谢罪，派去谢罪的郭嵩焘被任命为"出使英国钦差大臣"，他才成为中国的首任驻外公使。然而，他出使外洋之日，便是他倒霉之始，直至死后仍留着骂名。他答应出使后，便有人骂他"未能事人，焉能事鬼"？湖南乡试诸生集会，商量着去抄他的家，挖他的祖坟。出使赴英的路上，他写了一本日记，寄给总理衙门以《使西纪程》刊刻，引起"满朝士大夫公愤"，终被毁版躏弃。版毁未及一年，郭氏便被撤任召回，自此不再起用。光绪十七年郭氏病死，李鸿章请为立传，上谕仍说"郭嵩焘出使西洋，所著书籍，颇滋物议，所请着不准行"。甚至有人骂他"二毛子"，要破棺戮尸以谢天下。

当郭嵩焘被撤任召回时，他在回国的船上曾写了一首诗，其中有句云："拿舟出海浪滔天，满载痴顽共一船。"这句诗正是当时社会的真实写照，少数"先进的中国人"被通国的"痴顽"包围着。所以，郭嵩焘被称为"孤独的先行者"。他所以遭到厄运，就因为他的觉醒，要求先行一步。前些年，郭嵩焘200万字的日记，由岳麓书社整理出版，包括当年被毁版的《使西纪程》。人们才发现：当年他所以遭到厄运，不过对西方的科学技术感到欣羡，要求学习修铁路、开矿山而已。《使西纪程》的稿子邮回总理衙门后，他到了英国，初步考察了英国的议会制度，才有"西洋所以享国长久，君民兼主国政故也"的记述，才涉及对英国议会制度不成熟的认识。要求学习西方的自然科学，并对其议会制度有了一点粗浅的认识，他便成了当时孤独的先行者，从而为社会所不容，从而遭到上起"庙堂"，下至一般士子的"聚柯丛骂"，直到要烧他的住宅，死后还要毁棺戮尸。

深入研究世界形势的马克思当时就指出："一个人口几乎占人类三分之一的幅员广大的帝国，不顾时势，仍然安于现状"，"竭力以天朝尽善尽美的幻想来欺骗自己"，来维持着"半野蛮人"的"道德原则"（马克思：《鸦片贸易》）。

咸丰同治朝历史的复杂与丰富多采，正体现为爱国——妥协，学习西方——坚守旧传统，"先进的中国人"——"半野蛮人"等，二律背反命题的各种矛盾对立的正题与反题的同时出现。

但是，历史发展的总趋势，尤其在思想文化等方面，咸丰同治朝表现为由旧向新，由"半野蛮"向文明，由封建蒙昧向科学进步的过渡。毛泽东曾说："在五四以前，中国文化战线上的斗争，是资产阶级的新文化和封建阶级的旧文化的斗争……学校与科举之争，新学与旧学之争，西学与中学之争"（《新民主主义论》）。咸同朝思想文化的斗争，正是毛泽东在这里所说的"学校与科举之争，新学与旧学之争，西学与中学之争",其阶级属性则是"资产阶级的新文化和封建阶级的旧文化的斗争"。奕䜣领导的"新政",丁日昌帮助容闳搞留学运动,曾国藩、李鸿章等进行的洋务企业建设,及稍后郭嵩焘做外交出使大臣对英国议会制度的赞许等,他们虽不是资产阶级,但他们进行的内容却属于资本主义的范畴,属于资产阶级新文化的范畴。而阻挠、咒骂他们的旧势力,乃是封建阶级的旧思想、旧文化的保守思潮。

在旧势力的反对和阻挠下,新的科学文化事业搞起来大打折扣,京师同文馆的招生很不景气,第一次留学运动半途而废,第一任驻外使节刚刚派出就又被召回,而且被搞得身败名裂。无论是办工厂、修铁路、开矿山都得搞几场大辩论。然而,中国社会历史在各种矛盾的冲突斗争中不断前进着,构成了多姿多彩的历史画面。

咸丰、同治两朝历史只有20几年,比起其他阶段是很短暂的。但是,由于这一阶段的时代和历史特点所决定,使其头绪纷繁,错综复杂,民族矛盾、阶级矛盾、王朝内外矛盾、思想文化冲突等,纵横交织,使这段不长的历史,却成为中国近代史、清史研究中的一个焦点、重点和难点。诸如太平天国农民起义、洋务运动等问题,一直是中国近代史研究讨论和争论的中心。许多研究者为这些问题刻苦钻研多年,更有一些老前辈为之消耗了毕生精力,人们会永久地记住他们花费的心血。然而,仍应该看到,由于政治方面的原因和多方面的限制,使许多问题仍没有得出正确的、符合历史真实的、令人信服的历史唯物主义的结论。

20世纪80年代以来,由于科学阵地的繁荣,历史研究也有了长足的进展和大幅度的突破。许多禁区被打破及新史料的发现,许多问题被重新认识,不少长期未得到解决的问题,经过重新研究和认识,得到了解决。但是,由于思想解放,认识历史问题的方法、角度的各不相同,又使许多历史问题、历史人物、历史事件的评价产生了新的分歧。不少新的课题被提出,新的领域被开辟,从而取得了可喜的研究成果。

咸同两朝主要有7个方面的内容。

咸丰继统与财政问题。咸丰的继位问题历来为清史研究者所注目。从皇嗣制度方面看,咸丰是清王朝最后一个以秘密建储方式获得皇位的皇帝。该制度从雍正创立,历经乾嘉道三朝,至咸丰结束,对稳定统治,简选贤良,促动历史发展有积极意义。咸丰与奕䜣的争夺帝位,最终以奕䜣的失败而告终。此种结果对咸丰朝乃至以后的历史的影响,应该是很直接的。而十年之后,奕䜣以重要的角色发动宫廷政变,产生了慈禧与奕䜣的联合主政。这场宫廷政变似乎是奕䜣与奕䜣争夺皇位的继续,其结果却以"太后垂帘"而代之,使慈禧太后登上为期数十年的统治宝座。从中可以看出,王朝制度中的帝位继承问题是何等重要。

财政是国家实力的重要体现,它对国家的政治、军事、经济外交及上层建筑的各个方面皆起着制约性作用。咸丰朝的财政是有清200多年中十分突出的问题,为解决财政困窘而突发了通货膨胀,这次通货膨胀的严重,即使在中国2000多年的封建社会中也极为突出。通货膨胀产生了一系列影响,包括货币的变化和货币政策的大讨论,各种金融机构的活跃。咸丰朝的财政及货币问题,引起马克思的注意,直到将此问题写进了《资本论》之中，成为《资本论》中的唯一中国方面的记述。

太平天国农民大起义问题。本问题是咸丰同治两朝最为重大的问题之一，也是历来史学界讨论和争论最多的历史问题之一。尤其20世纪80年代以后，对太平天国问题讨论不仅极热，而且观点的分歧也极大。诸如太平天国的性质、意义，洪秀全评价等大是大非问题，有被彻底推翻、根本否定的倾向。至于更具体的问题，如拜上帝会的有无问题，起义原因问题，奠都、北伐、西征相关问题，天京事变的根源及性质、影响，后期斗争中的洪秀全、李秀成、陈玉成、洪仁玕、洪氏集团、起义失败原因等等问题，原来的讨论大都没有定论，而近年又出现新观点。研究太平天国的历史，更能让人发现，我们评价历史事件受到的时代限制。上个世纪80年代之前，对洪秀全及太平天国的评价，有些不像是评价历史事件，而像是现实政治问题；而80年代以后，几乎对以前的评价整个翻转过来。镇压起义者似乎成了真正的英雄，起义者则是历史罪人。评价者们皆宣称自己是马列主义者、历史唯物主义者。从中让人深深感到如何让历史成为一门相对独立科学学科的重要，坚持真正的历史唯物主义的重要，及历史研究工作者的沉重。

曾国藩与湘军问题。该问题本来是太平天国中的一个问题，但是，由于近百年来人们对其阐发、评价，已远远超出了太平天国的范围，再把该问题放到太平天国问题之中，已是"不合时宜"。尤其近十几年，人们已经不去纠缠它与太平天国的关系，而是把它放到思想范畴、道德范畴、文化范畴去把握和评价。20世纪90年代，中国猛然出现了"曾国藩热"，《曾国藩家书》被争购得洛阳纸贵，1500万字的《曾国藩全集》出版，三部头的《曾国藩》历史小说面世，中国的大陆和港台多家出版社同时争相出版。中国许多地区的市井平民不仅看曾国藩的书，简直要抬出这个死去百余年的亡灵，作为人生样板去学习、模仿。改革开放十多年后，竟出现如此奇特的文化现象，自然不再是太平天国问题可以容纳的历史问题了。我们应该以实事求是的态度，认真严肃地研究、分析曾国藩的一生作为，他的家教、学术、著作、思想，包括与清政府的关系，编练湘军的情况，与太平天国的关系，尤其分析曾国藩生前及死后人们对他的评价，直到近年来"曾国藩现象"产生的原因和实质等。能为人们正确评价这一重要历史人物，及围绕评价曾国藩而产生的思想认识问题提供更多一点参数。

李鸿章与淮军问题。李鸿章是影响中国历史和社会的重大历史人物，他的历史在于19世纪的后半个世纪，但他的起家却在于咸丰、同治朝的编练淮军，镇压太平军和捻军。湘军在镇压太平军中发挥了作用，到捻军起义时已退出了历史舞台，淮军代之而起，成为清政府的主要军队，李鸿章也便取代曾国藩成为清政府倚重的军政和外交大员。因此研究近代史离不开李鸿章及其周围的关系，从中析分出一些历史线索。

捻军起义问题。该问题是清史和近代史研究的薄弱环节，过去的研究不够，历史教学也是一带而过，论文和专著都少。实际上捻军史不仅与太平天国相始终，而且它的前期斗争比太平天国早得多，太平天国失败后捻军斗争反而进入高潮。因此，捻军起义是一个复杂的历史问题。为镇压捻军，清政府的全部军队，即湘军、蒙古骑兵、北方各省军队、淮军、楚军皆全力与战。由于镇压捻军，引起清廷上下，各派系矛盾及消长，湘军的败落，淮军的发展，蒙古骑兵地位的失去皆因捻军问题而使之然。

第二次鸦片战争问题。第二次鸦片战争无论其规模，还是影响都比第一次鸦片战争深刻得多，也大得多。但是，以往的研究，与第一次鸦片战争的研究相比较却又是很不够的。由于研究不够，对许多问题的认识太浮浅，太片面，甚至错误和颠倒。因此纠正偏差，全面论述是研究的当务之急。

第二次鸦片战争英法美俄四国联合侵华，强迫清政府签订了一系列不平等条约，强占中国大片领土和许多主权，中国半殖民地化程度加深；内陆通商、中国的传统商品丝、茶等失去国际贸易地位，中国由长期的出超国变为入超国，沦为资本主义国家的商品倾销和原料供应地。但是，在各项条款中，咸丰帝看重的是公使驻京问题，反映了他的虚骄与闭关思想。而历史评价应看到当时的世界大势，派驻使节是正当的外交行为和应有的外交制度，在这一方面不应该站在咸丰的立场上，一味强调为主权的丢失。公使驻京，迫使清政府逐渐树立外交政策进行正常的外事活动，是清政府打破闭关自守的开始。战争中的人物评价问题，如两广总督叶名琛，由于新史料的发现，他不是史书上描绘的"六不将军"，而是马克思正确评价的"心平气和、冷静沉着"的，其外交举措"无可非议"的总督。

同治朝新政问题。这一问题内容丰富，是史学界争论、分歧很大的历史问题。在这一问题中，辛酉政变，慈禧与奕䜣联合掌权的影响问题；关于设立总署领导新政机构问题；打破闭关自守，走向世界问题；改革封建传统教育，培养新政人才问题；同治年间兴起的洋务运动问题。应该站在实事求是的历史唯物主义立场上，阐述每一问题的史实，同时对它们做出评价。好在经过许多同志的多年努力，经过改革开放后多年的讨论，许多问题已逐渐明朗，已不难得出正确结论。分歧自然仍旧难免，争论也只能使问题更加明朗。

本序言胪列出这些问题，仍属一管之见，祈盼热心此问题之同仁共同讨论，使咸同朝历史的研究更加繁荣。在《清史图典·咸丰 同治朝》出版之际，写就以上文字，权为本书序言。

图版目录

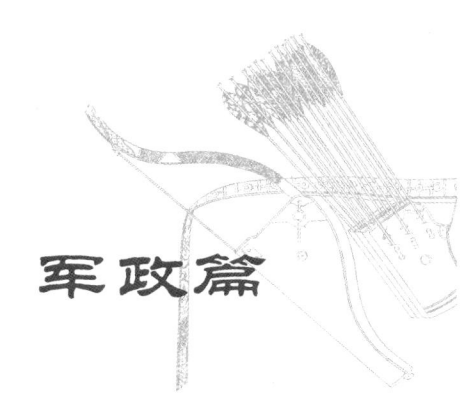

军政篇

一 咸丰帝初政

皇四子奕詝幸运地登上御座，储位之争留下无穷后患，兰贵人地位初奠。

《咸丰帝朝服像》轴	5
《道光帝立储密旨》及建储匣	6
道光帝赏奕䜣之白虹刀	6
白虹刀款	6
《单刀谱》封面	7
《单刀谱》内页	7
恭王府一角	8
恭王府花园流杯亭	8
咸丰御览之宝	9
"咸丰御览之宝"玺文	9
"咸""丰"组玺	9
"咸""丰"组玺玺文	9
《咸丰帝便装行乐图》轴	10
《懿妃遇喜档》	11
《懿妃遇喜档》内页	11

二 太平天国运动

皇帝的宝座刚刚坐稳，太平军兴，建国立号，几与清廷分庭抗礼，旷日持久的鏖战拉开帷幕。

（一）起义与建制

广西金田村	13
《太平天国起义记》英汉文本	13
太平天国天王金玺玺文	14
太平天国天王玉玺	14
太平天国令旗	15
太平天国军法令旗	15
《太平礼制》	15
《太平天国历书》	16
太平军抄本《天条书》	16
《太平军目》封面	17
《太平军目》内页	17
太平军发式	17
"长毛杀妖多多杀"标语	18
《行军总要》	18
《太平军进军金陵图》	19
《天王洪秀全谕答天豫薛之元手诏》	19
《东王杨秀清西王萧朝贵安抚四民诰谕》	20
《殿前左一指挥罗大纲等致英国人书》	20

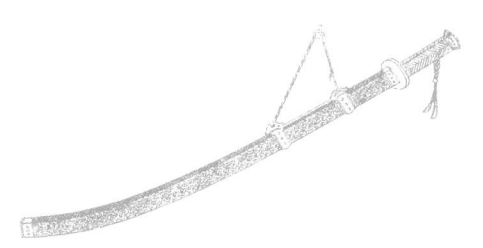

（二）北伐与西征

《怀庆解围战图》	21
《岳州战图》旧照	22
《蕲州战图》旧照	22
《田家镇及蕲州战图》	23
《肃清浔郡江面战图》旧照	24
《清军围攻阜城图》	24
《僧格林沁像》旧照	25
《太平天国钦差大臣谕令》	25
《武汉三镇布防图》	26
《通城等县战图》	26
《通城等县战图·上谕》旧照	27
《湖北通城战图》	28
《武昌省城战图》	28
《瑞州省城战图》旧照	29
《怀桐战图》旧照	29

（三）太平天国败亡

《上谕内阁·附疏议条款》	30
《上谕内阁·坚壁清野议》	30
《上谕内阁·筑堡御贼疏》	30
《伏虎开山阵式图册·伏虎冲敌式》	31
《伏虎开山阵式图册·攻破马队式》	32
《伏虎开山阵式图册·抄手环攻式》	33
《伏虎开山阵式图册·固守破敌式》	34
《清代名人像册·曾国藩像》	35
《曾文正公书札》	36
《湘军记》	36
《胡林翼像》旧照	37
《胡文忠公遗集》	37
《清代名人像册·曾国荃像》	38
《清代名人像册·彭玉麟像》	39
《骆秉章朝服像》旧照	40
《安庆省城战图》	40
《筹办夷务始末·"借船不借兵"谕旨》	41
《金陵各营获捷战图》	42
《苏州省城战图》旧照	42
《李鸿章克复苏州战图·李鸿章像》	44
《李鸿章克复苏州战图·题记》	44
《李鸿章克复苏州战图》	45
《左宗棠克复杭州战图·左宗棠像》	46
《左宗棠克复杭州战图·题记》	46
《左宗棠克复杭州战图》	47
《江宁省城战图》	48
太平天国幼天王玉玺	48
《洪福瑱被擒图》	49
李秀成佩剑	50
李秀成佩剑铭文	50
苏福省造铜炮	50
苏福省造铜炮炮铭	50
《翼王石达开告涪州城内四民训谕》	51
《殿左军主将黄呈忠讨逆主将范汝增复英法水师统将照会》	51
《清穆宗毅皇帝实录·借师助剿谕旨》	52
《吴煦向英商筹款镇压太平军借据》	52
《清廷向美商购买军火清单》	53
《清政府收到沙俄武器清单》	53
华尔旧照	54
戈登旧照	54
戈登堂旧照	54
常胜军炮队旧照	55
《常熟报恩牌坊碑序》拓本	55

三 各地人民反抗斗争

各族儿女南北呼应，共举义旗，清王朝陷入焦头烂额、应接不暇的尴尬困境。

（一）捻军起义

《邓、姚两圩战图》旧照	57
《六安战图》旧照	57
《临淮关战图》旧照	58
《山东捻军作战图·上谕》旧照	58

《山东捻军作战图》旧照	59	《云南澄江府城回民战图》轴	75
《亳境战图》旧照	59	《云南江那土城回民战图》轴	75
《陈玉成致赖文光信》	60	《贵州兴义府城回民战图》轴	76
《剿灭苗沛霖战图》旧照	60	《云南赵州蒙化大理府两关回民战图》轴	77
《东捻军覆灭图》之一	61	《贵州新城回民战图》轴	78
《东捻军覆灭图》之二	61	《云南大理府城回民战图》轴	79
《茌平南镇战图》旧照之一	62	《云南顺宁府回民战图》轴	80
《茌平南镇战图》旧照之二	62	《云南腾越厅城回民战图》轴	80
淮军旧照	63	《席宝田像》旧照	81
同治年间轻骑队旧照	63		
《淮军平捻记》	64		
张曜旧照	64		

四 第二次鸦片战争

英法两国联兵构衅，"万园之园"顿成残垣败瓦，清政府妥协投降，侵略者如愿以偿。

（二） 天地会、小刀会起义

《广东天地会起义告示》	65
《天地会起义军告示》	65
《湖南天地会"洪顺堂"凭证》	65
《湖南天地会"会绿堂"凭证》	66
《京城天地会告示》	66
湖南天地会令旗	66
点春堂外景	67
点春堂内景	67
《刘丽川告示》	67
《上海小刀会公告》	68
画家笔下的小刀会将士	68
八仙桥墓碑旧照	68

（一） 英法联军进犯

入侵广州城的法国士兵旧照	83
《英法军突入粤城掳去总督等事折》	83
《叶名琛像》旧照	84
《英使全权敕书译文》	84
英法联军舰队侵犯天津内河旧照	85
《英副使声言必须允其驻京方能在津议事折》	86
《着花沙纳前往天津海口查办事件上谕》	86
《英人要求条款重大请旨定夺事折》	87
《〈中英天津条约〉签字图》	87
《中英天津条约》	88
《与四国所订条约均批准著宣示各国上谕》	88
《中英通商章程善后条约》	89
《中俄天津条约》	89
《生擒巴夏礼事折》	90
巴夏礼旧照	90
《英法入侵被迫与战上谕》	91
英法联军占领大沽炮台旧照	92
何伯旧照	92
画家笔下的英法联军入侵北京	93
通州八里桥	93

（三） 西南回民起义

杜文秀帅印印文	69
杜文秀政权都掌教印	69
贵州号军发布的"誊黄"《告示》	70
《克复贵州兴义府城回民战图》轴	71
《云南楚雄景东等城回民战图·上谕》	72
《云南楚雄景东等城回民战图》轴	72
《云南迤东曲靖府等城回民战图》轴	73
《云南镇雄州回民战图》轴	74

《八里桥之战图》	94	给英国的《执据》（抄件）	110
《八里桥激战图》	94	《内阁明发已与英法签订和约上谕》	111

（二）圆明园硝烟

		《奕訢与英法俄三国签订〈北京条约〉图》	112
孟托班旧照	95	九龙半岛中英边界旧照	113
额尔金旧照	95	《通商税则善后条约》封面	114
《圆明园铜版画·方外观正面》	96	《通商税则善后条约·上谕》	114
方外观遗迹	96	咸丰同治年间与列强签订的部分《条约》	114
《圆明园铜版画·海晏堂西面》	97	《清吏押送赔款赴天津图》	115
海晏堂遗迹	97	《上海租界图》	116
海晏堂生肖铜像·猴首	98	穆拉维约夫旧照	116
海晏堂生肖铜像·虎首	98	《中俄瑷珲条约》	117
海晏堂生肖铜像·牛首	98	《中俄勘分西北界约记》	117
《圆明园铜版画·大水法正面》	99	五口通商后的上海旧照	118
大水法遗迹	99	天津码头旧照	119
《圆明园铜版画·远瀛观正面》	100	南京下关码头旧照	119
远瀛观遗迹	101	广州沙面英租界旧照	120
圆明园单孔桥残迹	101	汉口英租界旧照	121
《英法联军火烧圆明园事折》	102	国人吸食鸦片旧照	121
《禁园被抢印信遗失事折》之一	102		

五 咸丰帝之死

内外交困的咸丰帝，怀着无限遗恨溘然早逝。临终前夕，作出皇权与臣权互相制衡的精心安排。

《禁园被抢印信遗失事折》之二	103		
《圆明园内外被抢被焚情形事折》	103		
《圆明园内外匾额全册》封面	104		
《圆明园内外匾额全册》正文	104		

（三）条约制度的建立

		避暑山庄烟波致爽殿	123
		《立皇长子载淳为皇太子上谕》	124
《奕訢授为钦差便宜行事大臣致英法照会》	105	《谕派怡亲王载垣等八人赞襄一切政务上谕》	124
奕訢旧照	105	"御赏"、"同道堂"玺及玺匣	125
《奕訢著授为全权大臣办理换约事宜上谕》	106	"御赏"玺文	125
《只可委屈将就换约以期保全大局上谕》	106	"同道堂"玺文	125
《与英法办理换约情形事折》	107	《定年号奉旨用"祺祥"二字》	125
《中英续增条约》之一	108	"祺祥重宝"正面	126
《中英续增条约》之二	108	"祺祥重宝"背面	126
《中英续增条约》之三	109	"祺祥通宝"正面	126
《英王批准〈天津条约〉谕文的译文》	109	"祺祥通宝"背面	126
《英国据单》（抄件）	110	文宗显皇帝谥宝	126
		文宗显皇帝谥宝文	126

定陵全景	127
定陵望柱	127

六 辛酉政变

慈禧太后与皇叔奕䜣联手篡权，赞襄大臣反成阶下囚。

《谕内阁母后皇后及圣母均应尊为皇太后》	129
慈安皇太后徽号册	129
《赞襄政务王大臣为按月恭缴钤用谕旨事交内阁片》	130
钤有"御赏"、"同道堂"玺文的《上谕》	130
慈禧皇太后之宝	131
"慈禧皇太后之宝"玺文	131
慈安端裕皇太后之宝	131
"慈安端裕皇太后之宝"玺文	131
避暑山庄懿贵妃所居之西所	132
西所内景	132
《谕内阁皇太后垂帘听政并另简亲王辅弼均不可行》	132
奕䜣旧照	133
《将载垣等即行治罪上谕》	133

七 垂帘听政

六龄载淳登上御座，慈禧太后"抱子坐龙庭"，独揽大权。

（一）皇位与皇权分离

《慈禧太后油画像》屏	135
《慈安太后便服像》轴	136
明黄色缎地绣彩云金龙男小裕朝袍	137
石青色素缎靴	137
《谕内阁奉皇太后懿旨以明年为同治元年》	138
《谕内阁汇纂历代垂帘事迹》	138
《治平宝鉴》	139
《张之万像》旧照	139
养心殿东暖阁垂帘听政处	140
垂帘听政之纱帘	140

（二）同治帝大婚与亲政

《孝哲毅皇后朝服像》轴	141
坤宁宫大婚洞房	142
《服饰小样·明黄缎地绣五彩金龙凤枕头顶纸样》	143
《服饰小样·明黄缎地绣五彩九团金凤褥纸样》	144
《服饰小样·明黄缎地绣五彩九金凤被纸样》	145
《服饰小样·明黄缎地绣五彩九金龙被纸样》	145
金錾花双喜团寿茶碗	146
粉彩百子图盘	146
《同治帝朝服像》轴	147
"同治宸翰"玺	148
同治尊亲之宝	148
同治御笔之宝	149
"同治御笔之宝"玺文	149

（三）重修圆明园

《圆明园万方安和图》	150
圆明园烫样·万方安和	150
圆明园烫样·天地一家春之一	151
圆明园烫样·天地一家春之二	151
圆明园烫样·勤政殿	152
圆明园烫样·恒春堂	152
圆明园烫样·清夏堂	152

（四）同治帝暴亡

《同治帝患天花进药档》	153
《同治帝气绝之日进药档》	153
穆宗毅皇帝谥宝	154
穆宗毅皇帝谥宝文	154
惠陵牌坊	154
惠陵明楼	155
孝哲毅皇后谥册	155

八 外交新格局的形成

公使驻京,中外"合作",民族危机更加深重。

总理各国事务衙门旧照	157
《筹办夷务始末·局外旁观论》	158
《筹办夷务始末·新议略论》	158
江海北关旧照	159
赫德旧照	159
《筹办夷务始末·派蒲安臣充办理中外交涉事务大臣》	160
法国使馆大门旧照	161
美国使馆旧照	161
德国使馆旧照	162
西班牙使馆旧照	162
意大利使馆旧照	162
日本使馆旧照	163
荷兰使馆旧照	163
东交民巷旧照	163
《筹办夷务始末·为外国使馆大兴土木》	164
《筹办夷务始末·为外国人充当卫兵与听差》	164
张德彝旧照	164
《航海述奇》	165

经济篇

一 新兴的工业、金融业和电讯业

洋务运动的序幕拉开,近代产业在古老封闭的华夏大地上勃兴。

上海大英自来火房旧照	169
大英自来火房办公大楼	169
北京街头的煤气灯	170
江南机器制造总局	170
江南制造局制炮厂	171
耶松船厂	171
轮船招商局	172
福州船政局	172
天津白河上的兵工厂	173
英怡和丝厂	173
怡和丝厂内景	173
上海江苏药水厂	174
洋商在华开办的制藤厂	174
丽如银行	175
正广和洋行	175
汇丰银行	176
麦加利银行	177
扬子江保险公司	177
上海英国邮局	178
大北电报公司	178
大北电报公司发报间	179
上海法国邮局	179

二　膨胀通货

铸大钱，发纸钞，物价飞腾，市场混乱。

《增修筹饷事例》	181
《酌拟行钞章程以济财用折》	181
《请借库帑开设银钱号折》	181
《开设官银钱号章程》	182
《咸丰钞币法》	182
咸丰重宝（当十）	182
咸丰重宝（当五十）	182
咸丰通宝	183
咸丰三年《户部五十两银票》	183
咸丰四年《大清宝钞一千五百文》正面	184
咸丰四年《大清宝钞一千五百文》背面	184
咸丰四年《大清宝钞五百文》正面	185
咸丰四年《大清宝钞五百文》背面	185
咸丰七年《大清宝钞一千文》正面	186
咸丰七年《大清宝钞一千文》背面	186
同治通宝	186
《王发五出卖井地房屋契约》	187
《石渠余纪》	187

三　手工业

衰落减产，停滞不前，工艺品种少有创新。

青花开光粉彩花蝶茶壶底款	189
青花开光粉彩花蝶茶壶	189
斗彩描金缠枝花纹碗底款	189
斗彩描金缠枝花纹碗	189
粉彩缠枝莲海棠式花盆	190
粉彩缠枝莲海棠式花盆底款	190
绿地粉彩开光花鸟博古图方瓶	190
绿地粉彩开光花鸟博古图方瓶底款	190
红地粉彩花蝶开光龙凤盒	191
红地粉彩花蝶开光龙凤盒底款	191
紫红地粉彩松竹梅纹题诗蟋蟀罐	191
紫红地粉彩松竹梅纹题诗蟋蟀罐底部图案	192
厂官釉铺首耳炉	192
霁红釉玉壶春瓶	192
青金银二龙戏珠织锦缎	193
大红福寿锦长春绸	193
月白地小百蝶漳绒	193

四　太平天国经济

两大纲领构筑美好前景，辖区内农工商贸欣欣向荣。

《天朝田亩制度》扉页	195
《天朝田亩制度》内页	195
《资政新篇》	195
太平天国天朝圣库砝码	196
《天王减税诏旨》	196
太平天国圣宝	197
太平天国圣宝背面	197
《翼王石达开发杨福广职凭》	197
太平天国《门牌》	198
《太平天国海盐县粮户易知由单》	198
《太平天国实寄封套》	199
太平天国紧急公文封戳"云马圆戳"	199

文化篇

一　西学东渐

办学堂，译西书，留西洋，欧风东渐，西学涌入，古老沉闷的国度注入了几分活力。

《冯桂芬像》旧照	203
《校邠庐抗议》	203
《校邠庐抗议·采西学议》	204
《校邠庐抗议·制洋器议》	204
王韬旧照	204
江南制造总局翻译处	205
《徐寿像》旧照	205
《李善兰像》旧照	206
《重学》	206
《则古昔斋算学》	206
《万国公法》	207
北京同文馆	207
首批赴美留学幼童	208
美华书坊	209
林乐知旧照	209

二　近代报刊业的兴起

洋人以文字"播道"，国人竞相效仿，专制国家不断吹进清新之风。

《字林西报》之一	211
《字林西报》之二	211
《申报》	211
《申报》创刊号	211
《上海新报》	212
《瀛寰琐记》	213
《益报》	213

三　传统刻书业的复兴

这一方，为弘扬儒学，官书局如雨后春笋般兴办；那一方，为反清反封，农民政权删书镌书。

《曾国藩像》旧照	215
《曾文正公集》	215
《郑珍像》旧照	216
《汉简笺正》	216
《俞樾像》旧照	217
《群经平议》	217
《陈沣像》旧照	218
《东塾读书记》	218
《陈奂像》旧照	219
《莫友芝像》旧照	220
《宋元旧本书经眼录》	220
《潘祖荫像》旧照	221
崇文书局刻《近思录》	221
湖南书局刻《周易》	222
《艺概》	222
《皇清经解》	222
《太平诏书》	222
《太平救世歌》扉页	223
《太平救世歌》内页	223
《天父诗》扉页	223
《天父诗》内页	223

《幼学诗》封面刻版	224
《幼学诗》内页	224
《旧遗诏圣书》	224
《钦定英杰归真》扉页	225
《钦定英杰归真》内页	225
《钦定士阶条例》	225

四　太平天国艺术

在工艺美术界的趋衰之势中，绽放出一簇绚丽多彩的花朵。

太平天国天王府石舫	227
天王府西花园龙壁	228
天王纶音碑额、座	228
太平天国侍王府	229
侍王府东大殿议事厅	229
侍王府石门挡	229
太平天国忠王府	230
忠王府团龙云纹对花木雕	230
忠王府石狮	231
忠王府彩画《松溪双虎图》	231
忠王府彩画《燕子矶图》	232
忠王府彩画《猴拉马图》	232
忠王府壁画《狮象图》	233
《赵匡胤故事》壁画	234
缂丝三联桌围	235
丹凤朝阳天王绣花帐	236
李秀成龙袍	237
绣龙马褂	238
太平天国士兵盔帽	239
洪仁玕手书《龙凤福禄寿》遗迹	239

五　绘画、书法、篆刻

海派绘画呈现新貌，书法篆刻积淀深厚。

王礼《花鸟图册·鹭鸶》	241
任熊《十万图册·雪景山水》	242
任熊《姚大梅诗意图册·牡丹》	242
任淇《送子得魁图》轴	243
周闲《四时花卉图屏·绘山石杜鹃》	244
胡远《梅花图》轴	245
赵之谦《花卉图屏·画荷花》	246
赵之谦《钟馗像》轴	247
任熏《人物故事图·背弓望女仙》屏	248
《列仙酒牌·陵阳子明》	249
《列仙酒牌·老子》	249
《剑侠像传·李龟寿》	250
《于越先贤像传赞·王琳》	250
《何绍基像》旧照	251
何绍基书《五言联》	251
何绍基《篆书论书轴》	251
吴熙载《临邓琰篆书》轴	252
吴熙载"醉墨轩收藏金石书画"印	252
吴熙载"一日之迹"印	252
吴熙载"震无咎斋"印	252
杨沂孙《篆书蔡邕熹平书经》屏	253
《吴大澂像》旧照	254
吴大澂"硕卿"印	254
吴大澂《篆书知过论》轴	255
赵之谦《篆书节录史游急就篇》轴	256
赵之谦书《八言联》	256
赵之谦"会稽赵之谦印信长寿"印	257
赵之谦"吴县潘伯寅平生真赏"印	257
赵之谦"茶梦轩"印	257
冯桂芬书《六言联》	258
左宗棠书《七言联》	258
莫友芝《篆书八言联》	259

六　小说戏曲

从古典到近代，文艺作品富于政治色彩，雅俗相互渗透。

《荡寇志》	261
《绘图荡寇记》插图之一	261
《绘图荡寇记》插图之二	261
升平署戏本《泗洲城》	262
《升平署戏曲人物·泗洲城·孙悟空》	262
《升平署戏曲人物·泗洲城·水母》	262
升平署戏本《玉玲珑》	263
《升平署戏曲人物·玉玲珑·庞勋》	263
《升平署戏曲人物·玉玲珑·节氏》	263
《同光十三绝》	264
《升平署戏曲人物·空城计·诸葛亮》	266
《升平署戏曲人物·空城计·司马昭》	266
恭王府室内戏台	267
太平天国忠王府室内戏台	267
戏曲砖雕	268
彩绘本《桃花扇图》插图	269
彩绘本《桃花扇图》	269

七　宫廷生活

禁城大内，帝王后妃沉溺于奢侈豪华之中，闲情逸致，留心翰墨，醉意诗情，哪管外界狼烟四起。

《孝贞后璇闱日永图》轴	271
《孝钦显皇后像》轴	272
《英嫔春贵人乘马图》轴	273
《枚贵妃春贵人行乐图》轴	274
《大公主大阿哥荷亭晚钓图》轴	275
《大公主大阿哥庭院游戏图》轴	275
咸丰帝书《谕后妃》贴落之一	276
咸丰帝书《谕后妃》贴落之二	276
咸丰帝《御笔词册》封面	277
咸丰帝《御笔词册》内页	277
咸丰帝题"乐寿堂"匾额	278
咸丰帝题"岫云门"匾额	278
奕詝《设色人物图》轴	279
奕詝《柏枝图》轴之一	280
奕詝《柏枝图》轴之二	280
奕詝《棕色马图》轴	281
奕詝《马图》轴	281
《咸丰宝薮》之一	282
《咸丰宝薮》之二	282
咸丰御览之宝	282
《管城春满图》轴	283
同治帝《祝万年图》轴	283
同治帝《御制诗文集》	284
同治帝书《恭贺慈禧四旬万寿圣节诗》轴	284
满文《穆宗毅皇帝圣训》	285
"同""治"组玺	285
象牙雕花镜奁	286
画珐琅缠枝花唾盂	286
黄杨木描金彩杂锦梳具	287
玛瑙按摩器	287
铜架香水瓶	288
蓝透明珐琅描金喜字把镜	288
明黄缎绣花卉五毒纹扇套	289
金錾古钱纹指甲套	289
银镀金珠石累丝指甲套	289
铜镀金点翠穿珠石九凤钿子	290
银镀金嵌珠宝点翠条	290
银镀金嵌松鼠葡萄头簪	290
《同治帝游艺怡情图》轴	291
《同治帝僧装像》轴	291
《同治帝便装像》轴	292
《慈禧太后弈棋图》轴	293
《慈禧太后佛装像》轴	294
《慈禧太后观音装像》轴	295
慈禧御笔书轴	296

编者说明

《清史图典》共分为12册,依次为《太祖 太宗朝》、《顺治朝》、《康熙朝》(上下册)、《雍正朝》、《乾隆朝》(上下册)、《嘉庆朝》、《道光朝》、《咸丰 同治朝》、《光绪 宣统朝》(上下册)。

1. 篇章结构

由于清朝历史发展以及清朝各个时期存世文物的不平衡性,各朝在篇章划分上不尽一致。有的分册军政合一为"军政篇",有的则析分为"政务篇"、"战事篇";除一般分为政治、军事、经济、文化四大类别外,个别分册还单列"源流篇"、"民族篇"、"中外交流篇"、"风物篇"等。有些朝代的战争并非单纯意义上的军事问题,同时更具有政治意义,但为了表述的脉路清晰,故把所有与战争有关的历史事件,归结为"战事篇"。

2. 编排法

每册先按类别分篇,每篇内再编年排比。

3. 纪年

《清史图典》按朝代划分,一律以年号纪年。在年号纪年的表述上,以现今通行的正朔王朝纪年作为主线,如《太祖 太宗朝》展现的是满洲(女真)族入关前的历史,属于地方政权,而当时中国的历史序列是明王朝,故采用明朝年号纪年,以括号括注公元纪年与清太祖的天命、清太宗的天聪、崇德年号,如明万历四十七年(1619年,天命四年);清入关后,取代明朝成为正朔,则把诸如南明政权的年号放在括号内,如顺治十年(1653年,永历八年)。括注公元纪年时,在连续的行文中,第一次出现的年号括注,以后则不括注。

4. 皇帝称谓

在即位前写其名字,即位后写年号,即胤禛——雍正帝、弘历——乾隆帝。

5. 文物表述

《清史图典》以图说史,对所采用的文物,首先向读者介绍该文物本身的特质,然后再揭示其历史内涵。对文物本身特质的表述按照作者、时代、质地、尺寸、收藏地为序。

(1) 对纸本类文物加书名号,并表明它的形式,如"卷"、"轴"、"册"、"拓片",如:《康熙帝朝服像》轴、《乾隆帝南巡图》卷、《十骏犬图》册、《洪承畴墓碑》拓片;

(2) 书影、档案的形式较为明确,不再特别标明,善本、殿本、抄本、稿本类书籍标明版本,收藏地,非善本书一般不再特别标明。

(3) 一般印章文物,如所写名称即是印面文字,则加引号,如只有印章实体,无印文,则不加引号,如:正红旗护军统领印、"正红旗护军统领印"印文;谥宝印文字数很多,在开列名称时有别与一般印章的写法,如:顺治帝谥宝、顺治帝谥宝宝文,然后对宝文进行注释。

(4) 为表明采用文物局部的来源,使用间隔点,间隔点之前为原文物名称,之后为编者根据图版的实际内容所作的定名,如《清太宗文皇帝实录·改女真为满洲上谕》、《木兰图卷·行营》、粉彩制瓷图瓶·制坯图。

6. 古建筑、遗址表述

对现今仍保存完好,属于文物保护单位的古建筑,则直书其名;如在原建筑基址上另修建筑,则在原建筑名称后写"原址"二字。

7. 地名表述

对历史上的地名与现今地名不一致者,加括号注明,二者一致者则不再括注。由于现今行政区划时有调整,一般在地名后不标注其级别"省"、"市"、"县"等。

军政篇

咸丰、同治两朝，清代由"治世"走向"乱世"，是晚清社会，乃至中国近代历史发展进程发生巨大转折的关键时期。

清朝进入中晚期后，阶级、民族、朝野内外各种矛盾激化，各省的抗租、闹漕等斗争风起云涌，最终导致太平天国运动于咸丰元年（1851年）爆发。太平天国起义获得了天地会、捻军、白莲教系统以及汉、苗、回、壮、瑶等族群众的广泛支持和呼应，迅速发展壮大。

历时十多年的全国规模的大起义，虽未能推翻清王朝，但频繁的战事，使国内矛盾白热化，使清朝政权长期处在摇摇欲坠的危局之中。太平军从西南边陲紫荆山区打到长江南北、大河上下，攻占过600多座城池，封建势力的头面人物和骨干分子或命丧黄泉，或失去既有权势，清朝政权一时遭到极大削弱。同时，由于地方政权受到不同程度的摧折，使清王朝无从实施其行政权力，加速了封建制度的崩溃。

面对兵荒马乱、风雨飘摇的局面，清政府采取了一些补救措施。举办团练这一救时决策，反映了衰落的清王朝军事力量空虚，走投无路，只有发动地方自救。此类头痛医头、脚痛医脚的措施不能触及社会的病根，更不能挽救其迅速衰败的命运。

清王朝还借助于西方侵略势力的支持，对起义实行残酷镇压。这加速了太平天国败亡，也使太平天国及以后的民众运动，在进行反对封建统治的阶级斗争的同时，还要进行反对帝国主义的斗争，从而越出传统农民起义的范围。半殖民地半封建社会阶级斗争特色已经初步显现出来。

咸丰末年发生的英法联军侵略中国的第二次鸦片战争，持续了四年之久，使中华民族饱受屈辱和痛苦。中国人民奋起反抗，谱写了壮烈的历史篇章。清统治者面对入侵者，指挥失度，屈辱投降，造成一次次战事失利，最终逃亡热河，不得不与敌人签订不平等的卖国条约，使中国陷入半殖民地的深渊。

面对内忧外患，咸丰帝曾采取过纳谏、整顿吏治等举措，重用敢于任事的肃顺等大臣，以挽救危局。肃顺得势，便大刀阔斧除弊兴革，引起一些人的仇视，成为其在"辛酉政变"中遭到诛杀的伏笔。统治集团的内部分化，导致咸丰帝死后发生了以肃顺为首的赞襄大臣与慈禧、奕䜣集团之间的殊死争斗——辛酉政变，肃顺集团彻底瓦解，从而出现太后"垂帘"、恭亲王"议政"的新格局。慈禧太后控制了清朝统治大权，对中国历史产生了极其深远的影响。

在慈禧太后当政的同治年间，由恭亲王奕䜣鼎力相助，出现过所谓"中兴"。奕䜣的决策重点，是在屈辱中实现中外关系的转折，"借法自强"，开拓晚清近代化的道路。清政府获得中外暂时相安的局面，得以苟延数十年。

一 咸丰帝初政

　　道光三十年（1850年），皇四子奕詝幸运地继承帝位，以明年为咸丰元年，成为清王朝最后一个以秘密建储方式获得帝位的君主。

　　咸丰帝从即位之日起，一天也未得安宁。从家族内部看，在争夺皇位继承权的过程中，他得到师傅杜受田的高明策划，以"仁孝守拙"击败了他的同父异母弟奕䜣，这为以后的宫廷争斗埋下伏笔。从国家形势看，登上宝座仅10个月，最大规模的农民起义爆发，而且建国立号，几与清王朝分庭抗礼，加上后来英法联军又大举侵华，因此，咸丰帝在位的十年，一直处于血与火的乱世之中。

　　咸丰二年（1852年），曾依清代祖制选秀女，这使秀丽机敏的叶赫那拉氏入宫，并得到咸丰帝的宠爱，生下唯一可以承继大统的皇子载淳，地位随之骤升，而她的野心也不断滋长，竟成为日后宫廷争斗的主角。

　　刚登上宝座的咸丰帝，危机四伏，步履维艰。

《咸丰帝朝服像》轴

清宫廷画家绘。绢本，设色。纵269厘米，横140厘米。故宫博物院藏。

咸丰帝（1831—1861年），名奕詝，道光帝第四子。道光三十年（1850年）即位，次年改元咸丰。他出世的时候，清王朝正在走下坡路。鸦片战争使中国历史发生划时代巨变。在风雨飘摇的形势下，他接过父亲的皇冠，进入清朝200多年来最艰难的时期。

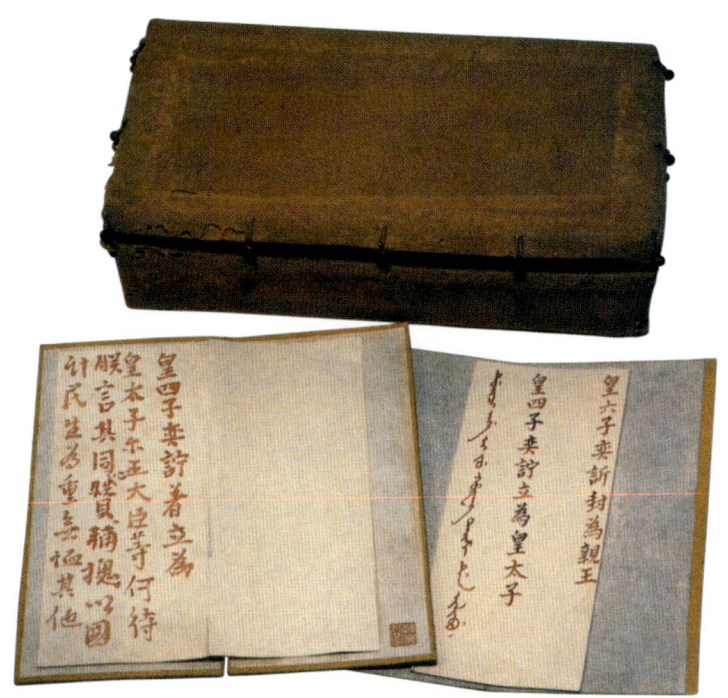

《道光帝立储密旨》及建储匣

密旨纵21.6厘米,横9.5厘米。建储匣,楠木质,长32厘米,宽16.7厘米,厚8.7厘米。中国第一历史档案馆藏。

对于皇位继承人的选择,道光帝曾一直举棋不定。诸皇子中,他最喜欢六子奕䜣,但四子奕詝既是兄长,又是正宫所出。经过再三比较、权衡,道光帝终于选中"仁孝守拙"的四子,于道光二十六年(1846年)六月十六日,以朱笔满汉文合书"皇四子奕詝立为皇太子",以汉字朱书"皇六子奕䜣封为亲王",两道密旨一同放入建储匣中。正面封条上有道光帝书"道光二十六年立秋"字样。一匣二谕是道光帝的首创,反映了他在立储时的矛盾心情。

道光帝赏奕䜣之白虹刀

通长97.5厘米。故宫博物院藏。

道光二十九年(1849年),道光帝赐予皇四子奕詝锐捷宝刀,同时赐予皇六子奕䜣白虹宝刀。两刀均配用金桃皮鞘,为特赏之物。说明道光帝心中对二人的喜爱难分伯仲。咸丰帝即位后,仍恩准奕䜣佩带"特赏"的金桃皮鞘白虹刀,预示着咸丰帝将委以重任。果然,不到一个月,咸丰帝打破祖制,发布上谕:"命恭亲王奕䜣在军机大臣上行走。"这一年,奕䜣刚刚20岁。

白虹刀款

白虹刀尾部一面刻"道光年制",另一面刻"白虹"。

《单刀谱》封面

〔清〕锡保、李三友等编。道光年内府抄本。故宫博物院藏。

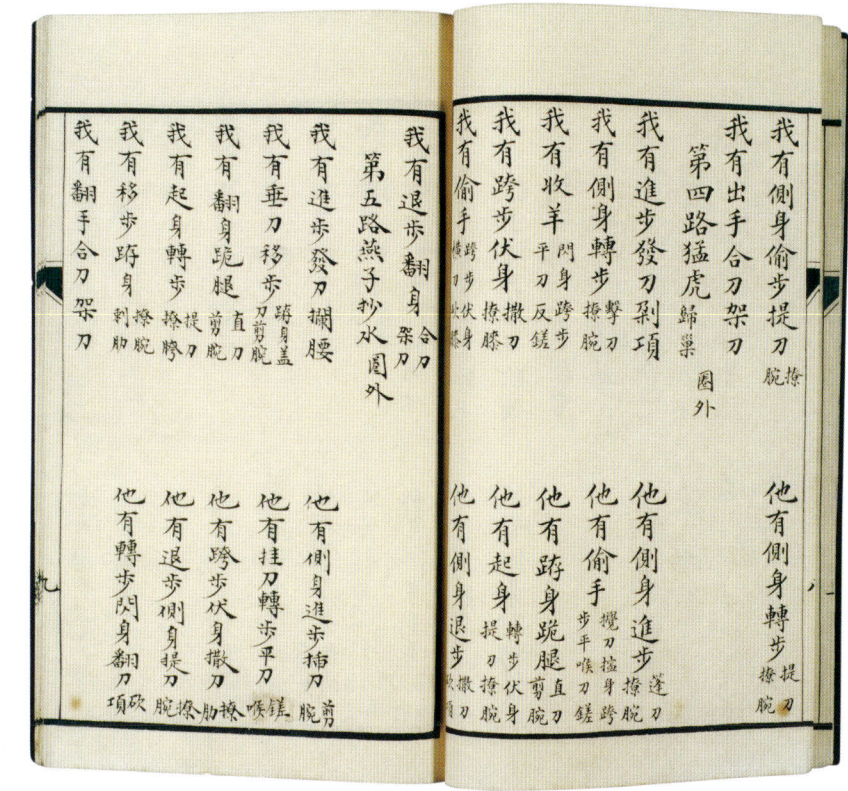

《单刀谱》内页

此书原名《刀谱》,创自康熙年间,在宫中流传。道光帝以此护身养身之术作为武功课目,命皇子们研习。书后附《御制宝锷宣威》一篇,为道光二十五年(1845年)奕詝与奕訢一起研习刀法时吟咏而成,并由道光帝赐名。

恭王府一角

咸丰帝把位于京城什刹海前海的一处豪宅赐给奕䜣。此宅初为乾隆帝宠臣和珅府第。和珅获罪后，没收入宫，嘉庆帝将其转赐其弟庆僖亲王，称庆王府。咸丰时又将其收回转赐奕䜣而成"恭王府"。

恭王府花园流杯亭

奕䜣得到豪宅后，又在北面建了花园——翠锦园。这座花园占地38.6亩，东西两侧有土山起伏蜿蜒，南面是山石构成的峰岭沟壑，西侧还有水城。园内树木繁茂，花草葱茏，曲廊亭榭，山石嶙峋，碧水如带，景致变幻万千。尽管恭亲王受到如此礼遇，但他对立储之争耿耿于怀，成为日后爆发宫廷争斗的导火索。

咸丰同治朝

咸丰御览之宝

田黄石质。随形钮方形玺。篆书。面宽9.3厘米，长9厘米，通高13厘米。故宫博物院藏。

"咸丰御览之宝"玺文

三面有边款，分别题："惟清"；"坚栗精密，泽而有光。五色发作，以和柔刚。心逸"；"玉蜜滋"。

"咸""丰"组玺

鸡血石质。方形。印面4厘米见方，高15.7厘米。故宫博物院藏。

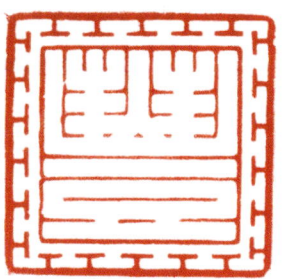

"咸""丰"组玺玺文

"咸"字阳文，"丰"字阴文，四周均用万字回纹装饰。以一圆一方连珠组合而成年号玺。

《咸丰帝便装行乐图》轴

　　清宫廷画家绘。绢本，设色。纵167.1厘米，横80.5厘米。故宫博物院藏。

　　图中的咸丰帝，身着便装，安静地坐在庭院石桌旁。身处内忧外患的动荡局势，难得如此闲适。

《懿妃遇喜档》
款署"咸丰六年三月二十三日立"。故宫博物院藏。

咸丰二年（1852年），依清代祖制选秀女，秀丽机敏的叶赫那拉氏以兰贵人的身份进入清宫，并得到咸丰帝的宠爱。咸丰四年被咸丰帝晋封为懿嫔。咸丰六年，她生下了皇子载淳，其地位随之骤然上升。这是慈禧太后生产载淳的膳清记录。封面题"懿妃"，而正文中均记"懿嫔"，是因生了阿哥，很快晋封为妃的缘故。

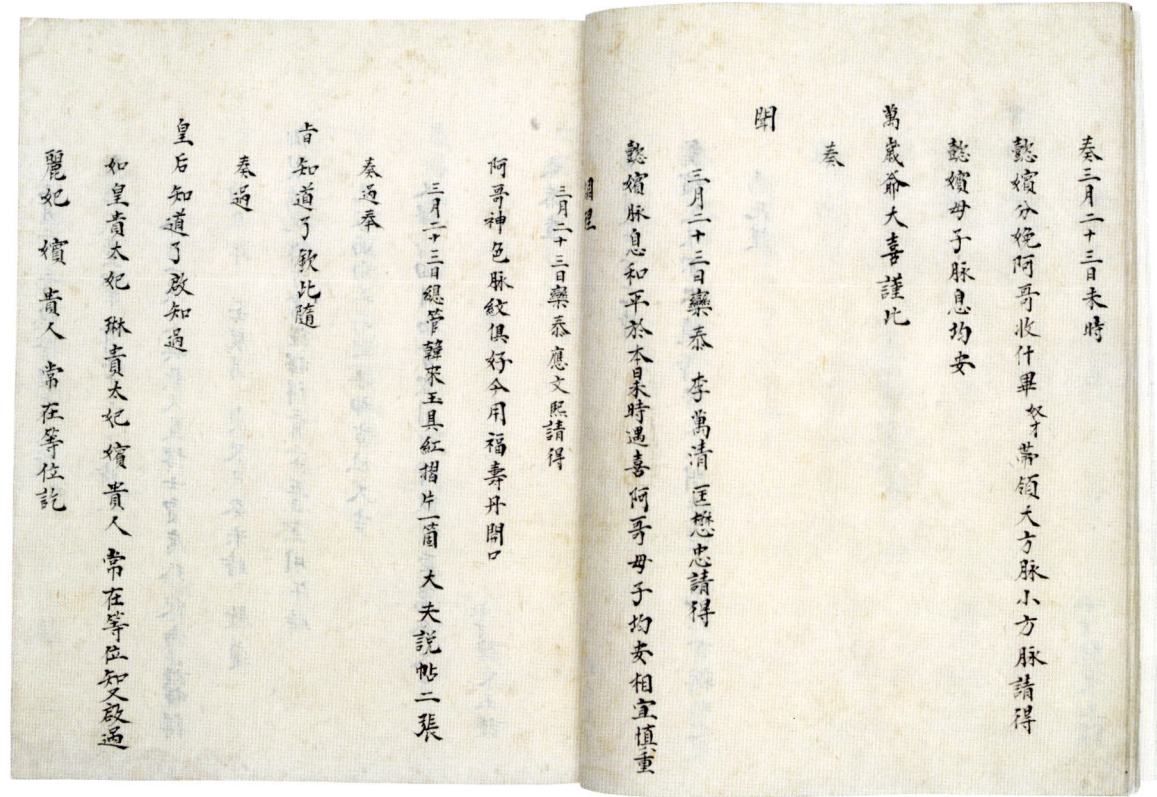

《懿妃遇喜档》内页

本页记载了同治帝出生后的情况。

二　太平天国运动

道光三十年爆发的太平天国运动，是近代中国规模最大的农民起义。

在日益高涨的反清斗争推动下，洪秀全、杨秀清等人经过艰苦活动，于道光末年发动起义，建号太平天国，并以其明确的纲领，较为严明的纪律，把分散的斗争汇成一股势不可挡的洪流，迅速发展成为震惊中外的农民运动。

太平天国以天王洪秀全为最高领袖，建立了带有宗教色彩的军政合一体制。经过不断击退清军的围堵，太平军于咸丰三年（1853年）攻占南京并奠都，接着派兵北伐和西征，后因孤军深入，北伐失败；而西征的胜利，巩固了天京的上游局势。但三年后，在革命鼎盛时期却发生了天京内讧，形势由盛转衰。在太平天国后期，洪秀全提拔陈玉成、李秀成等人为主将，稳定了一度危机的形势。

第二次鸦片战争后，清政府勾结列强，共同镇压了这次起义。

太平天国运动威震中外，严重动摇了清朝统治，打击了外国侵略者，成为中国农民起义历史上最光辉的一页。它的英勇事迹和反抗精神，对后世产生了极大的激励作用。

（一）起义与建制

广西金田村

洪秀全于道光三十年（1850年）二月二十一日秘密登基，十月初一日，杨秀清率领拜上帝会众正式拥戴洪秀全为太平王。十二月初十日，各路人马齐聚金田村，恭祝洪秀全38岁生日，以明年为太平天国元年，公开举起了推翻清朝，武装夺取政权的义旗。

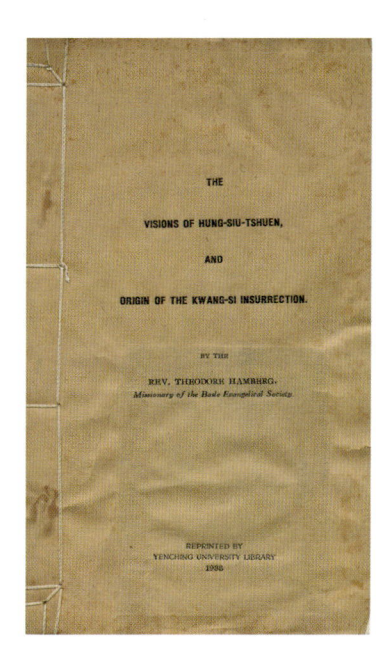 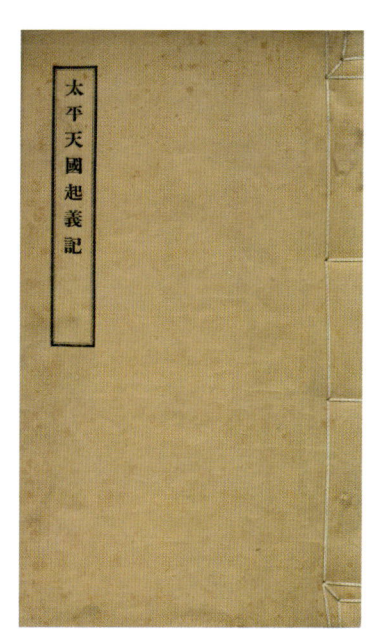

《太平天国起义记》英汉文本

（清）洪仁玕口述，瑞典传教士韩山文撰，简又文译。咸丰四年（1854年）出版于香港。

原名《洪秀全之异梦及广西乱世之始原》。出版后，旋即在《北华捷报》分期转载。书中记述了洪秀全身世、经历及思想等。对于考试患病及异梦、革命思想的产生、拜上帝教的成立、赴广西传教经过及起义的发动等记载尤详。

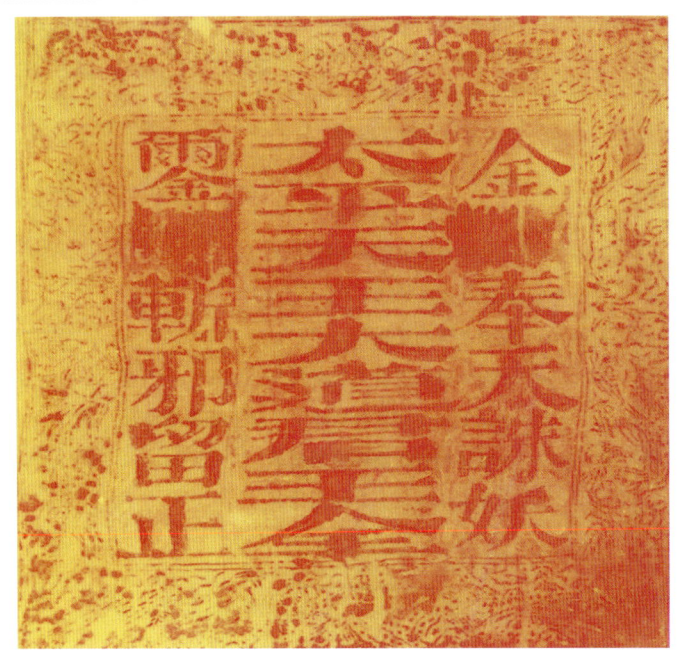

太平天国天王金玺玺文

印面24厘米见方。玺中右方为"奉天诛妖",中为"太平天王大道君王全",左方为"斩邪留正"。中国第一历史档案馆藏。

太平天国天王玉玺

青白玉质。长、宽各20.4厘米;印台高2.7厘米;钮长19.2厘米,宽4.1厘米,高7.4厘米,净重3850克。中国革命博物馆藏。

天王洪秀全是太平天国最高领袖,天王玉玺象征着太平天国最高军政权力。这方玉玺为太平天国后期所用。此印与幼天王玉玺是历代玉印中最大的两方,甚至超过了清宫交泰殿清乾隆二十五宝中的玉玺,充分体现了农民革命誓要推翻清朝统治的伟大气魄。

太平天国令旗

"天朝"及"令"字墨书。纵71厘米,横75厘米。浙江省博物馆藏。"令"字上端盖"太平天国天朝九门御林象山监军"长方形朱印。四周系红色花纹洋绸,中为黄色网纹洋皱。为象山县监军令旗。

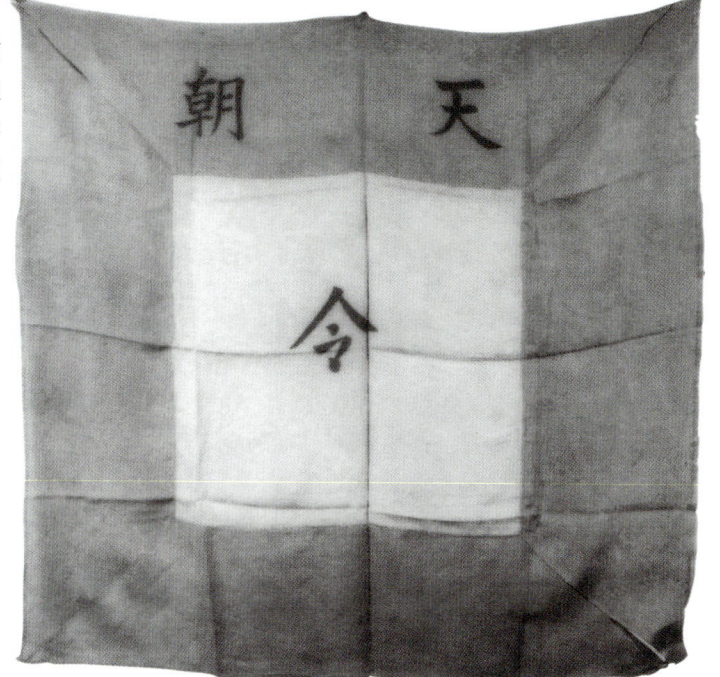

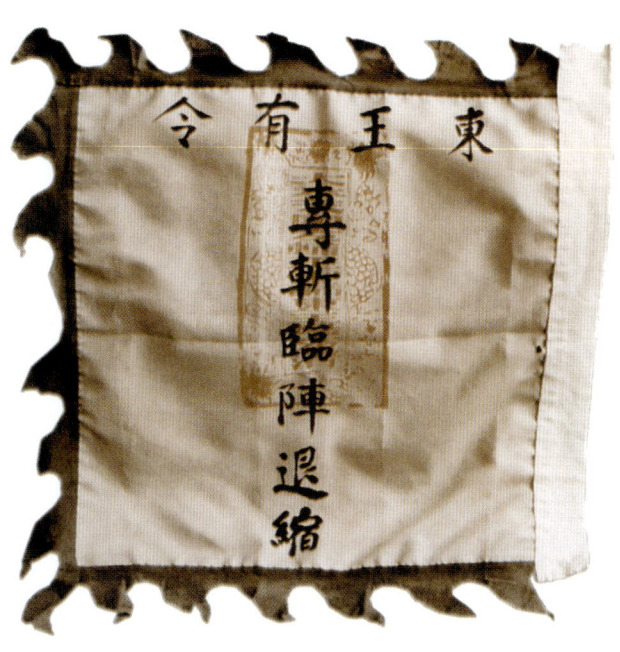

太平天国军法令旗

咸丰元年(1851年),太平军攻克永安后,设官封王,相继建立各项制度。洪秀全诏封杨秀清为东王、萧朝贵为西王、冯云山为南王、韦昌辉为北王、石达开为翼王,西王以下各王俱受东王节制,初步奠定了太平天国建制的规模。这是东王杨秀清颁发的战场军法令旗。

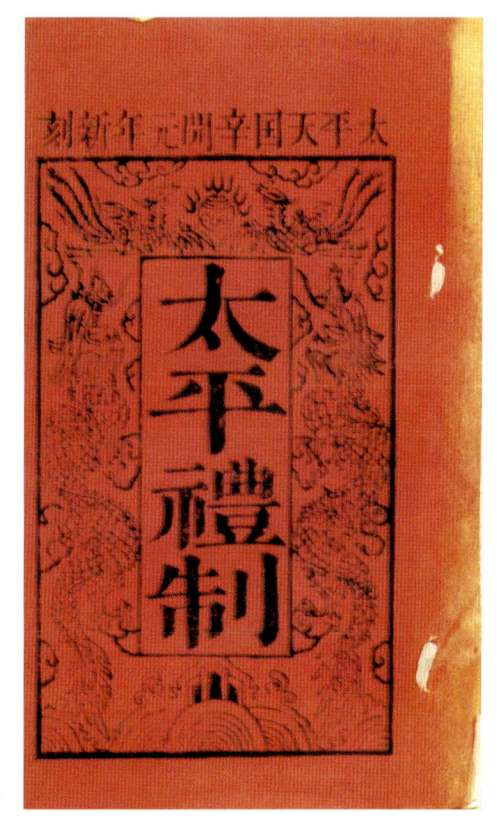

《太平礼制》

咸丰元年(1851年)刻本。

本书记载天王和东、西、南、北、翼五王及丞相以下至两司马子女的称呼;天王和东、西、南、北、翼五王的家族及亲戚相互间的称呼等。咸丰八年(1858年)后又修改再版,增添名称甚多,有幼天王、诸王嗣君等称呼的礼制等。近人有称此为《太平礼制续编》。

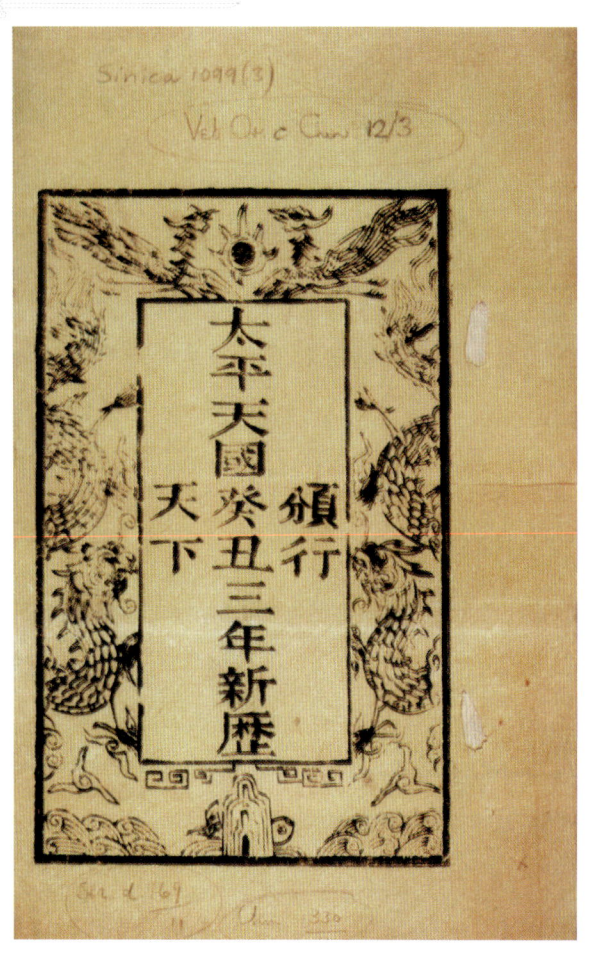

《太平天国历书》

冯云山制订。咸丰二年（1852年）颁行。

太平天国废止了清《时宪书》，代之以"天国新历"。采用纯阳历，一年为366日，分12月。单月31日，双月30日，不置闰月，不计朔望。以太平天国国号纪元，以干支纪年月日。天历虽有不合理之处，却是当时的重大革新之一。

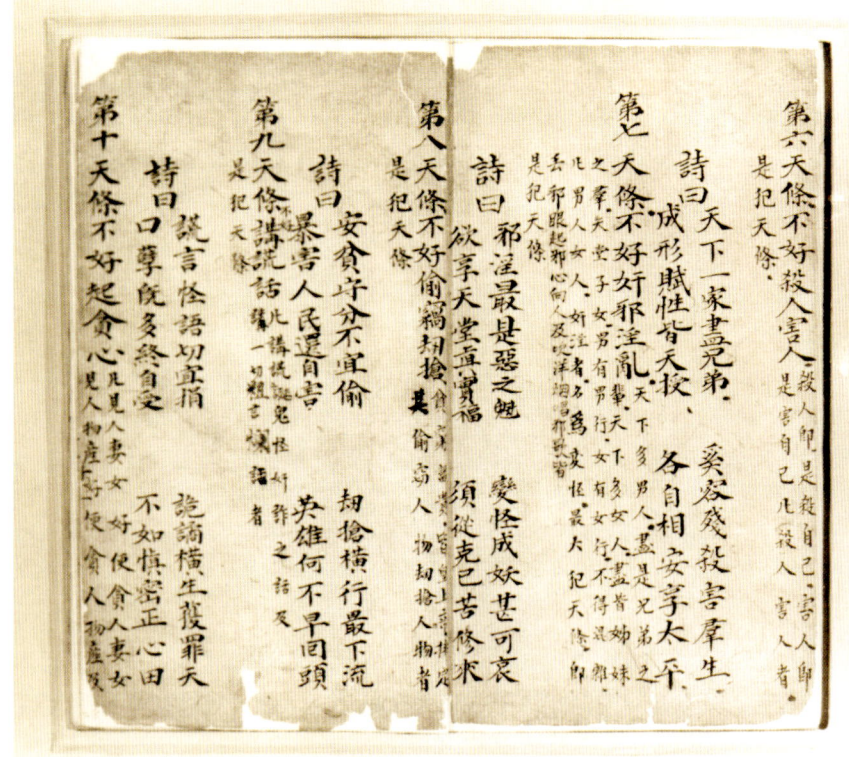

太平军抄本《天条书》

洪秀全、冯云山制订。清抄本。

天条共10款，仿圣经《旧约全书》中摩西所传上帝10诫制订，是拜上帝会的基本教义和守则。平时作为守则，战时作为军纪，违者轻则枷杖，重则立决。咸丰二年（1852年），将此10条与太平天国宗教仪式合刻为《天条书》，成为太平天国军民的必读课本。

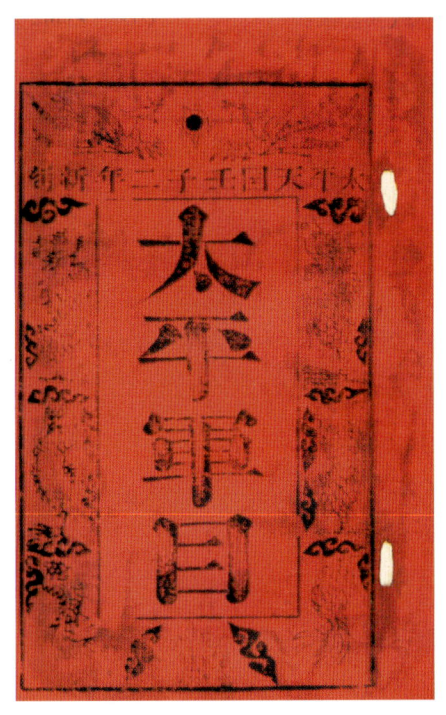

《太平军目》封面

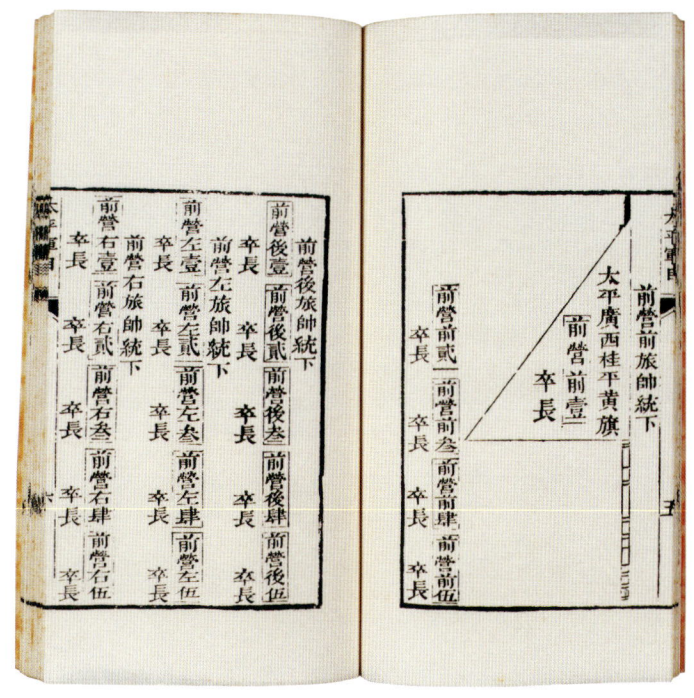

《太平军目》内页

冯云山撰。咸丰二年（1852年）刊行。

本书记述太平军编制及旗样。书中规定了军以下师、旅、卒、两、伍各级军事组织的人数和统帅关系：五人为伍；五伍为两；四两为卒；五卒为旅；五旅为师；五师为军。军帅之上，有监军、总制、将军、指挥、检点、丞相，以至军师节制，人数一般为1.3万人。同时也规定了军帅以上各级职官所用旗帜式样，一个军的大小黄旗达656面之多。

太平军发式

变更衣冠服制，在中国历来具有社会政治含义，往往是改朝换代的标志。"永安建制"的内容之一，即强令军民蓄发，恢复汉民族蓄发的习俗，以对抗清政府剃发留辫的律令。独特的发式，连同其新异的服饰，成为太平天国反清复汉政治宣言的外在形式，给人们造成强烈鲜明的观感。

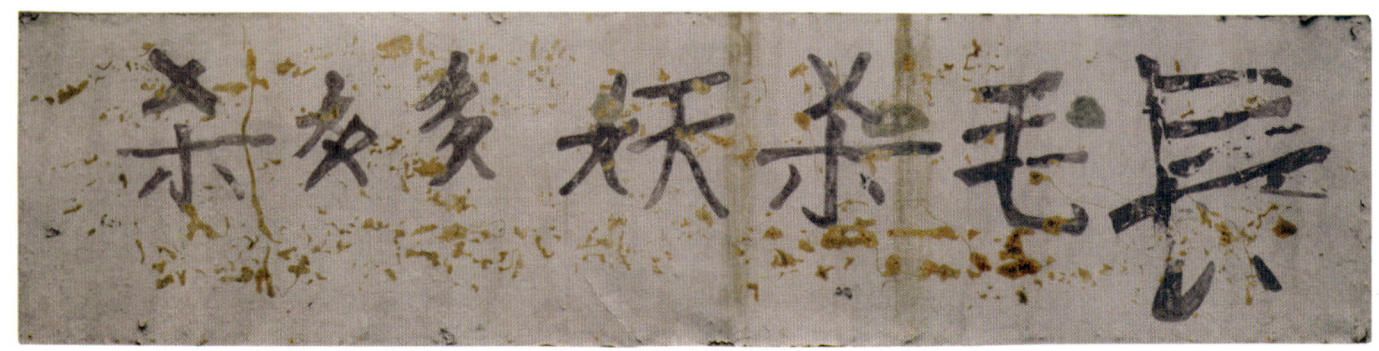

"长毛杀妖多多杀"标语

长185厘米,高41厘米。浙江太平天国侍王府纪念馆藏。

咸丰十一年（1861年），太平军进驻金华武义，杀土豪，分田地，当地百姓扬眉吐气，为鼓励太平军多杀清军及其土豪，在村中的一座祠堂墙上，蘸着土豪团练的鲜血写下了"长毛杀妖多多杀"的七个大字。

《行军总要》

杨秀清撰。咸丰五年（1855年）刊行。

这是太平天国颁布的军律。书中辑录了东王杨秀清九种行军号令，包括陆路号令、水陆号令、点兵号令、传官号令、查察号令、防敌要道、禁止号令、体惜号令和试兵号令。

《太平军进军金陵图》

咸丰三年（1853年），洪秀全、杨秀清率太平军弃武昌顺流东下，水陆两路进军金陵（今南京）。

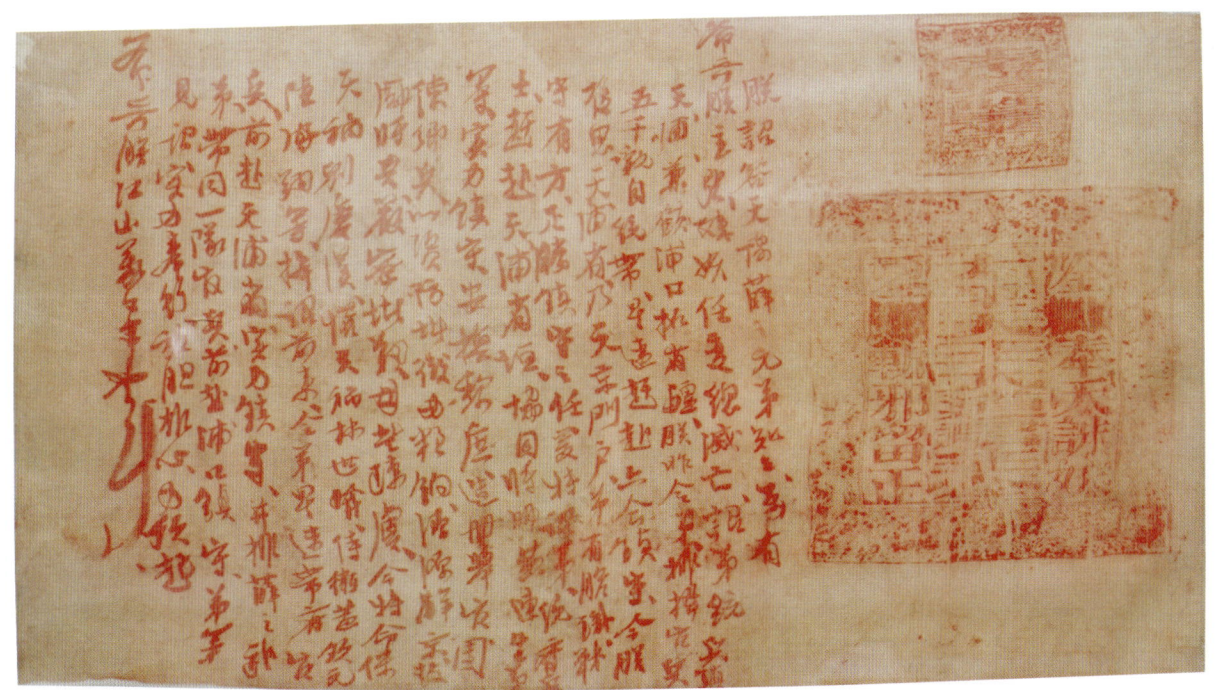

《天王洪秀全谕答天豫薛之元手诏》

黄缎朱书。纵42厘米，横72.5厘米。右上方盖方形朱印，下盖金玺。中国第一历史档案馆藏。

命令薛之元统兵镇守天浦，"安抚黎庶，造册举官，团练乡兵，以资防堵；征办粮饷，源源解京；鼓励将兵，严密堵剿，毋些疏虞"。

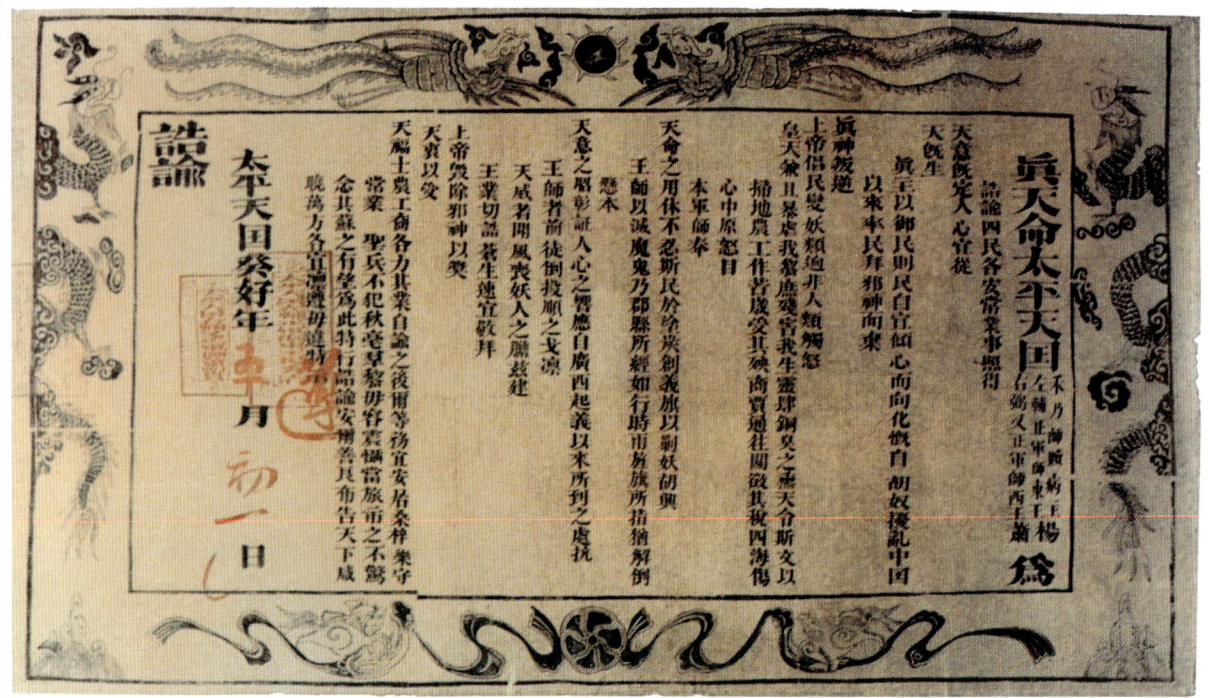

《东王杨秀清西王萧朝贵安抚四民诰谕》

黄纸精印,墨刷,朱笔填写。纵 91.44 厘米,横 152.4 厘米。英国伦敦不列颠博物馆藏。

这是太平天国开国后首次宣谕四民各安常业的告示。文辞兼用俪语,颇具典则。此谕以杨秀清、萧朝贵的名义发布,日期上盖两方长方形朱印,右边的印文为"太平天国左辅正军师东王杨秀清";左边的印文为"太平天国右弼又正军师西王萧朝贵"。当时萧朝贵已于长沙之役战死,杨秀清等讳其死,所以一切示谕,仍列其衔。

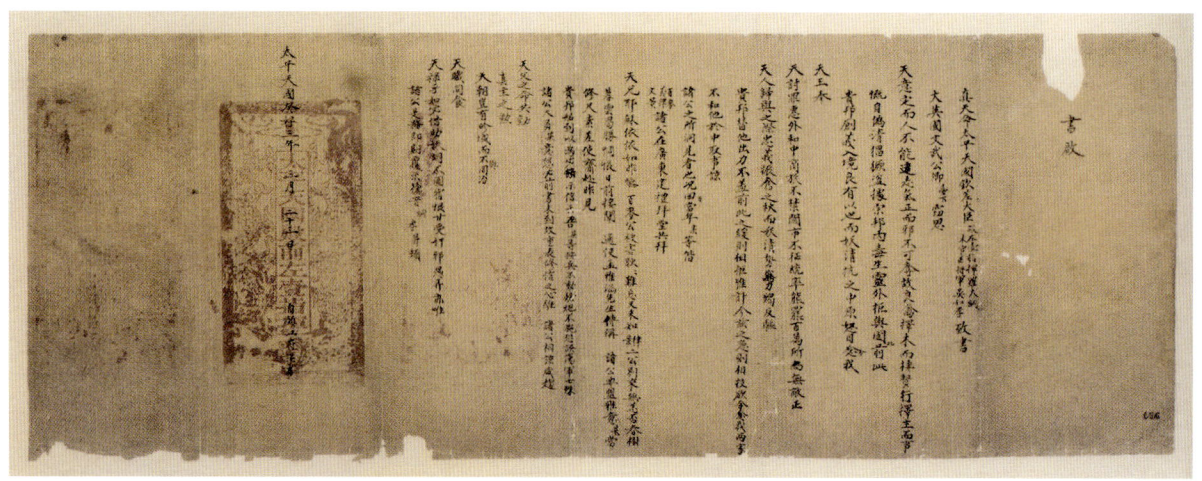

《殿前左一指挥罗大纲等致英国人书》

黄纸墨书。纵 26.1 厘米,横 69.6 厘米。中国革命博物馆藏。

罗大纲(? - 1855年),广东揭阳人,太平天国前期重要将领。太平天国定都后,与吴如孝守镇江。此函是英国驻华公使文翰访问太平天国途经镇江时,罗大纲等为向英国表明太平天国独立自主、反对侵略的外交政策而书写的。

（二）北伐与西征

《怀庆解围战图》

清宫廷画家绘。此图为《平定粤匪战图》（共20幅）之一，为初稿（粉本），所附上谕时间为"咸丰三年八月初四日"。中国第一历史档案馆藏。

太平军攻克南京后，决定分兵北伐和西征。北伐军主力部队由主将林凤祥、李开芳率领从扬州出发北上。两个月后，即咸丰三年（1853年）六月，开始围攻怀庆府（今沁阳）。

怀庆知府余炳焘、知县裘宝镛闭城顽抗，北伐军围城近60天，几乎攻克。清政府派协办大学士、直隶总督讷尔经额为钦差大臣，全力对付北伐军。双方在清化镇等处激战，最后，太平军10余万众撤围西去。

《岳州战图》旧照

　　清宫廷画家绘。此图原题《克复岳州战图》,系《平定粤匪战图》之四,所附上谕时间为"咸丰四年七月二十三日"。故宫博物院藏。

　　岳州太平军在城外筑土城、木城20余座,水勇进泊鹿角,阻断要冲;清军将领塔齐布、罗泽南率陆军驻扎新墙,并搭造浮桥。咸丰四年(1854年)六月二十七日,清军水陆并进,从5个方向分军围攻岳州城。七月一日,清军攻克岳州城。

《蕲州战图》旧照

　　清宫廷画家绘。此图原题《收复蕲州战役图》,系《平定粤匪战图》之五,所附上谕时间为"咸丰四年十月二十九日"。故宫博物院藏。

《田家镇及蕲州战图》

清人绘。纸本，设色。纵50.5厘米，横87.5厘米。此图原题《攻破田家镇贼巢克复蕲州图》，系《清军奏报与太平军交战图》之一。中国历史博物馆藏。

蕲州至田家镇20余公里。咸丰四年（1854年），太平军以铁索横亘江面，水兵在江上严阵以待，岸上扎营。十月十三日，杨载福等率清军水师分船4队由江上进攻，塔齐布率陆军列兵岸上。清兵以洪炉利斧且熔且断，破太平军之铁索。太平军不敌，战船被烧毁者4000余艘。十四日，据守蕲州的太平军只得弃城而去。

《肃清浔郡江面战图》旧照

　　清宫廷画家绘。此图为《平定粤匪战图》之六，所附上谕时间为"咸丰四年十月初二日"。故宫博物院藏。

　　长江与鄱阳湖交汇处，正是浔郡一段的江面。咸丰四年（1854年）十一月七日，湘军罗泽南、李续宾等部与太平军在东、西两地激战。十二日，塔齐布率清兵由白湖渡水进攻，在孔垅驿前的10里长堤上多面夹击。十四日，小池口太平军营为清兵所破。当晚，曾国藩大军进驻九江城。

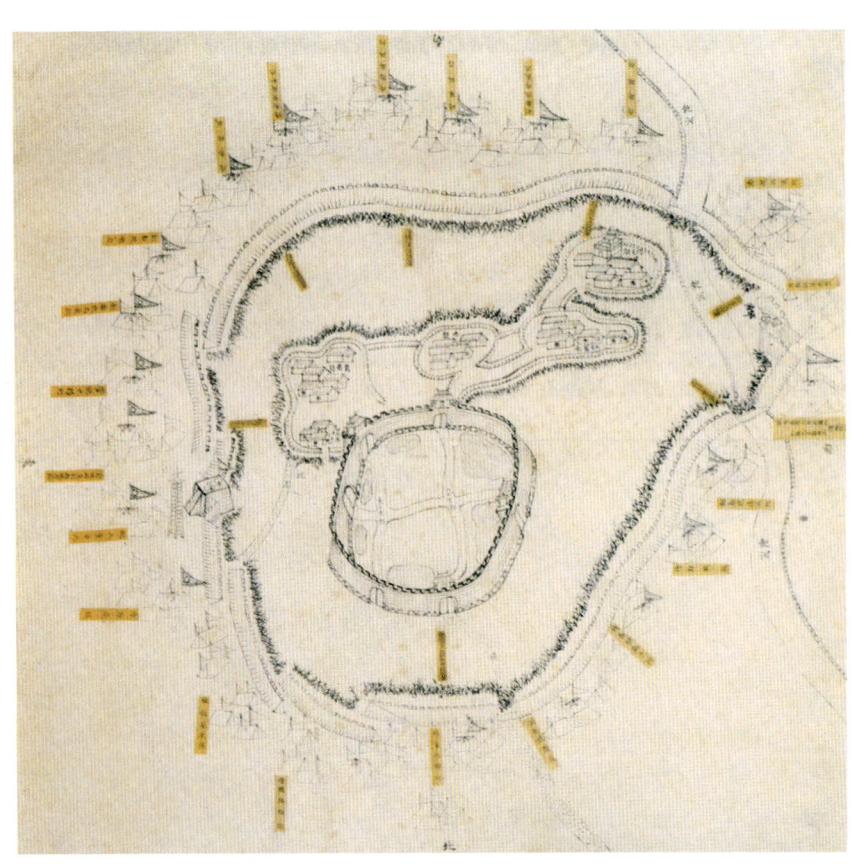

《清军围攻阜城图》

　　此图为僧格林沁奏呈的清军各城围攻阜城太平军之兵力部署图，时间为咸丰四年（1854年）二月二十二日。中国第一历史档案馆藏。

《僧格林沁像》旧照

僧格林沁（？－1865年），博尔济吉特氏，蒙古科尔沁旗（今属内蒙古）人。咸丰三年（1853年）为参赞大臣，率骑兵防堵、并击溃太平天国北伐军，晋封亲王。第二次鸦片战争期间，在大沽口炮台督军力战，击沉英法炮舰多艘，击伤英舰司令何伯。次年，被英法联军击溃，失守大沽、天津，又败于张家湾、八里桥。咸丰十年起，奉命南下攻捻。同治四年（1865年），所部在山东曹州（今荷泽）高楼寨战役中为捻军歼灭，其本人亦被杀。

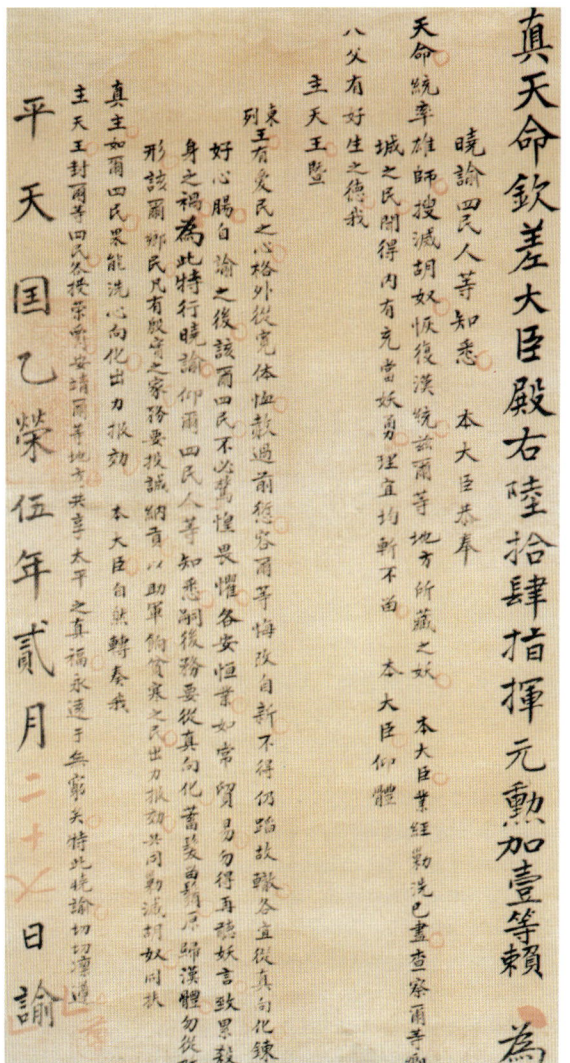

《太平天国钦差大臣谕令》

黄纸朱书，朱笔填写、圈乙。纵54厘米，横33厘米。原件著录为《殿右陆拾肆指挥赖劝四民从真向化晓谕》，日期上盖"太平天国殿右陆拾肆指挥"长方形朱印。中国革命博物馆藏。

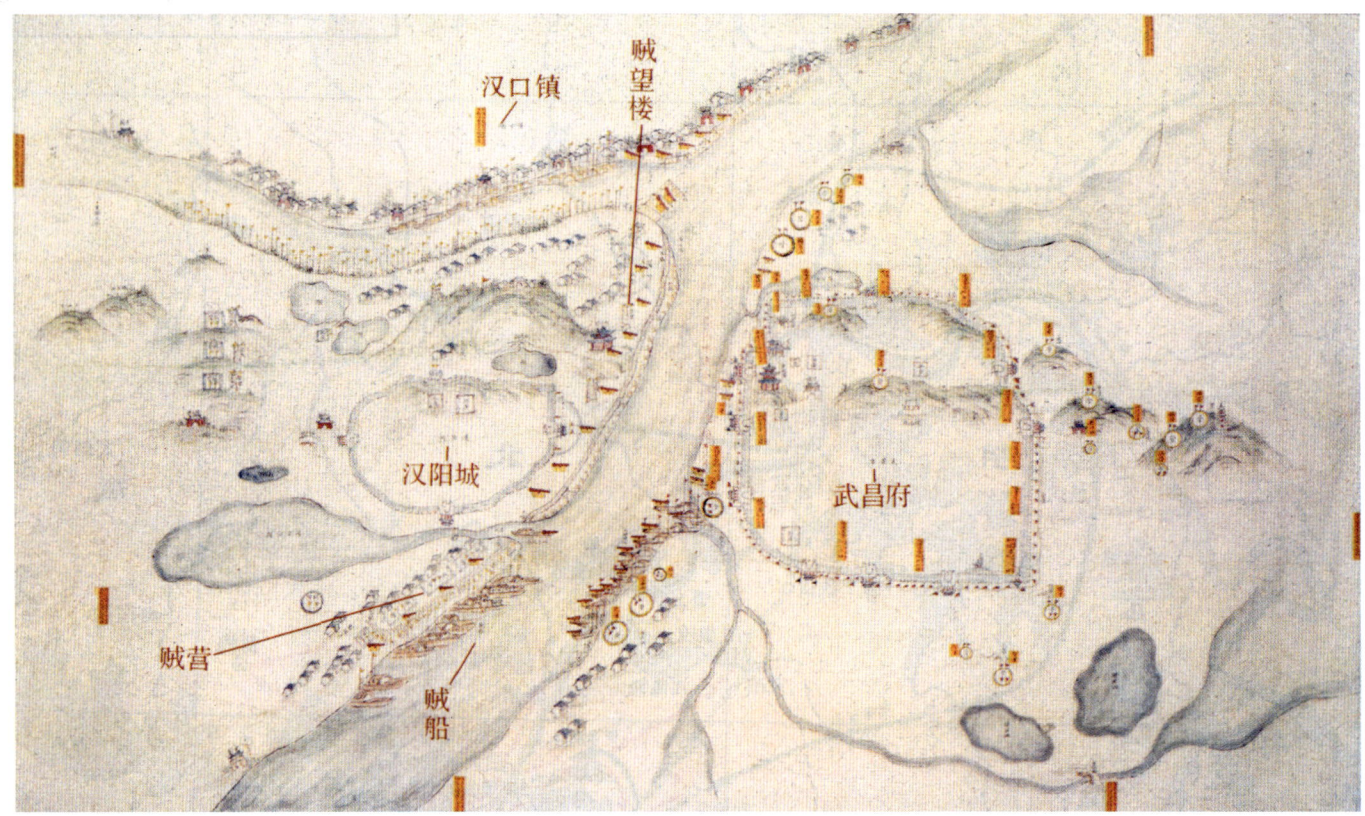

《武汉三镇布防图》
　　中国第一历史档案馆藏。

　　此图为太平军再克武昌前半月,即咸丰四年(1854年)五月十三日,湖北巡抚青麐上奏清廷的武昌城防与太平军在汉口、汉阳军事形势图。

《通城等县战图》
　　清宫廷画家绘。绢本,设色。纵135.9厘米,横307.3厘米。此图原题《克复通城等县战图》,系《平定粤匪战图》之九。加拿大爱德蒙顿麦克塔格特私人庄园藏。

　　咸丰五年(1855年)九月初三日,清军骆秉章、罗泽南几路逼近湖北通城,大肆进攻,先攻占庄泉、花凉亭等城外堡垒,并焚烧太平军营盘。太平军由城西北渡溪,清军拥至截杀,溪水尽赤。清兵攀援登城,太平军逃出,又遭清军埋伏,通城遂破。

《通城等县战图·上谕》旧照

故宫博物院藏。

此谕为《平定粤匪战图》之九附件,时间为"咸丰五年九月二十五日"。

《湖北通城战图》

清人绘。原题《克复湖北通城图》，系《清军奏报与太平军交战图》之一。纸本，设色。纵50.5厘米，横87.5厘米。中国历史博物馆藏。

《武昌省城战图》

清人绘。纸本，设色。纵50.5厘米，横87.5厘米。此图原题《克复武昌省城图》，系《清军奏报与太平军交战图》之一。中国历史博物馆藏。

咸丰六年（1856年）十月二十六日，清军将领杨载福率长江下游水师进攻武昌鲇鱼套，其他清将王明山、丁泗滨、陈金鳌等分兵长江各处与太平军作战。十一月十五日，太平军分4路出城，背城与清军决一死战，战败后退入城中。二十二日武昌城破。清军沿街纵火，烧杀劫掠，杀人上万。

《瑞州省城战图》旧照

　　清宫廷画家绘。清末战图照片。原题《克复瑞州省城战图》，系《平定粤匪战图》之十一，所附上谕时间为"咸丰七年八月初五日"。故宫博物院藏。

　　瑞州城自咸丰五年（1855年）起便为太平军占领，赣宁道台耆龄统帅清兵，饬令各部于咸丰七年七月五日夜，分兵四路猛攻东、西、南、北四个城门。清军于西门外搭建3丈高的木排望楼，于夜间向城墙内的太平军掷火弹，并趁乱攻城。十四日，瑞州城破。

《怀桐战图》旧照

　　清宫廷画家绘。此图原题《会剿怀桐战图》，系《平定粤匪战图》之十二，所附上谕时间为"咸丰十年十一月二十五日"。故宫博物院藏。

　　咸丰十年（1860年）十月，清军围攻安庆，太平军陈玉成会合捻军增援桐城。攻城的多隆阿知援兵将至，布阵于挂车河西岸；李续宜率湘军陈兵于新安渡，上下夹击。李军分八路兵马从不同方向配合多隆阿。激战3个时辰，尸横遍野，血流成渠。太平军溃走庐江，桐城援军遂绝。

（三）太平天国败亡

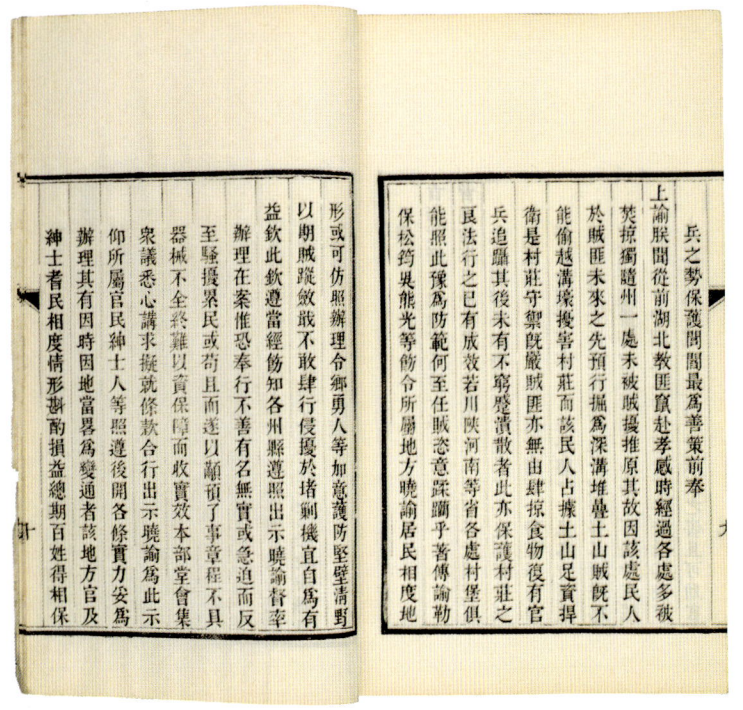

《上谕内阁·附疏议条款》

（清）奕䜣撰。咸丰三年（1853年）武英殿刻本。故宫博物院藏。

面对这次农民起义威胁清王朝统治的艰难局面，咸丰帝采取过一些治乱世的举措。举办团练是手段之一，反映出清王朝军事力量空虚，走投无路，只有依靠地方自卫军，各自为战。本书收录咸丰三年（1853年）正月初八日及三十日上谕2篇，另附明亮、德楞泰的《筑堡御贼疏》、龚景瀚撰《坚壁清野议》及遵旨所拟晓谕官民绅士条款21条，是研究清政府镇压太平天国农民起义的重要资料。

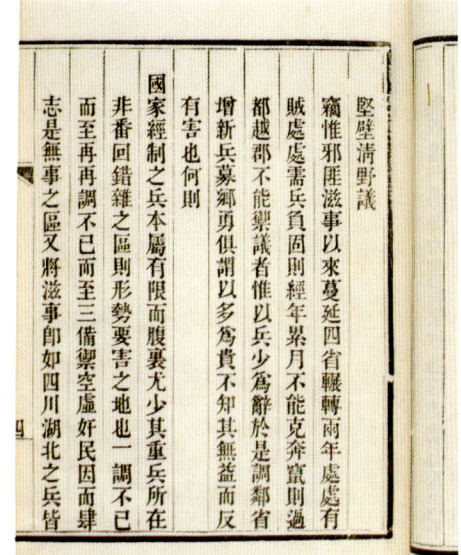

《上谕内阁·坚壁清野议》

咸丰三年（1853年）武英殿刻本。故宫博物院藏。

嘉庆年间，龚景瀚曾撰有《坚壁清野议》，阐述坚壁清野的具体做法。咸丰帝令附刻，收入《上谕内阁》一书，仿照执行。

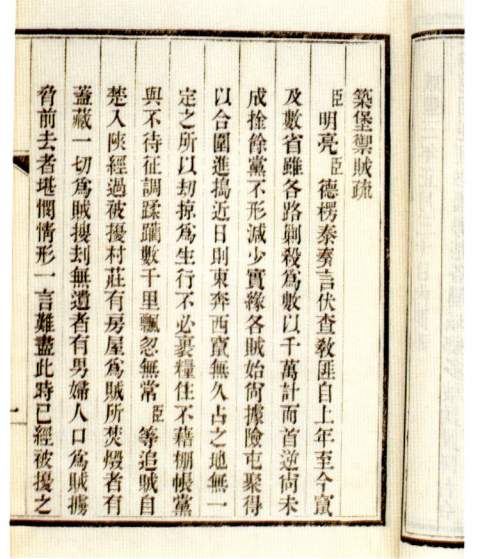

《上谕内阁·筑堡御贼疏》

咸丰三年（1853年）武英殿刻本。故宫博物院藏。

清嘉庆年间，明亮、德楞泰曾撰有《筑堡御贼疏》。咸丰帝令附刻，收入《上谕内阁》一书，仿照执行。

《伏虎开山阵式图册·伏虎冲敌式》
　　清人绘。纸本，设色。全12开，此为第5开。纵56.8厘米，横53.2厘米。故宫博物院藏。

旧式的阵法已显得呆板、僵化，难以适应近代战争的需要。

《伏虎开山阵式图册·攻破马队式》

　　清人绘。纸本,设色。此为第7开。纵56.8厘米,横53.2厘米。故宫博物院藏。

《伏虎开山阵式图册·抄手环攻式》
　　清人绘。纸本，设色。此为第9开。纵56.8厘米，横53.2厘米。故宫博物院藏。

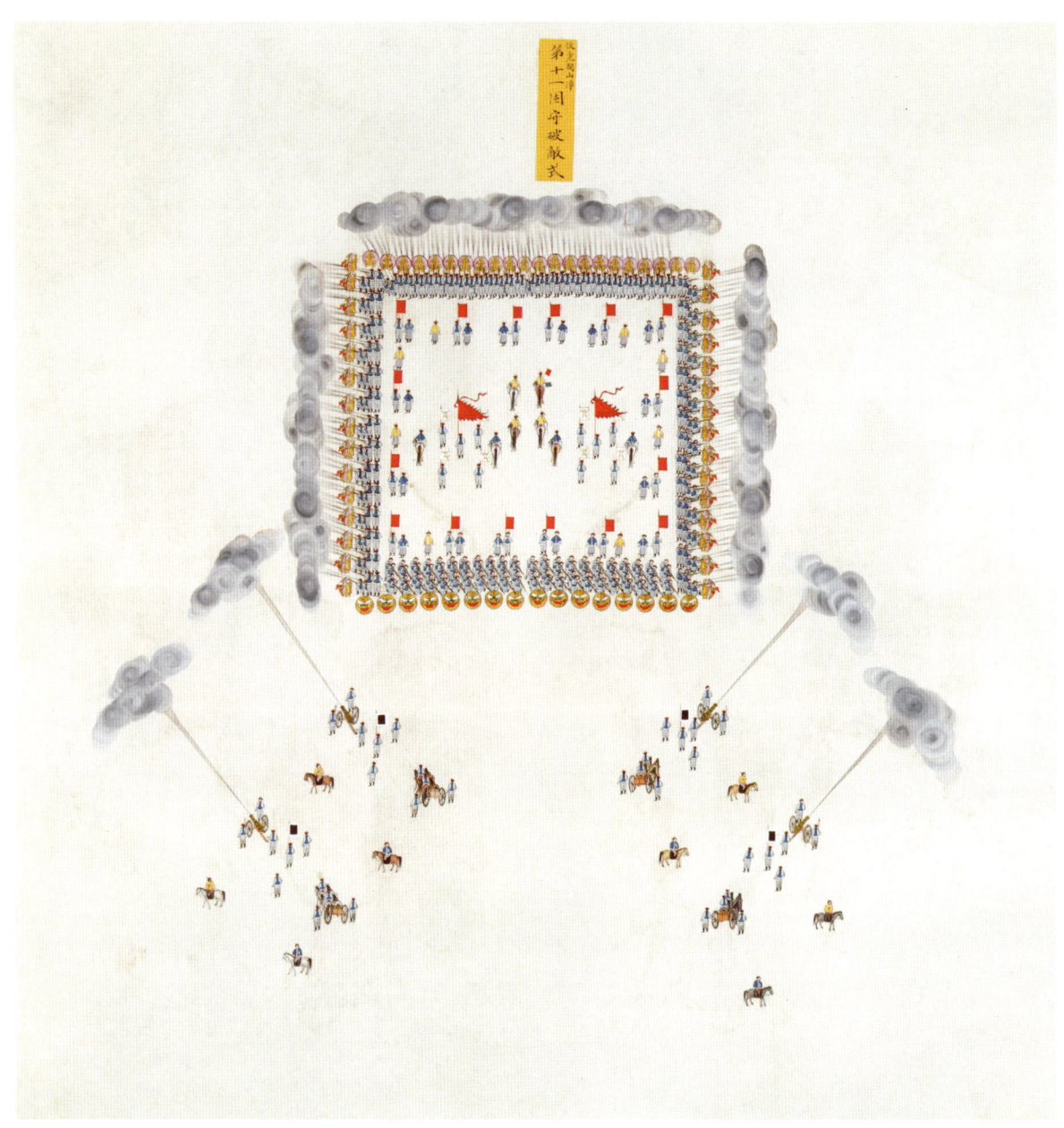

《伏虎开山阵式图册·固守破敌式》

　　清人绘。纸本,设色。此为第11开。纵56.8厘米,横53.2厘米。故宫博物院藏。

《清代名人像册·曾国藩像》
　　清人绘。纸本,设色。纵 47 厘米,横 34 厘米。故宫博物院藏。

　　曾国藩(1811—1872年),字伯涵,号涤生,湖南湘乡人。咸丰二年(1852年)在家守孝,奉命招募营勇,编练湘军。两年后,湘军已有陆军15营、水师10营,1.7万余人。此后湘军出省作战,成为太平军劲敌。曾国藩领受两江总督、钦差大臣衔,奉命统辖苏、皖、赣、浙四省军务,是中国近代军阀的鼻祖。

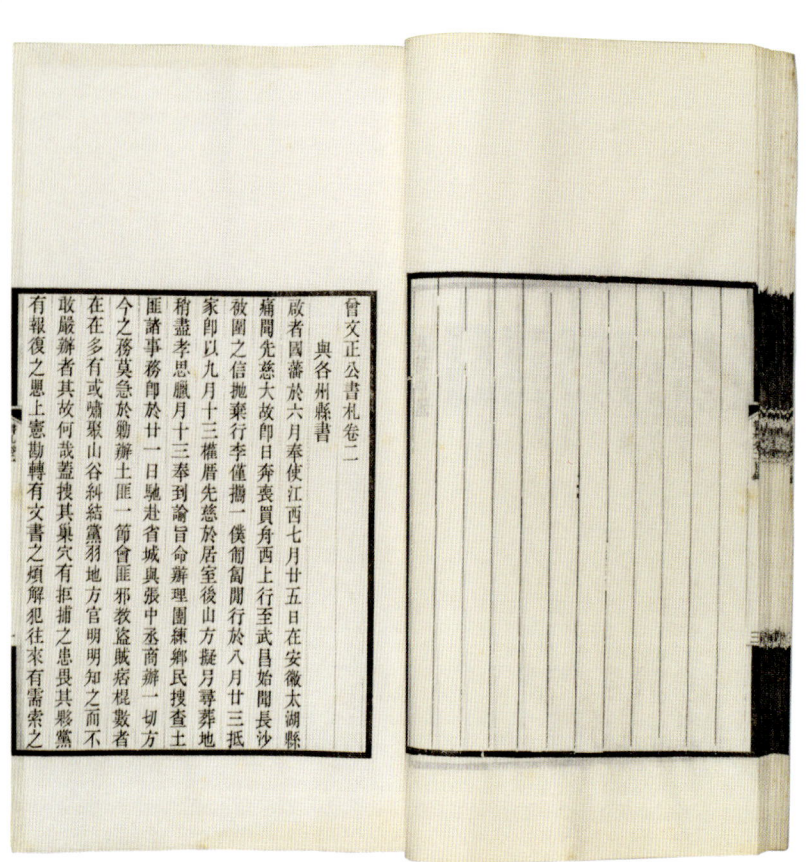

《曾文正公书札》

（清）曾国藩撰。清刻本。

本书所收书札包括曾国藩兴办团练方面的内容。

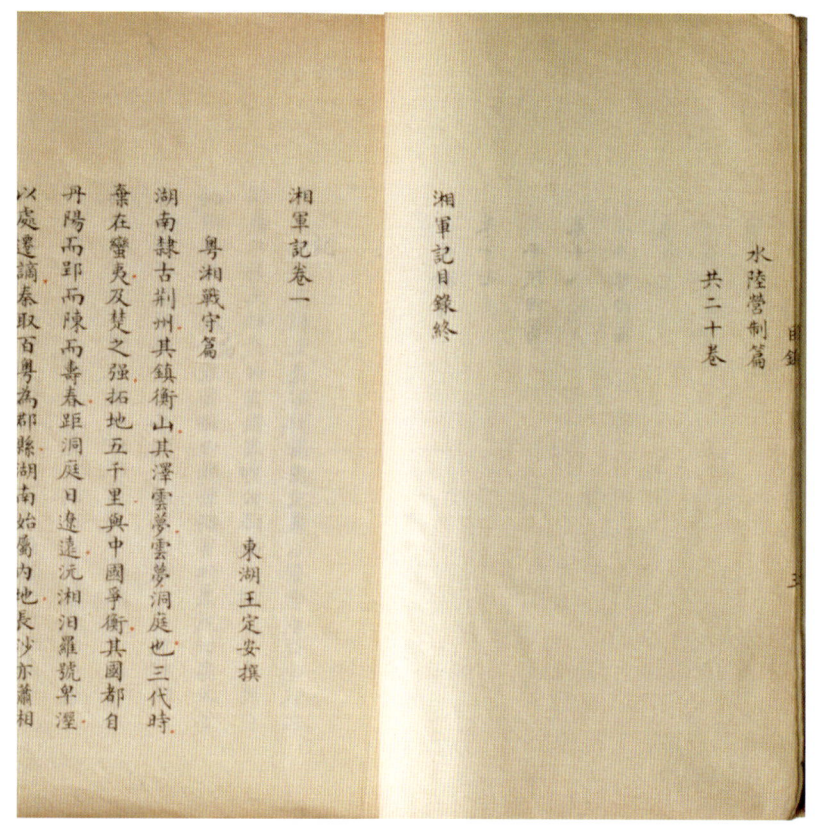

《湘军记》

（清）王定安著。旧抄本。北京大学图书馆藏。

湘军制度建构来自于明朝戚继光的"戚家军"，对后来的军事变革产生了直接而深远的影响。清人王闿运曾撰《湘军志》，述湘军事不够完备，对湘军讥评过多，对曾国荃讥评尤甚。本书作者奉曾国荃之命撰写此书，隐为抗辩。书中记湘军始末，宣扬曾氏勋迹。以湘军为纲，附述他军战史。体例采用编年，取材依据奏章遗稿和逸事遗闻。

《胡林翼像》旧照

胡林翼（1812—1861年），字贶生，号润芝，湖南益阳人。咸丰元年（1851年）补黎平知府，推行保甲团练对抗农民起义。咸丰四年率贵州地主团练赴湖北通城与太平军对抗，又到湖南协助曾国藩训练湘勇，帮办军务。后随曾国藩攻下岳州，又与罗泽南合攻武昌失败，退踞金口。咸丰七年后，与曾国藩配合，继续在湖北、九江、安徽等地镇压太平军，并策应曾国藩进攻安庆，与曾国藩并称为"曾胡"。

《胡文忠公遗集》

（清）胡林翼撰，严树森等编。同治三年（1864年）刊行。故宫博物院藏。

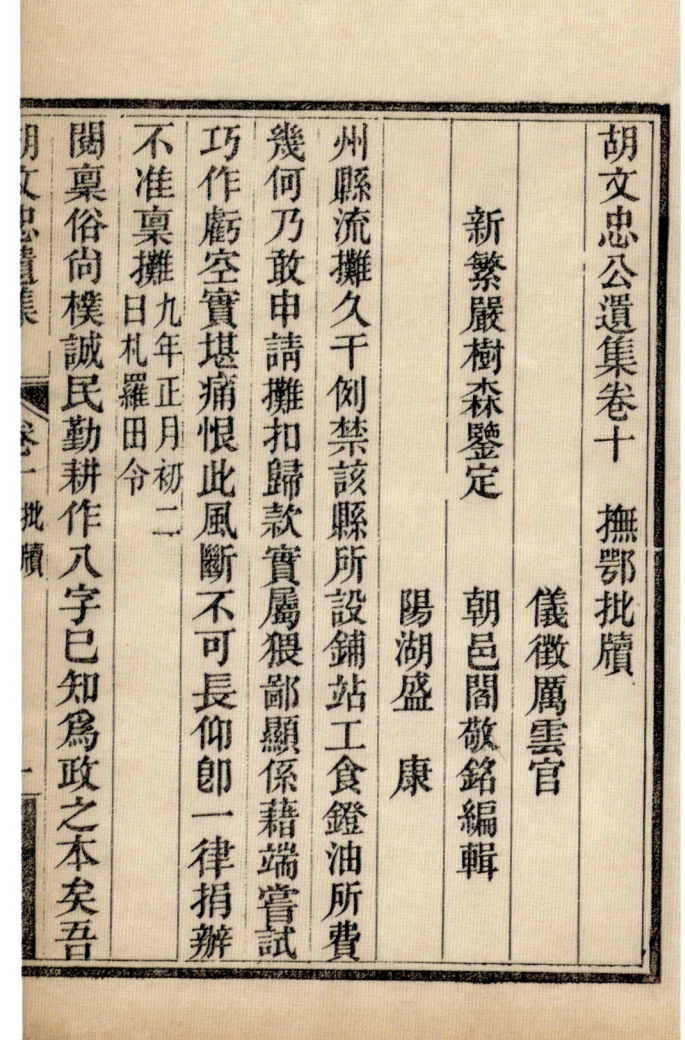

书中汇集胡林翼的奏疏、书牍与批札等，罗列了他在整军经武，察吏安民等方面的"大政"，反映出他在贵州镇压人民起义，尤其在湖北、安徽等地对太平军作战的情况。

《清代名人像册·曾国荃像》

　　清人绘。纸本，设色。纵47厘米，横34厘米。故宫博物院藏。

　　曾国荃（1824—1890年），字沅甫，号叔纯，湖南湘乡人。曾国藩的三弟。咸丰六年（1856年）在湖南募勇3000赴援江西吉安，对太平军作战，所部称吉字营。咸丰八年攻陷吉安，3年后率军攻陷安庆。同治元年（1862年），率所部围困、攻陷天京（今南京），纵兵焚掠。以后帮办军务，镇压捻军。

《清代名人像册·彭玉麟像》
　　清人绘。纸本，设色。纵47厘米，横34厘米。故宫博物院藏。

　　彭玉麟（1816—1890年），字雪琴，湖南衡阳人。咸丰三年（1853年）从曾国藩创办湘军水师。次年，率水师在湘潭战胜太平军，后配合陆军攻陷岳州（今岳阳）、武汉、田家镇。在湖口战役中，被太平军击溃。咸丰五年重建内湖水师，后参加围攻九江、安庆，攻陷湖北孝感、黄州（今黄冈），擢为安徽巡抚。同治元年（1862年）任水师提督，东下围天京（今南京）。天京陷落后，加太子少保。

《骆秉章朝服像》旧照

骆秉章（1793—1867年），广东花县人。咸丰元年（1851年）太平军入湖南，围长沙80余日不克，他以守长沙有功，从此为清廷所倚重。后支持曾国藩办团练，又延湘阴举人左宗棠为幕僚，训练兵勇对抗太平军。同治元年（1862年），在大渡河边击败太平天国翼王石达开。

《安庆省城战图》

清宫廷画家绘。此图原题《克复安庆省城战图》，系《平定粤匪战图》之十三，为初稿（粉本），所附上谕时间为"咸丰十一年八月二十五日"。中国第一历史档案馆藏。

太平军占据安庆已逾9年，左宗棠"楚军"攻陷九江后即进兵围攻安庆。太平军将领陈玉成多次合南北两岸军众突围不得，曾国荃率清兵昼夜严防。咸丰十一年（1861年）七月十三日，太平军10余次和清军交战，又遭盐河口清军水师袭击。清兵挖地道，以地雷轰开北门，太平军投江死者数千人。八月初一日，安庆城被清兵攻克。

《筹办夷务始末·"借船不借兵"谕旨》

（清）贾桢等编。清同治年内府朱格抄本。故宫博物院藏。

外国公使、领事屡次表示要"帮同剿贼"，咸丰帝一直加以拒绝。此件谕旨反映出他所采取的"借船不借兵"的策略。

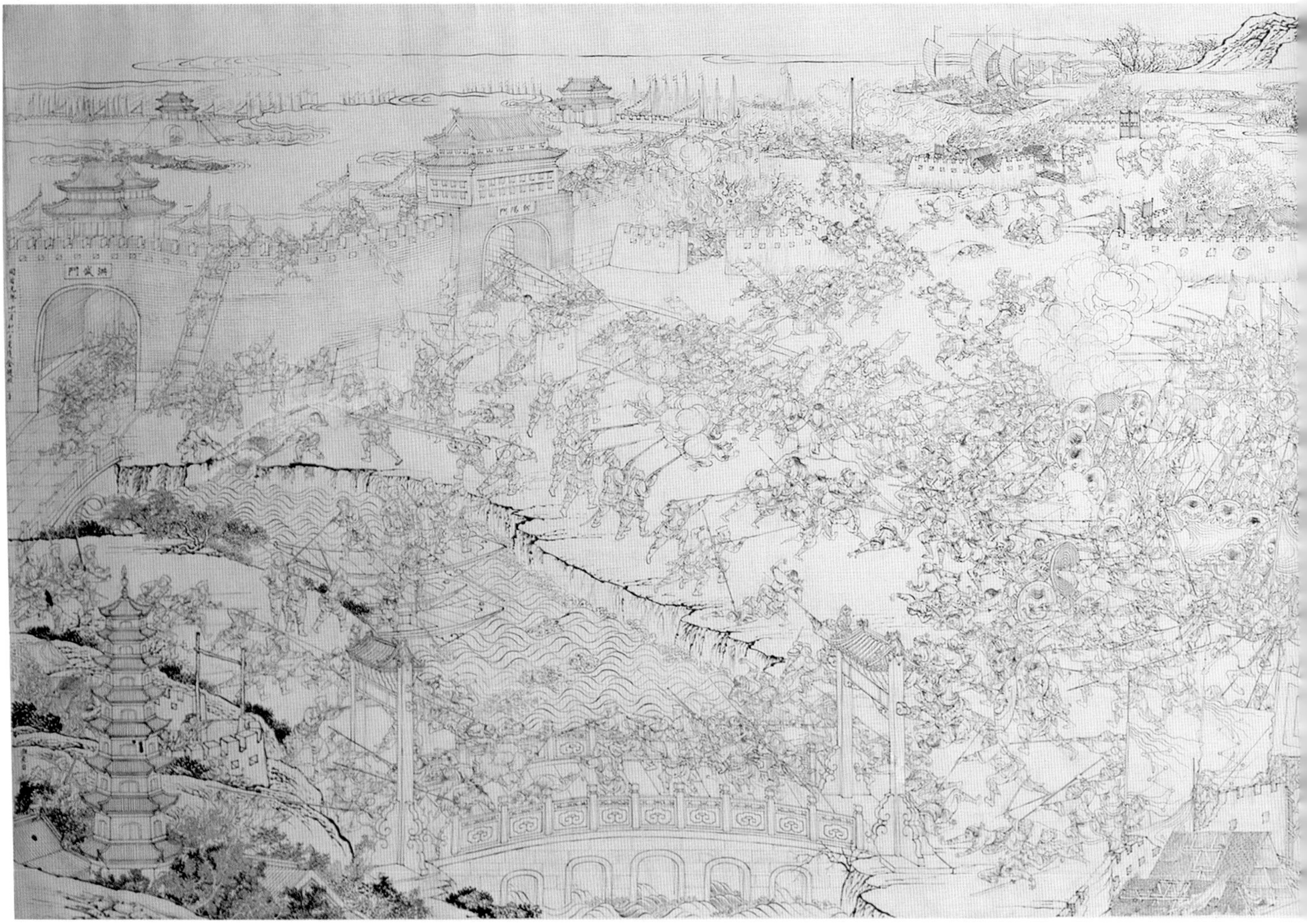

《苏州省城战图》旧照

　　清宫廷画家绘。此图原题《克复苏州省城战图》,系《平定粤匪战图》之十七,所附上谕时间为"同治二年十一月初四日"。故宫博物院藏。

《金陵各营获捷战图》

清宫廷画家绘。此图原题《克复金陵战图》，系《平定粤匪战图》之十四，为初稿（粉本），所附上谕时间为"同治元年十一月初八日"。中国第一历史档案馆藏。

同治元年（1862年）闰八月，李秀成率十三王合兵60万，扎营数十里，欲解金陵之围。二十九日，太平军以开花炮轰击清军刘连捷各营，曾国荃率众增援，被飞弹击中面颊，仍裹伤督战。九月，太平军屡攻不下，便以箱箧装土垒于壕边，并暗挖地道，曾国荃、曾贞干坚守城壕，审地道走势堵杀太平军。战至十月初一日，清军大队人马增援，太平军战败溃走。双方相持46天，清军仅阵亡将领就有207人之众。

《李鸿章克复苏州战图·李鸿章像》

　　清人绘。绢本，设色。纵54.7厘米，横28.1厘米。北京大学图书馆藏。

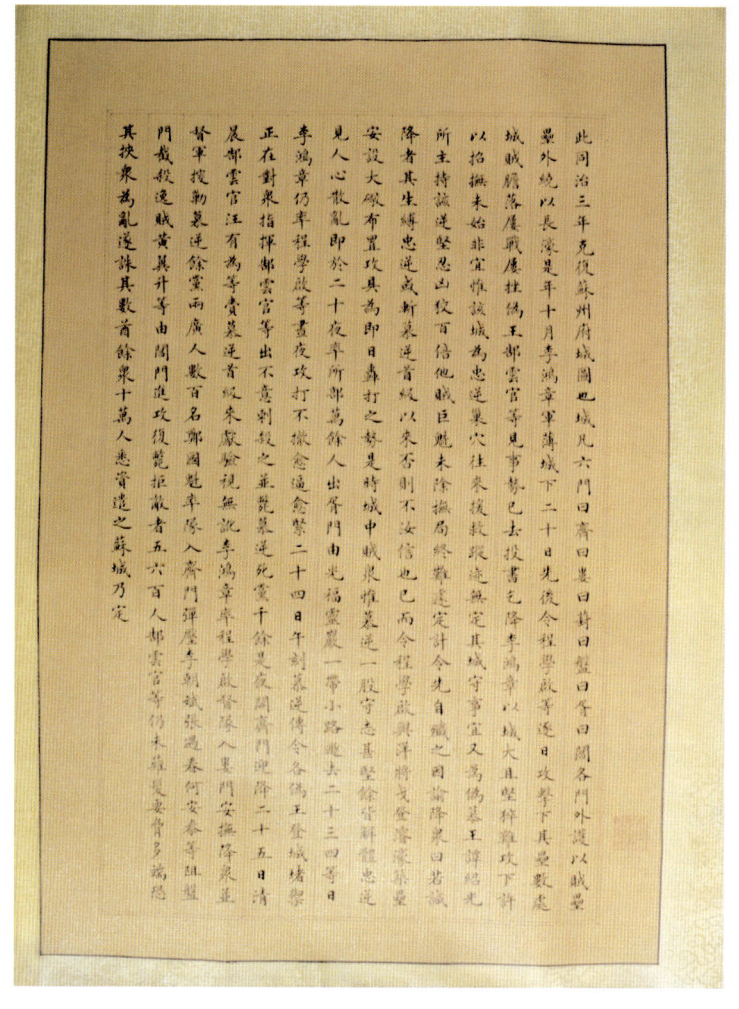

《李鸿章克复苏州战图·题记》

　　清人绘。绢本，墨书。纵64厘米，横42.2厘米。北京大学图书馆藏。

　　李鸿章（1823—1901年），字少荃，安徽合肥人，进士出身。追随曾国藩，按照湘军方式编练淮军，同治元年（1862年）调赴上海，进攻太平军，并升任江苏巡抚。太平天国失败后，又率淮军镇压了捻军起义。70年代任直隶总督兼北洋大臣，曾参与签订一系列不平等条约，倡导洋务运动，创办近代军事工业。

　　本图题记款署"同治二年十一月初四日"。

《李鸿章克复苏州战图》
　　清人绘。绢本，设色。纵63.3厘米，横116.6厘米。北京大学图书馆藏。

　　太平军在苏州胥门、葑门等处屏河筑垒数10座，均以精锐驻守，尤以娄门外石垒最为坚固。同治二年（1863年）十月十九日，李鸿章亲督大军进攻石垒，以重炮倾垒墙10余处，李秀成、谭绍光率万余太平军突出娄门拒敌，双方几近肉搏。二十日，娄、葑等各门俱被攻下，李秀成带万余人夜晚突围，谭绍光拼死固守。二十三日，程学启等率水陆各军日夜攻城，太平军叛徒汪有为出其不意刺死谭绍光，并开门献城。

《左宗棠克复杭州战图·左宗棠像》

　　清人绘。绢本，设色。纵54.7厘米，横28.3厘米。北京大学图书馆藏。

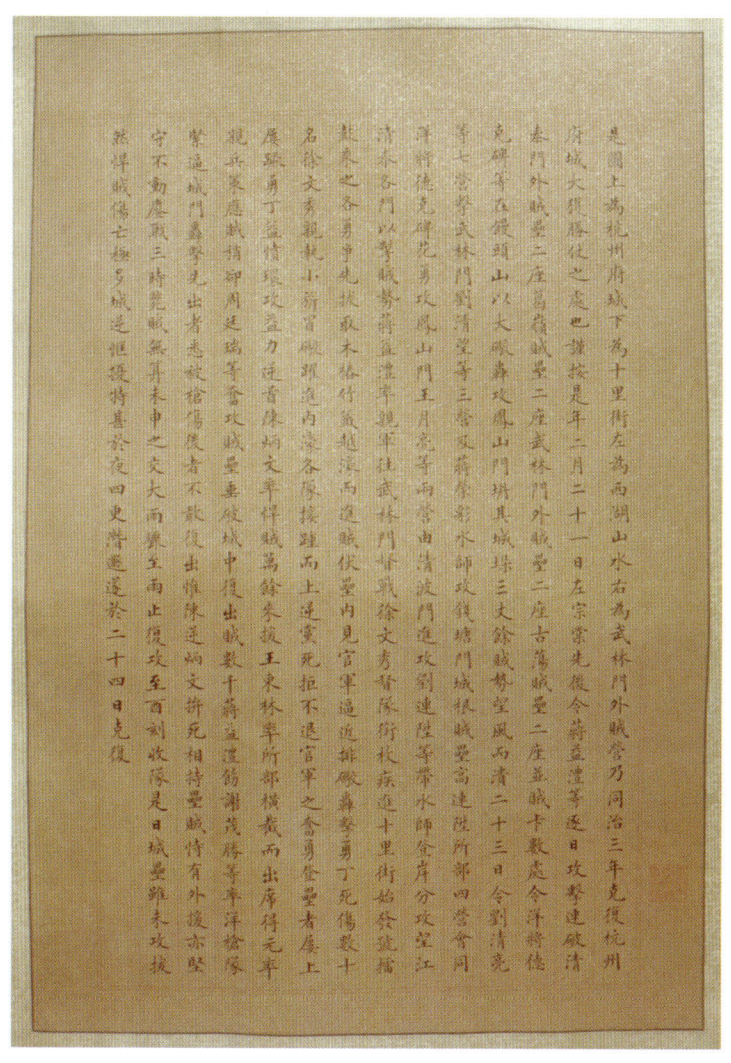

《左宗棠克复杭州战图·题记》

　　清人绘。绢本，墨书。纵64厘米，横42.2厘米。北京大学图书馆藏。

　　本图题记款署"同治三年"。

　　左宗棠（1812—1885年），字季高，湖南湘阴人。太平天国起义后，一度在家乡办团练，深得骆秉章倚信。咸丰十年（1860年）由曾国藩保举，清廷特旨为四品京堂襄办军务。他招募"楚军"5000人，赴江西、浙江前线与太平军作战。后奉命攻灭太平军余部李世贤、汪海洋于广东嘉应州（今梅县）。同治年间，相继攻灭西捻军及西北回民起义。

《左宗棠克复杭州战图》
　　清人绘。绢本，设色。纵64.1厘米，横119.2厘米。北京大学图书馆藏。

　　同治三年（1864年）二月二十一日，清军合剿杭州、余杭二城，同时洋人德克碑在馒头山开放大炮，轰塌凤山门城垛。左宗棠部蒋益澧亲督水陆各军乘势猛攻庆春、艮山等门，昼夜不息。守城太平军急从武林门出，向德清方向突围。二十四日蒋益澧派兵从四面架云梯攻入杭州城内，搜杀太平军数千人。左宗棠亲饬各营整队，穷追猛剿撤出的太平军，杭州、余杭两城同时被清军攻克。

《江宁省城战图》

清宫廷画家绘。此图原题《克复江宁省城战图》,系《平定粤匪战图》之十九,所附上谕时间为"同治三年十六月二十九日"。故宫博物院藏。

同治三年(1864年)六月初,曾国藩亲率大军,会合彭玉麟、曾国荃、杨岳斌等水陆并进,从长江上游逼近江宁,欲一举攻占。十六日,江宁外城被攻破,城内太平军誓死抵抗。清军轮番炮火猛攻,并开地道,埋炸药轰开城垣20余丈,各城门陆续被攻破。天王府及各王府同时火起,洪秀全此前已病故,忠王李秀成、天王兄长洪仁达、烈王李万材等被俘,数万太平军阵亡。

太平天国幼天王玉玺

青白玉质。长、宽各21.8厘米,印台高4厘米;钮长18.5厘米,宽4.6厘米,高7厘米。净重6千克。中国革命博物馆藏。

幼天王(1849—1864年),本名洪天贵,洪秀全长子。咸丰十年(1860年)起,以幼主名义发布诏旨。次年,洪秀全在其名下加一"福"字,为其即位后用。同治三年(1864年)四月十九日洪秀全病逝后,幼主于二十四日即位,称幼天王。

《洪福瑱被擒图》

清人绘。纸本，设色。纵 50.5 厘米，横 87.5 厘米。中国历史博物馆藏。

幼天王玉玺名下横刻"真主"二字，清方误称为"福瑱"，故此图名为《洪福瑱被擒战图》，系《清军奏报与太平军交战图》之一。幼天王继位后不久，天京失陷，由李秀成等护送出城，后被转送至安徽、浙江湖州（今吴兴），拟往江西会合李世贤、汪海洋等入湖北，再合陈得才、赖文光等部据荆州（今江陵）、襄阳（今襄樊），以图中原。但辗转入江西玉山之际，在石城杨家牌为清军所袭，被俘。一个月后，在南昌殉难。

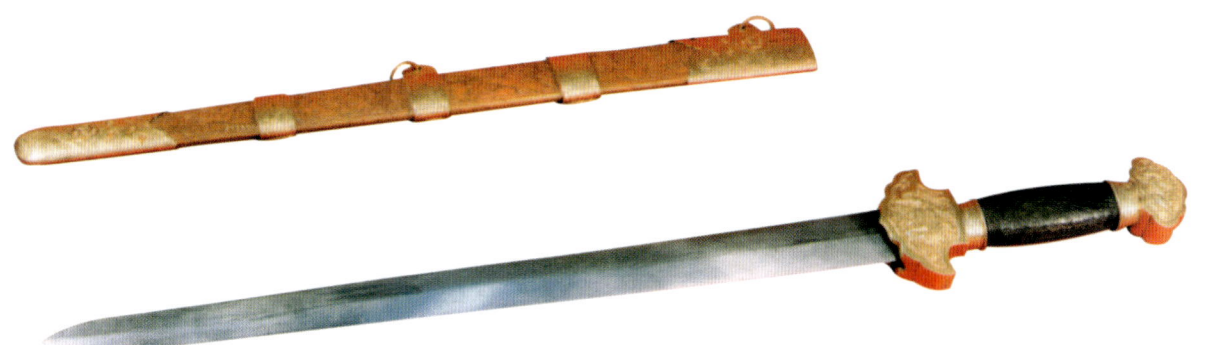

李秀成佩剑

剑身长62厘米，鞘长63.5厘米，剑连鞘长84厘米。中国革命博物馆藏。

李秀成（1823—1864年），广西藤县人。因作战勇敢，提升为后军主将。咸丰九年（1859年）被封为忠王，成为与英王陈玉成齐名的军事统帅，共同支撑了太平天国后期的局面。同治三年（1864年）天京被湘军攻陷，李秀成被俘。在狱中他写供词数万言，总结了"天朝十误"，有求降之意，旋被曾国藩杀害。

李秀成佩剑铭文

苏福省造铜炮

长175厘米，口径11.5厘米。苏州市博物馆藏。

苏福省造铜炮炮铭

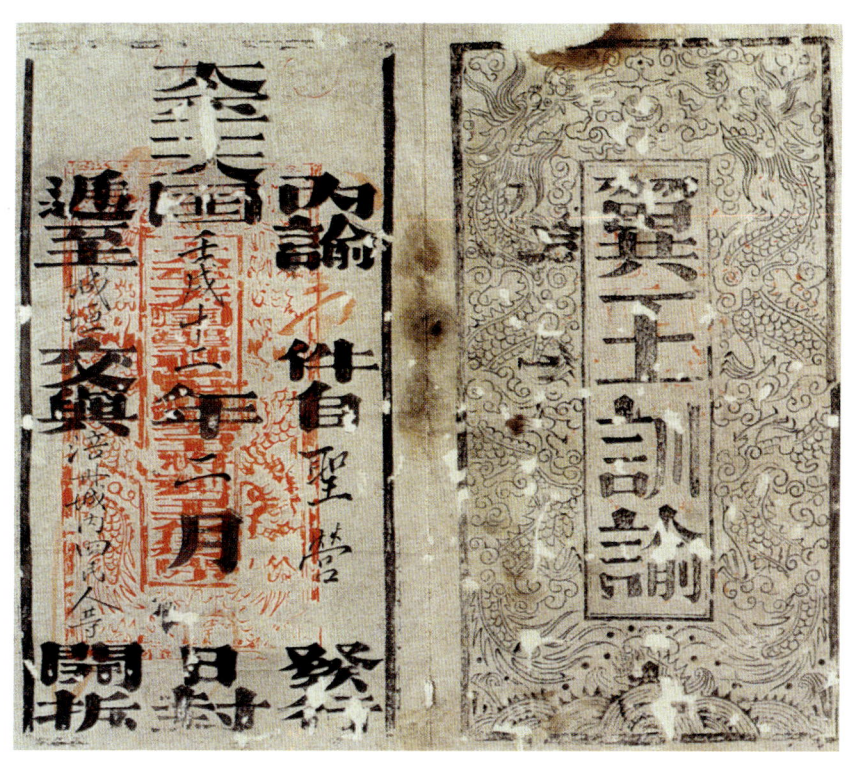

《翼王石达开告涪州城内四民训谕》

同治元年（1862年），太平天国翼王石达开率军到达四川涪州时，给当地民众的训谕。封套为太平天国紧急寄递公文所用。封套皮纸蓝刷，墨笔填写，背面年月上盖长方形龙凤朱印，印文为"太平天国圣神电通军主将翼王石达开"。套内训谕为白纸墨书。

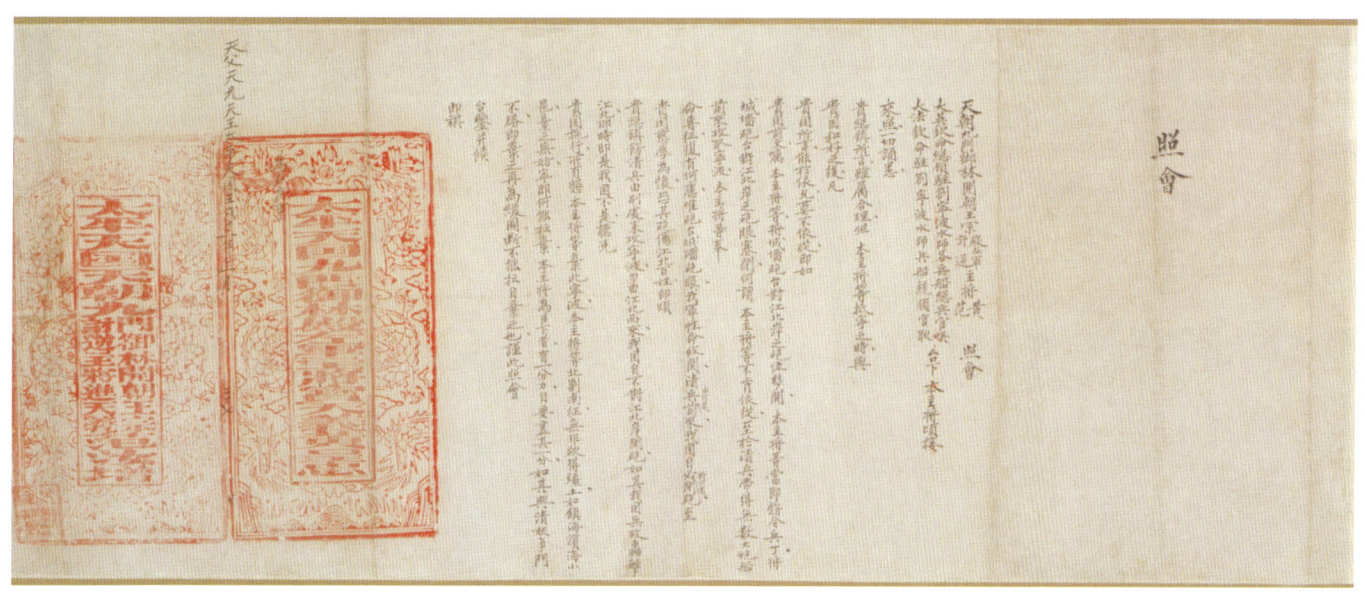

《殿左军主将黄呈忠讨逆主将范汝增复英法水师统将照会》

纸质，墨书。纵31.7厘米，横77.4厘米。浙江省博物馆藏。

此照会写于同治元年（1862年），严词拒绝英法舰队司令提出的太平军拆除炮台、撤出宁波的无理要求。照会年月日上盖两方长方形朱印，右边的印文为"太平天国九门御林殿左军主将实天义黄呈忠"；左边的印文为"太平天国天朝九门御林开朝王宗讨逆主将进天义范汝增"。

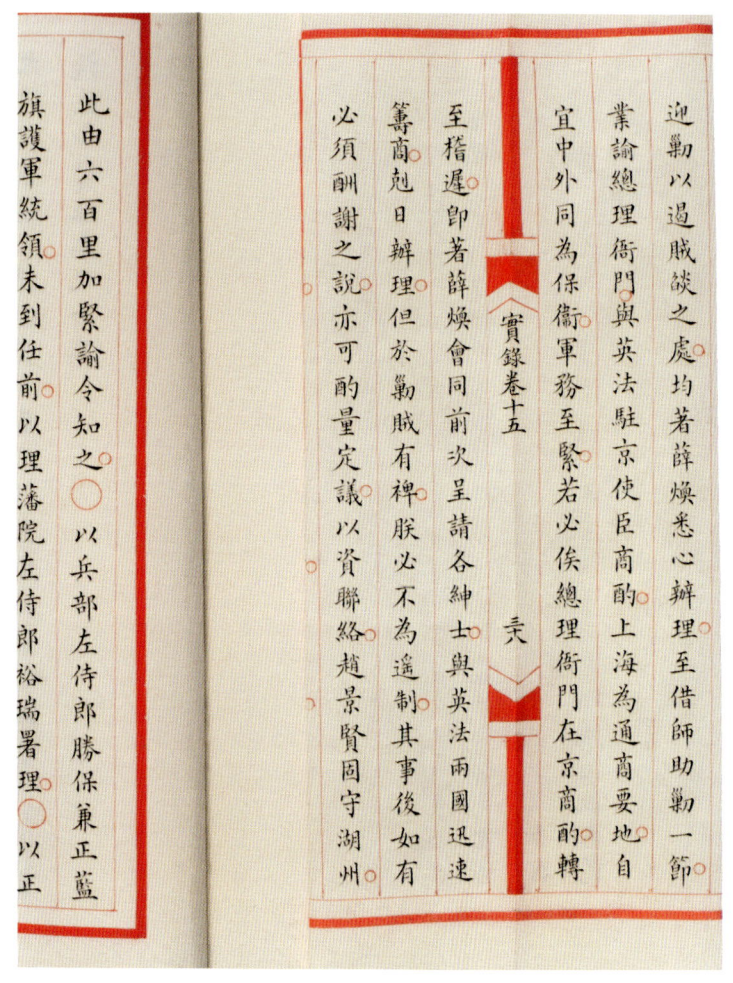

《清穆宗毅皇帝实录·借师助剿谕旨》

（清）宝鋆等修。清光绪年内府朱格抄本。故宫博物院藏。

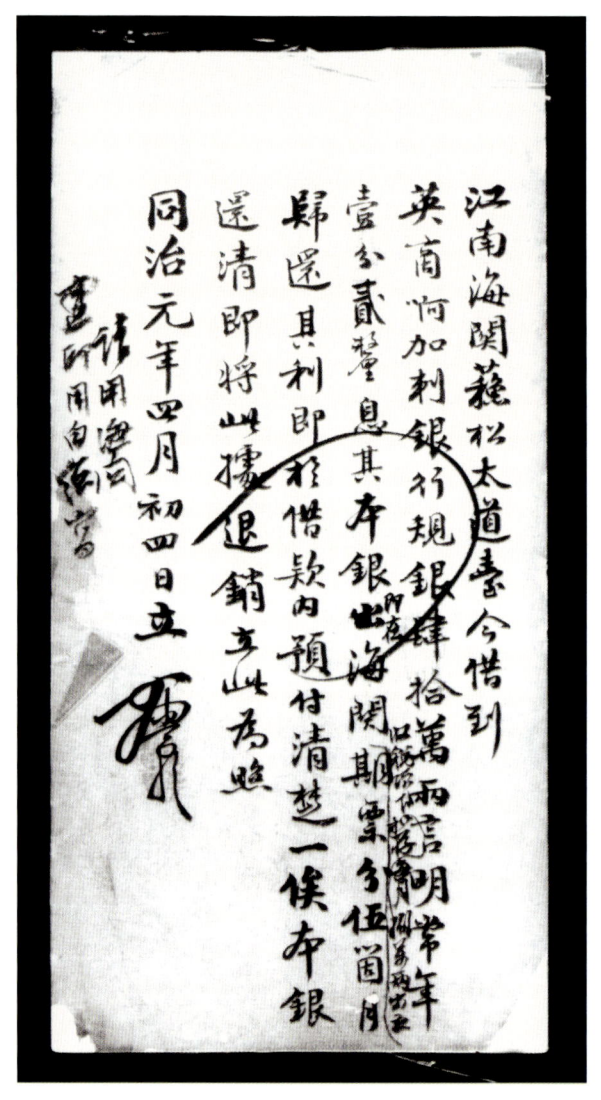

《吴煦向英商筹款镇压太平军借据》

同治元年（1862年）正月初十日，清廷颁发谕旨，正式批准了向西方侵略者"借师助剿"的主张。

这张借据是苏松太道吴煦为筹集进攻太平军的经费，向英商阿加剌银行借款的凭证，也是清政府的第一笔军事借款。

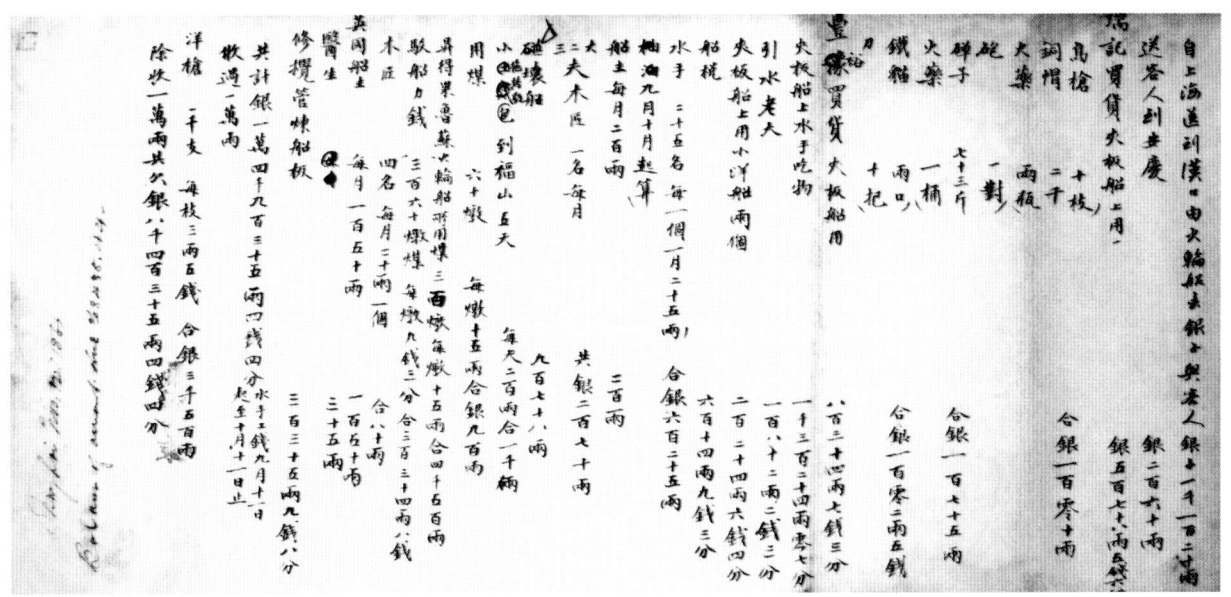

《清廷向美商购买军火清单》

这是清廷向美商汇源洋行购买军火的清单

《清政府收到沙俄武器清单》

沙俄驻华公使曾照会清政府，表示赠送武器支持镇压太平天国。从这张清单中，可知清政府收到沙俄提供的枪、炮、子弹的具体数量。

华尔旧照

洋枪队统领华尔（1831—1862年），美国人。道光二十七年（1847年）起，十年中三度来华。苏松太道吴煦和候补道杨坊资助他召募外国人编练洋枪队，任统领。咸丰十一年入中国籍，改组洋枪队，逐步扩充至4000多人。次年率洋枪队协同英法侵略军在高桥击败太平军，清政府任为参将，命名洋枪队为"常胜军"。后在慈溪为太平军击伤，旋毙命。

戈登旧照

戈登（1833—1883年），英国人。第二次鸦片战争时参加英法联军，进攻天津和北京，参与抢劫焚烧圆明园。同治元年（1862年）到达上海，多次率英军攻打上海周围太平军。次年继美国白齐文任"常胜军"统带，配合李鸿章攻陷常熟、昆山等地，被清廷封为总兵。同治三年，因协助清军攻占苏州，升为提督，赏穿黄马褂。

戈登堂旧照

戈登堂位于天津市。

常胜军炮队旧照

它在与太平军作战中表现出较强的战斗力,同湘、淮军一道镇压了太平天国农民起义,被清廷赐名为"常胜军"。它们存在的时间不长,但作为中国历史上的第一批西式军队,对中国开展军事近代化变革运动产生了很大的刺激。图中可见常胜军装备的西式后膛炮和来复枪。

《常熟报恩牌坊碑序》拓本

纵140.4厘米,横64.4厘米。碑文17行,计397字。

忠王李秀成克复江浙后,当地人民得到安居乐业的生活。为了感谢太平军的恩德,常熟民众于同治元年(1862年)在南门外丰乐桥建立一座大石牌坊,以表示对太平天国政权的热烈拥护。书法秀逸,镌工精致。

三　各地人民反抗斗争

在太平天国运动的鼓舞下，北方的捻军，南方的天地会，西南、西北地区的苗、彝、回、维吾尔等民族、东北地区的蒙古族纷纷加入反抗斗争的行列，汇成了以太平天国为中心的全国性农民起义洪流。

轰轰烈烈的反抗斗争呈现出此起彼伏、波澜壮阔的形势。其中捻军起义，规模仅次于太平天国运动，坚持战斗16年，战场遍及皖、豫、鲁、晋等18省，与太平军南北呼应，牵制了大量清军。而陕甘、青海、新疆回族民众的武装起义及张秀眉领导的贵州苗民抗税起义，杜文秀领导的云南回民起义等等，都在各自区域内，顽强地打击了封建统治势力，使清统治者陷于顾此失彼、穷于应付的被动局面。

各族民众风雨同舟，顽强斗争，但因起义队伍缺乏有效配合，装备和供给等比较落后，起义先后失败。

（一）捻军起义

《邓、姚两圩战图》旧照

清宫廷画家绘。此图原题《连破邓姚两圩战图》，系《平定捻匪战图》（共18幅）之一，所附上谕时间为"咸丰七年七月初六日"。故宫博物院藏。

清军在帮办团练大臣袁甲三的统率下先攻破王圩，后又围剿占据邓圩的捻军。咸丰七年（1857年）闰五月二十八日，清兵将聚踞姚圩篱笆集等处的游捻击毙300余人，生擒50余人，捻军首领刘老渊派去接应的部下亦被官兵擒杀。六月初十日，捻军百余人再次于虞家楼遭遇清军的围歼。刘老渊在姚圩李八庄等处筑垒，亦被清军攻破。二十三日邓圩捻军因内讧，投降者开门迎敌，捻军首领李寅、刘破头等人被清军枭首。

《六安战图》旧照

清宫廷画家绘。此图原题《攻克六安州城战图》，系《平定捻匪战图》之三，所附上谕时间为"咸丰八年四月二十三日"。故宫博物院藏。

咸丰八年（1858年）四月初，副都统、帮办河南军务胜保督清兵围攻被捻军占据的六安州城。十一日，捻军出城袭击清军新营，胜保亲率步兵、骑兵分路抄截，绕至凤凰桥、尚家庙一带。次日，捻军再拥大队人马与清军奋战，清兵以大炮轰击，并沿途追杀，尸陈遍野。当夜，清兵抵六安城下，连放喷筒火箭，竖云梯强攻，六安城破。捻军被杀者3000余人，逃出城后，又被追兵堵杀2000余人。首领张乐行叔父张玉明被杀，清兵统领楚勒刚阿也中炮身亡。

《临淮关战图》旧照

　　清宫廷画家绘。此图原题《攻克临淮关战图》，系《平定捻匪战图》之四，所附上谕时间为"咸丰九年二月二十七日"。故宫博物院藏。

　　咸丰九年（1859年），清军向临淮关进逼。十二月十五日，苗沛霖渡过淮河堵截临凤要路，张得胜由东路攻至关下。十七日，帮办大臣袁甲三亲自督清兵攻关。十八日，清兵马队冲击捻军阵营，关内捻军倾巢而出，列兵河边。双方经两昼夜激战，临淮关终被清兵攻占。此役捻军死伤数千人，被擒万余人，淮河两岸堡垒40余座被毁，首领顾九龙等人被擒害，捻军占据的凤阳城随即失守。

《山东捻军作战图·上谕》旧照

　　此图原题《攻剿山东捻匪战图》，系《平定捻匪战图》之五，附时间为"咸丰十一年九月二十日"。故宫博物院藏。

《山东捻军战图》旧照

清宫廷画家绘。此图原题《攻剿山东捻匪战图》,系《平定捻匪战图》之五。故宫博物院藏。

咸丰十一年(1861年)夏,江南各路捻军先后进军山东。抢渡运河后,自泰安直奔济南,声势浩大。八月十五日,僧格林沁亲督清军围剿捻军占据的湖山泊以南孙家镇等地。双方沿临朐、诸城、沂水一线恶战不断。初十日,黑旗军、捻军合力抗敌,在沂河东岸与清军德楞额部激战,捻军伤亡万余人,几被清兵剿杀殆尽。捻军遭受重创。

《亳境战图》旧照

清宫廷画家绘。此图原题《会剿豫境亳捻战图》,系《平定捻匪战图》之八,所附上谕时间为"同治元年二月十二日"。故宫博物院藏。

同治元年(1862年)初,亳州以东捻军会合其它几路大举向西进军,一路上势不可挡。正月二十四日,僧格林沁亲督马队追剿,至杞县许冈,双方激战,死伤无数。二月初三日,僧格林沁又督军分三路围剿赵寨捻军,捻军挖深壕相拒,鏖战4个时辰后,捻军败走。此次战役,双方死伤上万人。

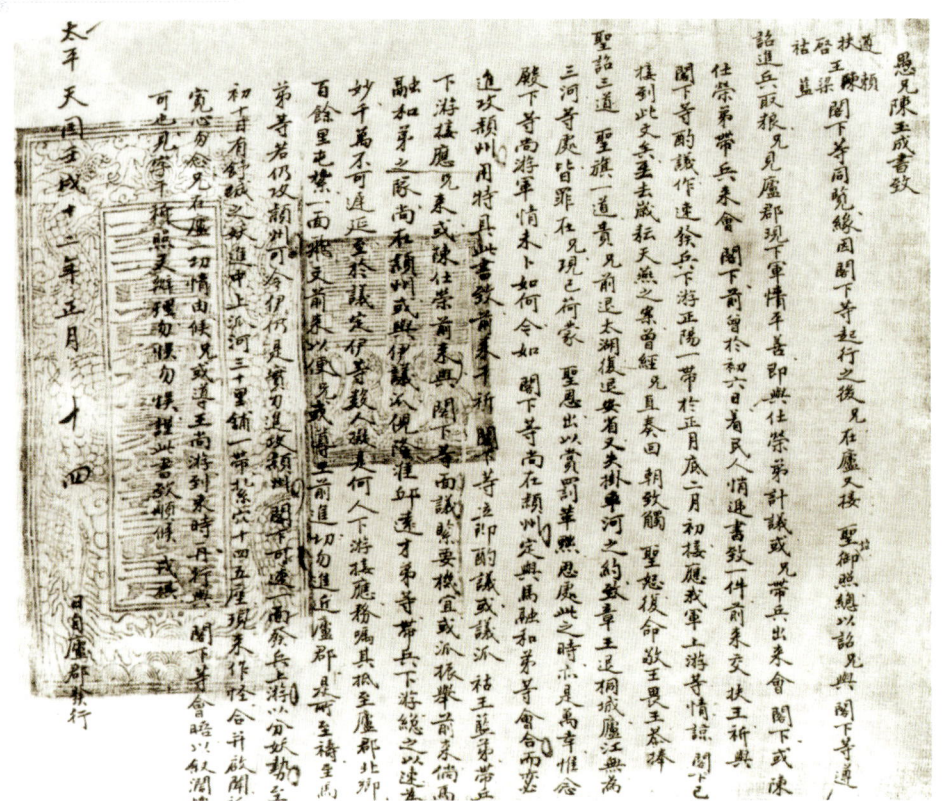

《陈玉成致赖文光信》

同治元年（1862年），陈玉成在庐州写给赖文光等人部署协同作战的信。

《剿灭苗沛霖战图》旧照

　　清宫廷画家绘。此图原题《剿办蒙城捻首苗沛霖战图》，系《平定捻匪战图》之十三，所附上谕时间为"同治二年十一月初四日"。故宫博物院藏。

　　同治二年（1863年）三月，盘踞两淮、屡叛屡降的苗沛霖见僧格林沁大军离开皖北，遂拒绝了清廷"散练归农"的命令，再次带领他的十几万团练举兵抗清，陷颍上，破寿州，围攻蒙城。十一月，僧格林沁重新进攻皖北，又夺取了皖北、皖南大部分失地，苗练陷于绝境，在四面楚歌中大败于蒙城。苗沛霖被部下所杀，其部队大部分被清军歼灭，小部分逃亡河南，参加捻军。苗沛霖团练从此覆灭。

《东捻军覆灭图》之一

清宫廷画家绘。此图原题《生擒捻首赖文光战图》,系《平定捻匪战图》之十五,为初稿(粉本)。中国第一历史档案馆藏。

《东捻军覆灭图》之二

清宫廷画家绘。此图原题《生擒捻首赖汶光战图》,系《平定捻匪战图》之十五,为完成本。所附上谕时间为"同治六年十二月二十二日"。故宫博物院藏。

同治五年(1866年)秋天,捻军在歼灭僧格林沁的蒙古铁骑后,于河南许州分兵两路。由遵王赖文光率领的东捻军,在中原地区坚持抗清斗争。同治六年,经赣榆战役、寿光弥河战役,接连受挫,数万人战死,东捻军主力损失殆尽。十二月,赖文光率残部冲破六塘河防线,南下江苏境内,不断遭到清军堵击。因人数过少,屡扑运河而未果。十一日,在扬州东北湾头瓦窑铺,为淮军吴毓兰部击败,赖文光被俘,十六日就义于扬州。东捻军就此覆灭。

《茌平南镇战图》旧照之一

　　清宫廷画家绘。此图原题《会剿捻匪全股荡平战图》，系《平定粤匪战图》之十六，所附上谕时间为"同治七年六月"。故宫博物院藏。

　　同治七年（1868年），西捻军领袖、梁王张宗禹率部转战西北、华北，经商河大战、济阳玉林镇大战，主力部队损失上万。六月二十日，清军刘松林部于盐山、沧州等处围追堵截。西捻军残部数千人抢渡运河失败，退往茌平南镇，猝遇刘铭传、郭松林部阻击，遂仓促应战。张宗禹率数十骑突围；其兄张宗道、其子张葵儿、捻军首领陈大老坎等被清军生擒斩首。

《茌平南镇战图》旧照之二

　　清宫廷画家绘。此图原题《肃清直隶山东捻匪战图》，系《平定捻匪战图》之十七，所附上谕时间为"同治七年六月初六日"。故宫博物院藏。

　　南镇战役，捻军全军覆没，只有领袖张宗禹突出重围。清军继续搜索，却不见其下落。李鸿章、刘铭传等谎称已查明张宗禹在徒骇河边投水而亡，但在其私人函件中却无奈地承认张宗禹穿秕凫水，不知所终。张宗禹为捻军老沃王张乐行族侄，英勇善战，因打死僧格林沁、击败过曾国藩和左宗棠而威名远扬，绰号"小阎王"，是捻军后期斗争的领袖人物。他的失踪，标志着捻军起义的最终结束。

淮军旧照

淮军以淮南地主团练为基础，兵将多为安徽人。咸丰末年，李鸿章在曾国藩支持下，按湘军章程编练淮军。初有步队13营，勇夫7000余。次年调赴上海，勾结外国侵略者镇压太平军。四年后发展到六七万人，成为镇压捻军的主力。后又雇佣英法军官，配备洋枪洋炮，采用西法训练，营制、战术等多方面变化，发展为几与湘军分庭抗礼的独立集团，成为晚清建立的具有近代色彩的陆军部队。

同治年间轻骑队旧照

同治元年（1862年），即太平军驰骋江南大地、上海吃紧的时候，这支轻骑队组建了，成为李鸿章统帅的淮军的"友军"。

《淮军平捻记》

〔清〕周世澄撰。同治年刻本。故宫博物院藏。

作者行伍淮军多年，为表淮军战绩，据亲身经历以及有关疏章、文报、时论等撰成此书。记事起于同治四年（1865年）李鸿章赴徐州部署剿捻，迄于七年秋张宗禹西捻军兵败茌平。正文依年月日详述淮军在安徽、山东等地镇压捻军的经过，附记二卷载淮军军制、兵饷、军储等情况，是研究淮军历史和捻军活动的重要史料。

张曜旧照

张曜（1832—1891年），字亮臣，号朗斋，直隶大兴人。初为县丞，后在河南固始办团练，参与镇压太平军和捻军。咸丰十一年（1861年）以功授河南布政使，旋以目不识丁被参劾，改总兵加提督衔。此后发愤读书，始通文墨。同治八年（1869年）率嵩武军赴甘肃、宁夏镇压回民军。

（二）天地会、小刀会起义

《广东天地会起义告示》

太平天国定都南京以后，天地会或是效法太平天国的榜样建号称王，如"升平天国"、"定南王"、"镇南王"之类；或自称元帅、都督，遥奉太平天国或"大明天德皇帝"为正统发动起义。由于天地会各山堂互不统属的内在性缺陷，一些颇具声势的天地会起义因孤立无倚而相继失败。部分起义队伍辗转与太平军会合，进而成为太平天国运动的有机组成部分。

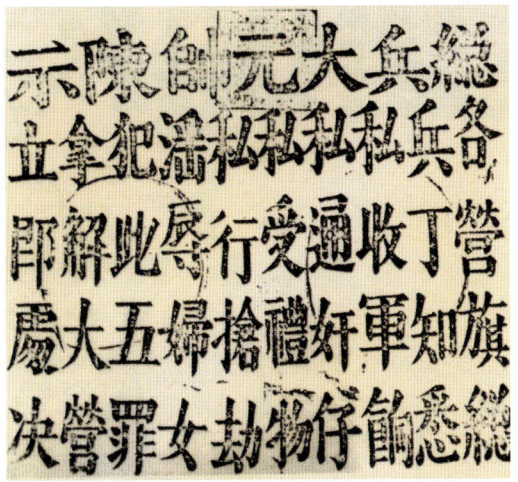

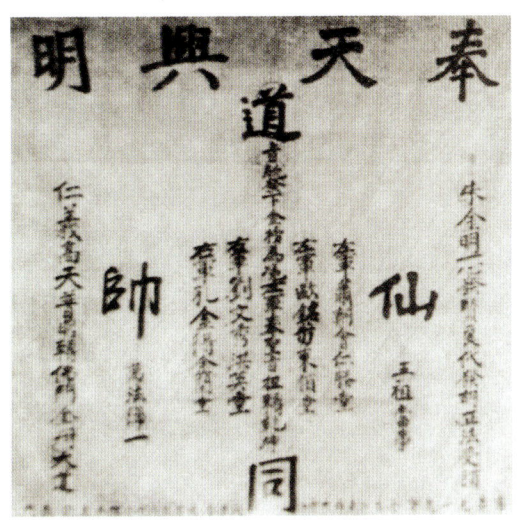

《天地会起义军告示》

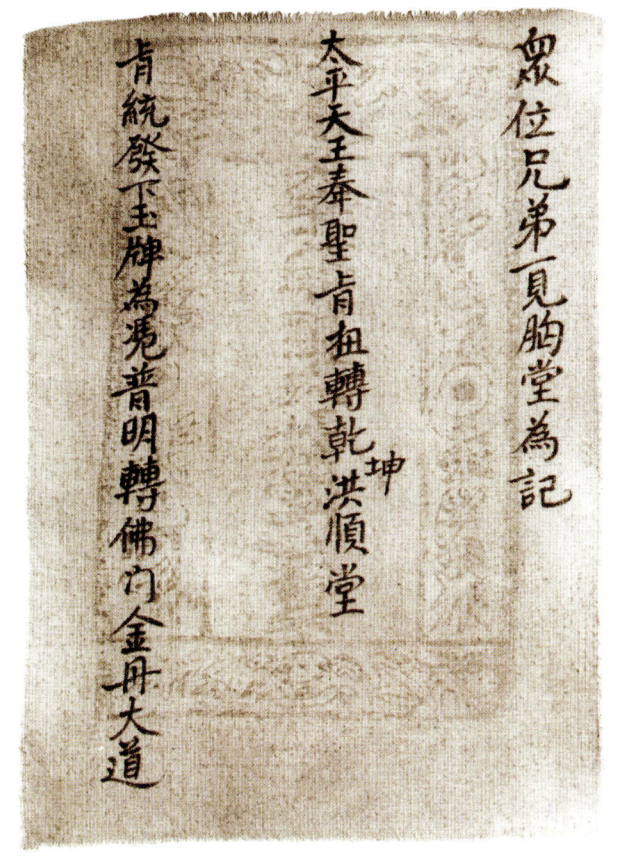

《湖南天地会"洪顺堂"凭证》

《湖南天地会"会绿堂"凭证》

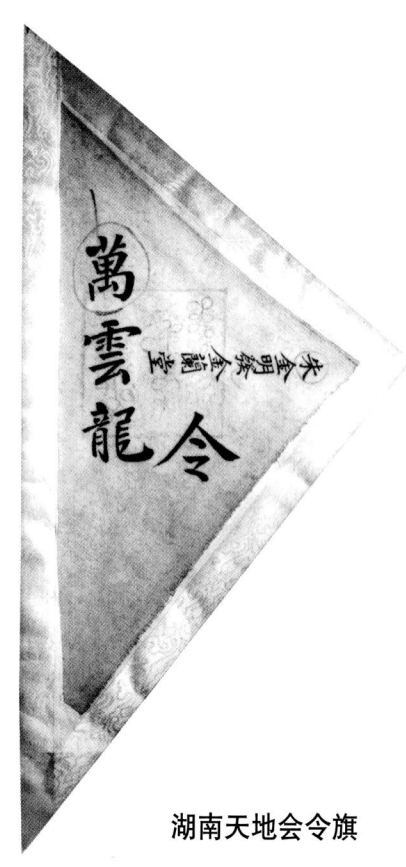

湖南天地会令旗

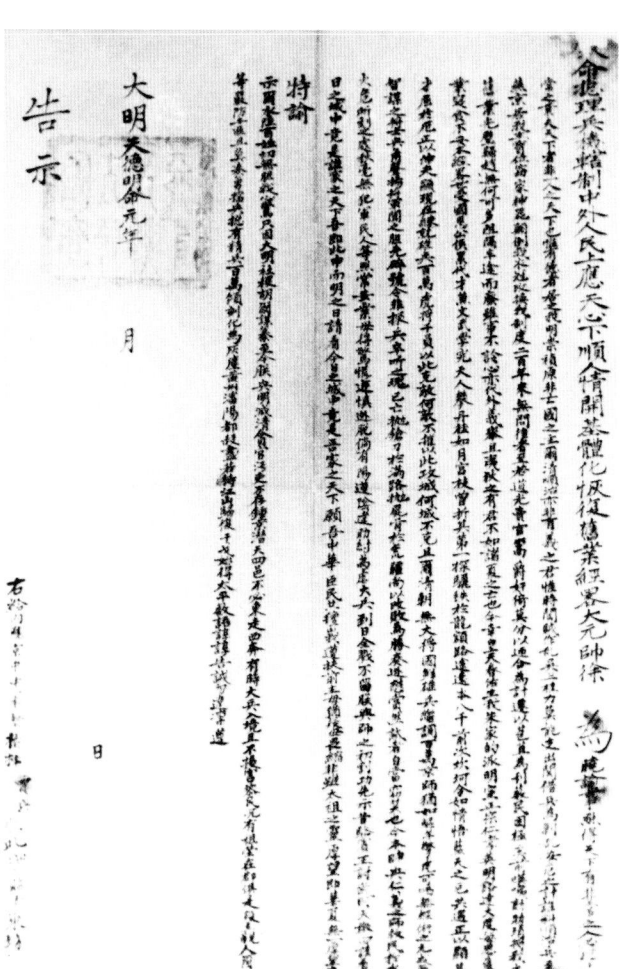

《京城天地会告示》

这是咸丰三年（1853年），在北京城内发现的天地会告示。

点春堂外景

"小刀会"是农民和手工业者的秘密团体,属天地会支派。在太平军及福建小刀会起义的影响下,上海城郊的"罗汉堂"、"庙帮"、"塘桥帮"等秘密团体合并于小刀会。咸丰三年(1853年),周立春率领的农民首先攻克嘉定。接着,小刀会领袖刘丽川、潘起亮等在上海起义,迅速攻占宝山等县。初用"大明国"名号,随即改称太平天国,并由刘丽川上书洪秀全,表示接受领导。既反抗清朝封建统治,又反抗外国资本主义的侵略。

点春堂位于上海南市区旧城厢东北豫园内。建于道光初年,据苏东坡"翠点春妍"句而题名。

点春堂内景

秀美的点春堂,室内5间厅堂,画栋雕梁,门窗隔扇上雕刻着戏曲人物。厅堂面对一座小戏台,镂金错彩,式样精巧。原为福建商人的花糖业公所,曾被小刀会首领作为城北指挥所。

《刘丽川告示》

此安民告示,阐明小刀会除暴灭贪、安邦定国之旨,并特谕安民的具体规定。

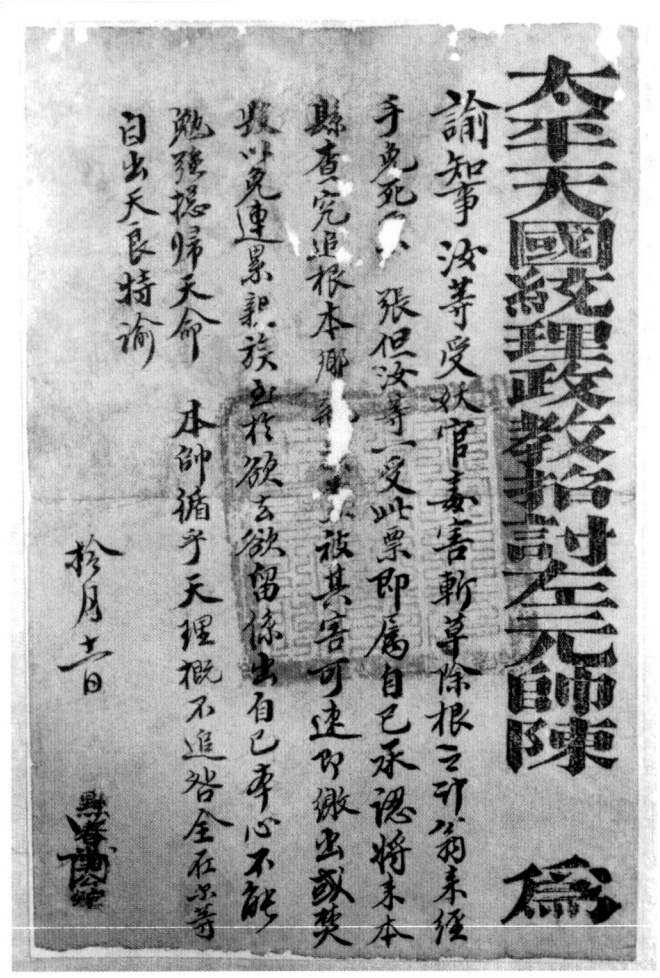

《上海小刀会公告》

咸丰四年（1854年），上海小刀会的首领之一陈阿林以太平天国名义发布公告，号召群众拒收清军"免死票"。

画家笔下的小刀会将士

图中的上海小刀会将士，有的在演练攻城战斗，有的在小憩。

八仙桥墓碑旧照

位于上海的八仙桥公墓中的这块碑，是法国在华传教士为纪念镇压小刀会起义的阵亡法军士兵而建立的。

(三) 西南回民起义

杜文秀帅印印文

印文右为汉文"总统兵马大元帅杜",左为阿拉伯文。

杜文秀（1828—1872年），字云焕，号百香，回族，云南永昌（今保昌）人。咸丰六年（1856年），在蒙化（今巍山）聚集回、彝等族人民起义，攻占大理，被推为总统兵马大元帅，建立"平南国"，遥奉太平天国的号召。同治十一年（1872年），大理将被清军攻陷时，服毒后自投清营以保城中百姓，但仍为署理云贵总督岑毓英所杀。

杜文秀政权都掌教印

铜质。边长7.5厘米、高11厘米。同治三年（1864年）制。

此印为杜文秀政权内主管有关教务方面的官员所用。

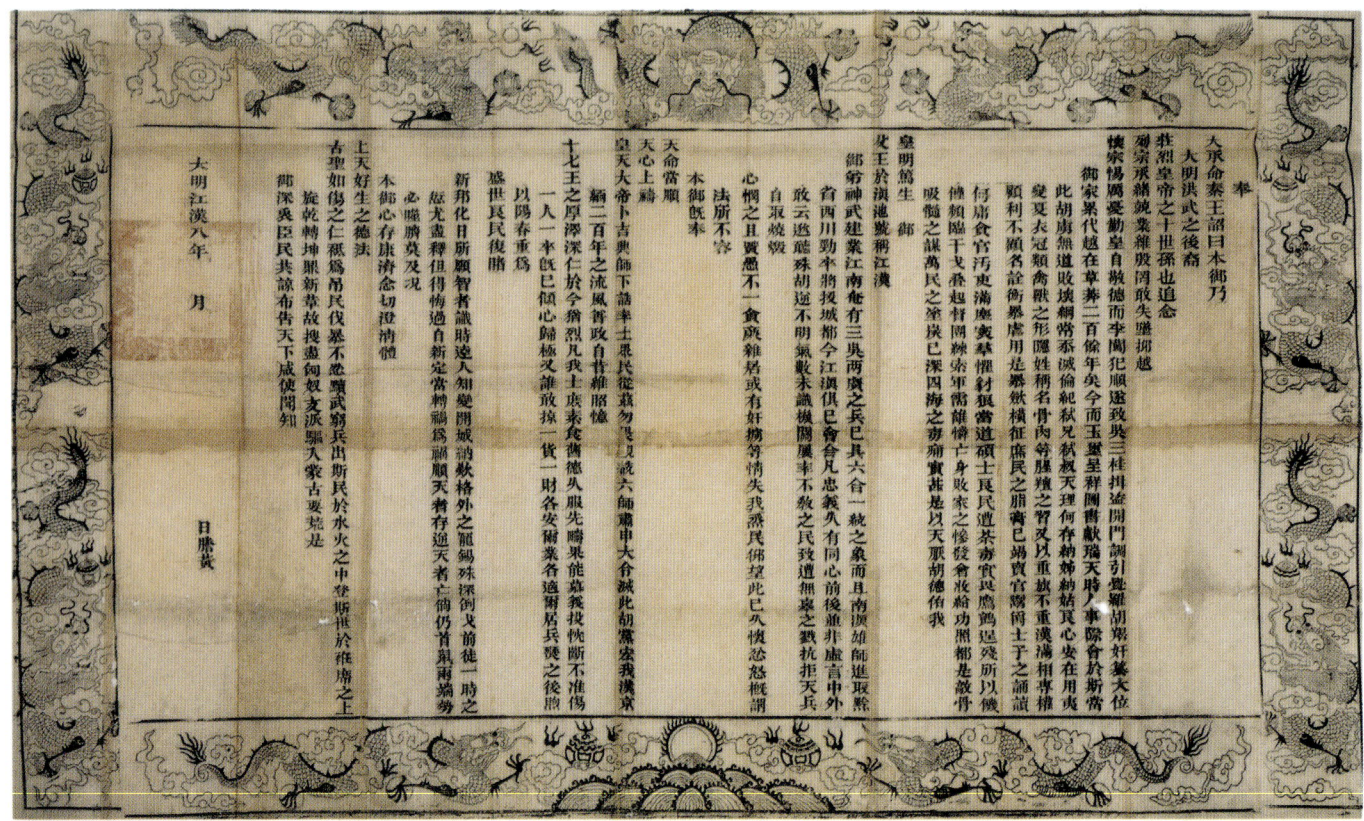

贵州号军发布的"誊黄"《告示》

纵187厘米,横112.7厘米。咸丰十一年(1861年)发布。

咸丰七年(1857年),贵州灯花教首领刘义顺等在思南鹦鹉溪起义,立朱明月为秦王,号召人民反清复明。此告示是起义军沿袭臣下用黄纸誊写皇帝诏令公诸于世的形式发布的,故称"誊黄"。

《克复贵州兴义府城回民战图》轴

　　清宫廷画家绘。绢本,设色。纵136.6厘米,横312.1厘米。此图原题《克复贵州兴义府城回逆战图》,系《平定回匪战图》之二十四,所附上谕时间为"同治三年十一月二十三日"。故宫博物院藏。

　　咸丰六年(1856年),回、汉地主商人为争夺楚雄石羊银矿而引发械斗。清朝官府只顾保持矿税收入,根本不分是非曲直,在冲突扩大后,则诬指回民作乱,大批屠杀无辜回民。各地回民被迫揭竿而起,并很快汇合成两大支:一支在滇南,以马德新、马如龙为首;一支在滇西,以杜文秀为首。

　　兴义府自同治元年(1862年)三月为回军占领,与新城、贞丰互为犄角。同治三年八月,代理知府孙清彦率兵进剿,连破沥叠洞等处。十月二十四日,回军叛将马忠率众迫近兴义府城,搭云梯攀城,生擒回军首领张凌翔、马河图,并将其杀害,兴义府城遂为清军占据。

《云南楚雄景东等城回民战图·上谕》

（清）载淳撰。绢本，墨色。此谕系《克复云南楚雄景东等城回逆战图》，《平定回匪战图》之二十五附，款署"同治四年二月二十六日"。故宫博物院藏。

《云南楚雄景东等城回民战图》轴

清宫廷画家绘。绢本，设色。纵137.1厘米，横312.2厘米。此图原题《克复云南楚雄景东等城回逆战图》，系《平定回匪战图》之二十五。故宫博物院藏。

同治三年（1864年）冬，清军在提督马如龙、署理布政使岑毓英统率下，连破楚雄、景东等处，剿杀回军甚众，复夺城池20余座。

《云南迤东曲靖府等城回民战图》轴

清宫廷画家绘。绢本,设色。纵137.3厘米,横310.3厘米。此图原题《剿办云南迤东曲靖府等城肃清回逆战图》,系《平定回匪战图》之二十六,所附上谕时间为"同治四年二月二十六日"。故宫博物院藏。

占据曲靖府等处的回军是马联升一部,同治三年(1864年)七月,云贵总督劳崇光派遣部下赴曲靖会合岑毓英部环攻府城,马联升在南城村扎营抗拒,身受矛伤。回军马荣复等数千人自观音洞抄截清军,马联升得隙退回城内。九月二十五日,马如龙率大队清军至,连破马龙州、寻甸州,杀回民首领马荣、马兴才,乘胜进逼曲靖城下,叛将马文升开城迎降,擒杀马联升,曲靖等处回军全部被镇压。

《云南镇雄州回民战图》轴

　　清宫廷画家绘。绢本,设色。纵136.8厘米,横310.6厘米。此图原题《剿办云南镇雄州肃清回逆战图》,系《平定回匪战图》之二十七,所附上谕时间为"同治六年正月二十六日"。故宫博物院藏。

　　云南镇雄州矿珙山、珙子山等处,有回军李开甲、漆维新等部数万人,与张义和等部回军互为声援,会同苗军攻陷镇雄州城,延及四川边境。同治五年(1866年)七八月间,岑毓英亲督清兵进攻珙子山回营,漆维新据险抗拒,在清军层层堵截下兵败被擒。此后清军吕镇南、金长寿等部连破王家寨、板栗栈、莲花山等回营,擒张义和、刘灿、白万和等回民起义军首领,李开甲逃至贵州牛乐沟,后被清兵追杀。

《云南澄江府城回民战图》轴

　　清宫廷画家绘。绢本,设色。纵137厘米,横312厘米。此图原题《克复云南澄江府城回逆战图》,系《平定回匪战图》之二十八,所附上谕时间为"同治七年十二月十四日"。故宫博物院藏。

　　同治七年(1868年)十月,岑毓英督派清兵各军进攻澄江府城,迭破回军营垒,直逼城下。清军昼夜环攻,马如龙又派清兵增援,将回部援军首领马自新、张鹏程擒杀,城周围回垒悉被拔除。

《云南江那土城回民战图》轴

　　清宫廷画家绘。绢本,设色。纵136.6厘米,横113.7厘米。此图原题《克复云南江那土城肃清回逆战图》,系《平定粤匪战图》之二十九,所附上谕时间为"同治十年三月初六日"。故宫博物院藏。

　　同治十年(1871年)元月,岑毓英督率各营继续围攻澄江府城,于四面城壕下开挖地道,迭次环攻,最终攻克澄江城及江那城,生擒回民起义军首领马和。

《贵州兴义府城回民战图》轴

清宫廷画家绘。绢本,设色。纵136.3厘米,横311厘米。此图原题《攻克贵州兴义府城回逆战图》,系《平定回匪战图》之三十,所附上谕时间为"同治十一年七月初一日"。故宫博物院藏。

同治七年(1868年)夏,回众再次占领贵州兴义府城,周围乡团19营俱被回众占据。同治十一年四月,清军周达武部会合总兵钟开兰、吴奇忠进逼兴义,夺桅杆山隘,又设地雷阵轰外城。在清军合围下,城被攻克,城内回军2400余人被杀,首领张福禄、张福荫投水死,清军亦伤亡惨重。

《云南赵州蒙化大理府两关回民战图》轴

　　清宫廷画家绘。绢本,设色。原题《攻克云南赵州蒙化大理府两关回逆战图》,系《平定回匪战图》之三十一,所附上谕时间为"同治十一年九月初二日"。纵137.1厘米,横110.3厘米。故宫博物院藏。

　　大理上、下两关艰险异常,同治十一年(1872年)五月,清军杨玉科部在攻克永平等城后移师来攻。先攻赵州,连破回垒数座,于五月初三日攻克赵州城。七日再下回军石垒20余座,并与蒙化城内里外接应,一举攻破蒙化城。官军乘胜狂攻大理两关,大理城于七月为清军所占。

《贵州新城回民战图》轴

　　清宫廷画家绘。绢本，设色。原题《克复贵州新城肃清回逆战图》，系《平定回匪战图》之三十二，所附上谕时间为"同治十二年正月十五日"。纵136.4厘米，横315.6厘米。故宫博物院藏。

　　　　　　　　　　　　新城地势如釜，三面环山，石碉错列，外凿深壕，易守难攻，回军在此据守10余年。自同治十年（1871年）冬天起，清军何世华部围攻新城回众，多次进攻，损失惨重，但始终未能攻下。同治十一年七月，滇黔诸路清军数十营再次大规模合围，回众首领张定中出降。十一月，张定中诱回军大首领金万照出城并生擒之后，清军戮降回军480余人，新城被克复。

《云南大理府城回民战图》轴

清宫廷画家绘。绢本,设色。纵136.3厘米,横312.3厘米。此图原题《克复云南大理府城一律肃清回逆战图》,系《平定回匪战图》之三十三,所附上谕时间为"同治十二年正月二十九日"。故宫博物院藏。

在清军强大攻势下,楚雄、景东等城先后被攻陷。同治十一年(1872年)七月底,清军将大理府外百余座回军营垒次第攻占。十月,回军城外重要据点丰呈庄失守,清军合兵逼城。回军数次突围不果,清军越城垣而入,双方各据半城,日夕攻占。次年初,杜文秀见局势已无可挽回,被迫服毒自杀,大理陷落。

《云南顺宁府回民战图》轴

　　清宫廷画家绘。绢本,设色。原题《攻克云南顺宁府回逆战图》,系《平定粤匪战图》之三十四,所附上谕时间为"同治十二年三月二十九日"。纵137.1厘米,横313.3厘米。故宫博物院藏。

　　同治十二年（1873年）正月二十八日至二月初七日,清军杨玉科部连克顺宁府外回营、碉楼32座,又克桥头山回营木垒碉楼80余座,直抵顺宁城下,开挖地道,昼夜围攻,从城垣塌陷处登城,二月二十五日,克复顺宁府城。

《云南腾越厅城回民战图》轴

　　清宫廷画家绘。绢本,设色。纵137厘米,横313厘米。此图原题《攻克云南腾越厅城全省肃清回逆战图》,系《平定回匪战图》之三十五,所附上谕时间为"同治十二年闰六月初十日"。故宫博物院藏。

　　同治十二年（1873年）四月,清军又先后攻占龙陵厅城、顺宁、云州、腾越四城。至此,回军据守之城镇全部丧失。次年5月,回民首领李国纶据守的腾越乌索寨失守,云南回民起义军完全失败。

《席宝田像》旧照

席宝田（1829—1889年），字研芗，湖南东安人。咸丰二年（1852年），在家乡举办团练，对抗太平军。咸丰九年，在湖南与太平军翼王军石达开部作战，解宝庆之围，擢为知府。后奉湖南巡抚骆秉章命，招募千人，号精毅营，赴郴州、桂阳等地，阻击广东天地会军。同治三年（1864年）湘军攻陷天京后，他率军在江西石城杨家牌击败太平军余部，俘获幼天王洪天贵福和干王洪仁玕等，清政府以记名布政使遇缺题奏。同治六年，他又率湘军入贵州进攻苗民。

四　第二次鸦片战争

咸丰六年至十年（1856—1860年），英法两国为进一步扩大在华殖民特权，在俄美支持下发动了第二次侵华战争。

英国先是借"亚罗号事件"进攻广州，遭到广州人民的反抗而不果；随后法国借"马神甫事件"与英国联合侵华，攻陷广州。次年，英法联军扩大侵华战争，攻陷大沽口，逼迫清政府签订《天津条约》。两年后，再度入侵津、京，火烧圆明园，迫使清政府投降，签订《北京条约》。沙俄趁火打劫，割去中国东北大片领土。

尽管中国爱国军民英勇抗敌并取得一些局部作战的胜利，但由于清政府采取"息兵为要"的方针，不敢发动和依靠群众抗击侵略者，加上清军武器装备落后，作战方法笨拙，导致中国再次战败。不平等条约中有关内陆通商、鸦片贸易合法化、子口半税、海关主权丧失等内容，使中国的主权独立和经济利益遭到比第一次鸦片战争更为严重的损害，进一步加深了中国社会的半殖民地化。此后，中外反动势力互相勾结，联合镇压太平天国农民运动。战争引发了统治阶级内部的分化，中国封建统治集团在敌人打拉结合的侵略政策下，与外国侵略者勾结，出现了中外"合作"的新格局。部分官僚主导的洋务运动也由此起步，向资本主义的方向缓慢行进。

（一）英法联军进犯

入侵广州城的法国士兵旧照

《英法军突入粤城掳去总督等事折》
原档案著录为《广州将军穆克德讷等奏报英法军突入粤城掳去总督等事折》，款署"咸丰七年十一月二十三日"。中国第一历史档案馆藏。

《叶名琛像》旧照

两广总督叶名琛（1807—1859年），字昆臣，湖北汉阳（今武汉）人。咸丰二年（1852年），镇压凌十八起义，升为两广总督兼通商大臣。两年后，接受英、法、美侵略者的军火接济，镇压广东天地会起义。咸丰七年，对进犯广州的英法联军采取不抵抗政策，广州城陷，被俘。后被英国囚禁，死于印度加尔各答。

《英使全权敕书译文》

中国第一历史档案馆藏。敕书款署"一八五七年"。

英法联军舰队侵犯天津内河旧照

这是咸丰八年(1858年),英法联军的舰队侵犯天津内河的情景。

《英副使声言必须允其驻京方能在津议事折》

原档案著录为《桂良等奏报英副使声言必须允其驻京方能在津议事折》，款署"咸丰八年四月二十五日"。中国第一历史档案馆藏。

英法联军非要亲自递交国书，咸丰帝派去负责交涉的大学士桂良上奏：英国副公使李泰国声称必须允诺公使驻京，方可以在天津议事，否则就带兵进京。桂良在奏折中委婉地表示：自己知道咸丰帝不同意外国公使驻京，但英法"枪炮迅利，兵勇莫当"，要求咸丰帝下旨明确解决之道。

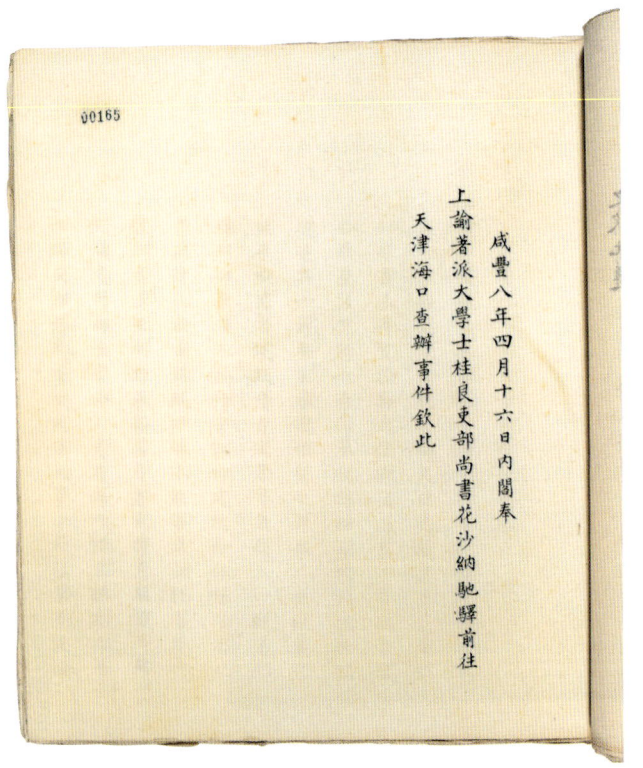

《着花沙纳前往天津海口查办事件上谕》

原档案著录为《着大学士桂良吏部尚书花沙纳前往天津海口查办事件上谕》，款署"咸丰八年四月十六日"。中国第一历史档案馆藏。

《英人要求条款重大请旨定夺事折》

原档案著录为《桂良等奏报英人要求条款重大请旨定夺事折》,款署"咸丰八年四月二十八日"。中国第一历史档案馆藏。

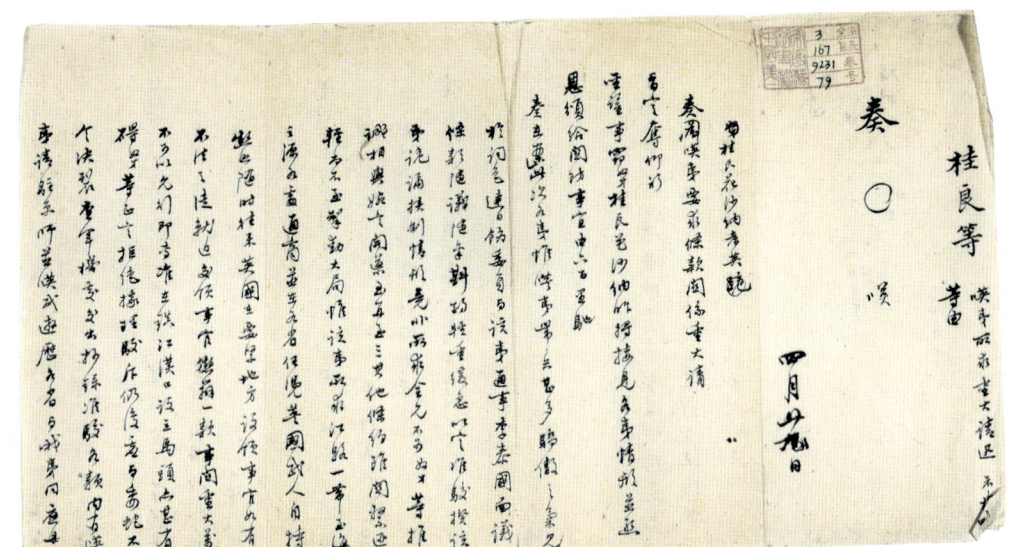

三天后,桂良再次上奏,声称"夷酋""允此则尚能听命,不允即为所欲为",表白自己"智穷力竭",催咸丰帝早拿主意。

《〈中英天津条约〉签字图》

咸丰八年(1858年),清钦差大臣桂良、花沙纳分别与英法两国代表额尔金、葛罗签订《中英天津条约》和《中法天津条约》。

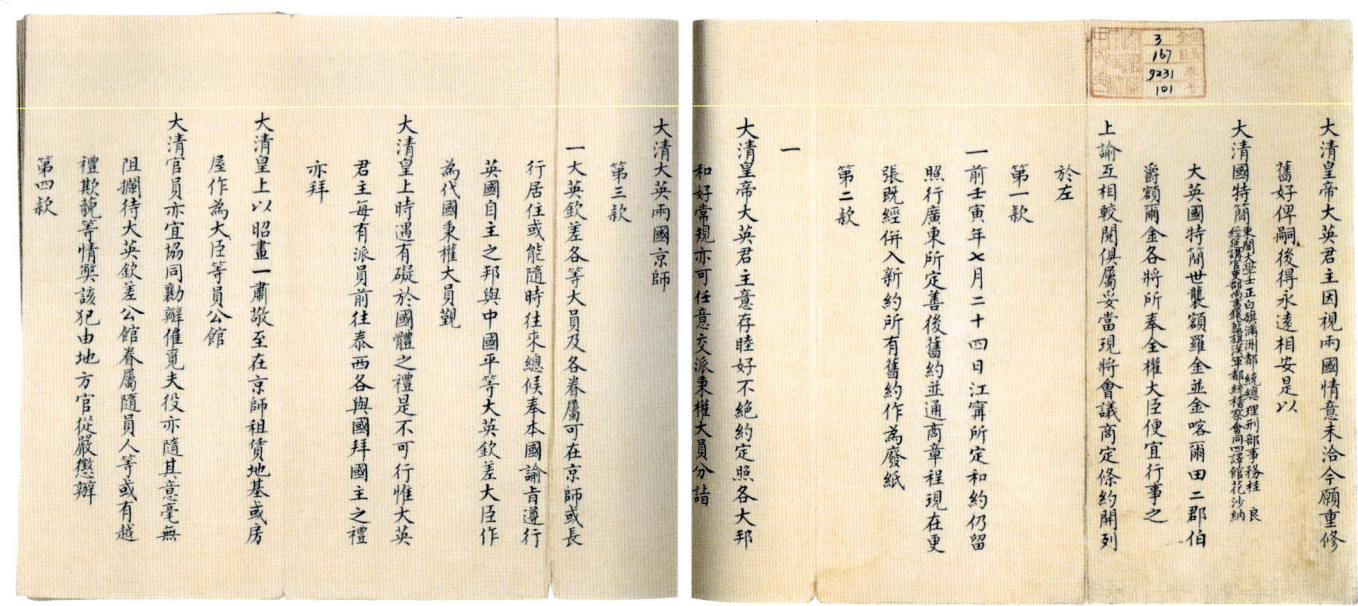

《中英天津条约》
中国第一历史档案馆藏。款署"咸丰八年五月"。

条约56款，另附专条。规定：外国公使可以进驻北京，可以在通商口岸设领事馆；增开牛庄、登州、台湾、潮州、琼州、汉口、九江、镇江、南京为通商口岸；英国教士自由传教；英国人可以在中国内地游历、经商，在通商口岸租房、盖房，设立教堂、医院；修订关税；确定领事裁判权和片面的最惠国待遇。

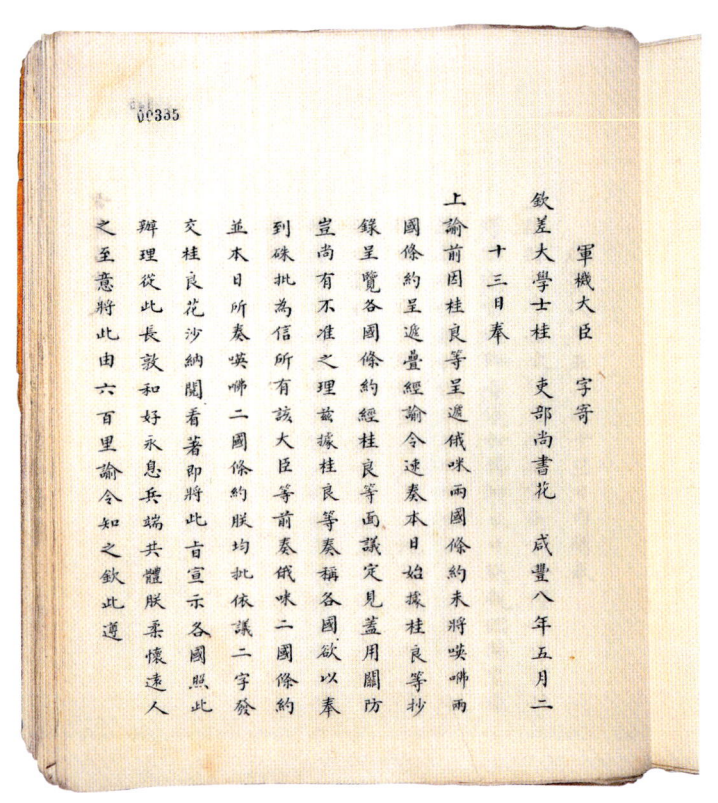

《与四国所订条约均批准著宣示各国上谕》
原档案著录为《军机大臣字寄钦差大臣桂良等与美俄英法四国所订条约均批准著宣示各国上谕》，款署"咸丰八年五月二十三日"。中国第一历史档案馆藏。

《中英通商章程善后条约》

采自许同莘等编《咸丰条约》。民国年外交部铅印本。

此为《中英天津条约》的补充条款。又称《中英通商章程》。咸丰八年（1858年），清钦差大臣桂良、花沙纳与英国全权代表额尔金在上海签订，共10款，附有《海关税则》。主要内容为：(1) 海关聘用英人帮办税务。(2) 海关对进出口货一律按时价值百抽五征税。(3) 洋货运销内地或英商从内地收购土货出口，只纳子口税百分之二点五，不再纳厘金税。(4) 鸦片准许进口贸易，每百斤纳进口税银三十两。

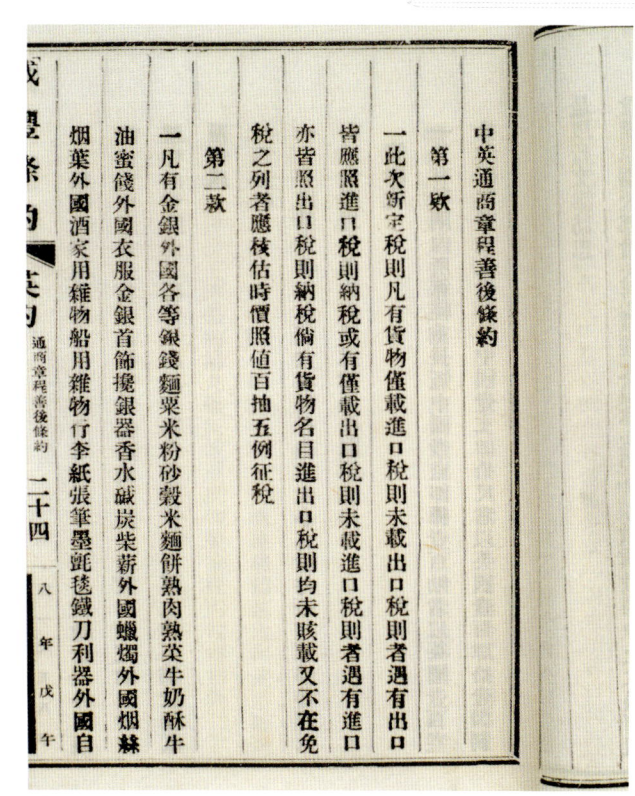

《中俄天津条约》

采自许同莘等编《咸丰条约》。民国年外交部铅印本。

咸丰八年（1858年），沙俄乘英法联军攻陷大沽，进逼津、京之际，以调停为名，由清钦差大臣桂良、花沙纳与俄国驻华公使普提雅廷在天津签订。共12款。主要内容为：(1) 俄国得在上海、宁波、福州、厦门、广州、台湾（台南）、琼州等七处口岸通商，并停泊兵船；若别国在沿海增开口岸，准俄国一律照办。(2) 俄国得在原定中国陆路通商地点扩大贸易，对俄国"商人数目及所带货物并本银多寡"，不加限制。(3) 俄国得在中国各通商口岸设立领事馆，在华俄国人享有领事裁判权。(4) 俄国东正教教士得入内地自由传教。(5) 中俄两国查勘"从前未经定明边界"。(6) 享有片面最惠国待遇。

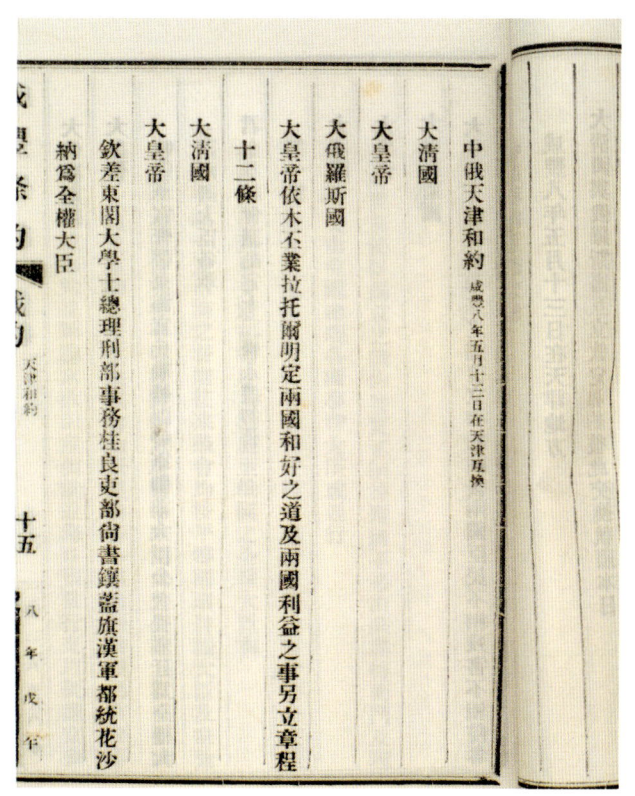

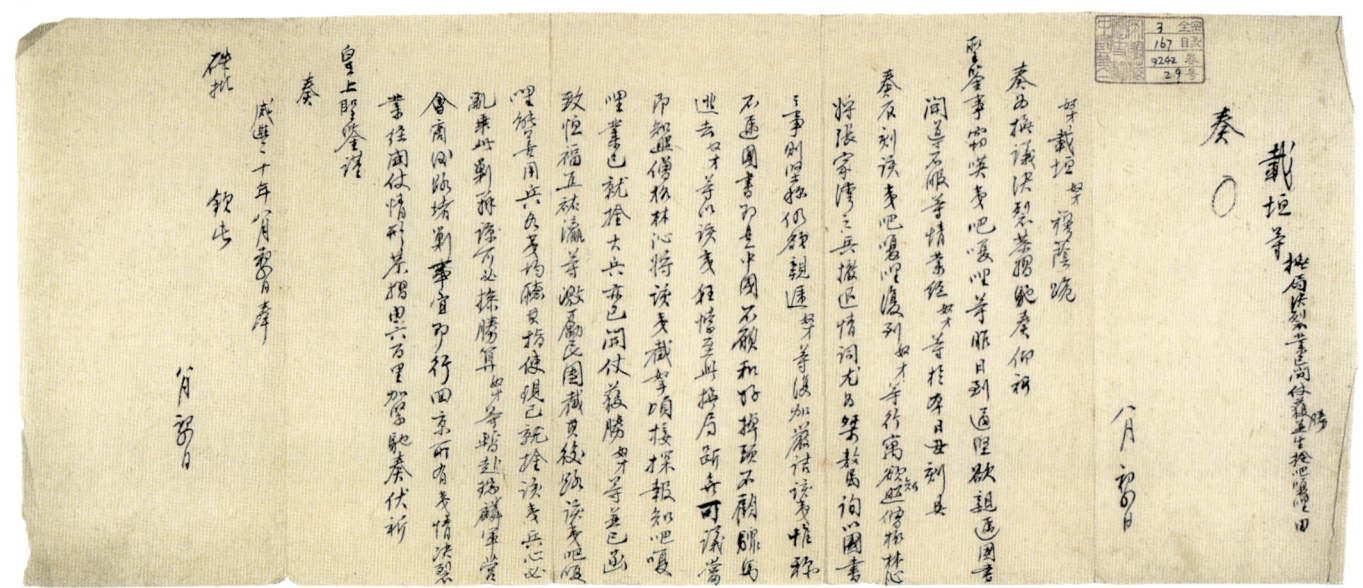

《生擒巴夏礼事折》

原档案著录为《载垣等奏报抚局决裂业已开仗获胜并生擒吧嘎哩事折》，款署"咸丰十年八月初四日"。中国第一历史档案馆藏。

钦差大臣载垣等在奏摺中报告："辰刻，该夷吧嘎哩复到奴才等行寓，欲知照僧格林沁将张家湾之兵撤退，情词尤为桀骜。询以国书之事，则坚称仍欲亲递。奴才等复加严诘，该夷惟称，不递国书，即是中国不愿和好。掉头不顾，骤马逃去。奴才等以该夷狂悖至此，抚局断无可议，当即知照僧格林沁将该夷截拿。顷接探报，知吧嘎哩业已就擒，大兵亦已开仗获胜。"

巴夏礼旧照

巴夏礼（1828—1885年），英国外交官。咸丰六年（1856年）任驻广州领事，制造"亚罗号"事件，并在驻华公使包令指使下扩大事态，派兵进攻广州城。联军占领广州后，组成以巴夏礼为首的英法三人委员会，统治广州，掌握实权达4年之久。咸丰十年任英国全权代表额尔金的译员，随其北犯，极力支持焚毁圆明园，参与签订《北京条约》。

咸丰十年八月初四日内阁奉

上谕朕抚驭寰海一视同仁外洋诸国互市通商原所不禁咦咭唎哗噉西与中华和好有年久无嫌隙咸丰七年冬间在广东边啟畔端闢入我城池襲扰我官吏朕犹以为總督葉名琛刚愎自用召衅有由未即兴问罪之师也八年间夷首嗊嘗等趋我天津当諭總督譚廷襄前往查辦該夷等不僱攻路破台直抵津门朕恐菟毒生靈乃命大学士桂良等馳往與面議息事罷兵因所請條約多有要挾復令桂良等馳往上海商定稅則再將所立條约明允以為信據詎夷等不馴復於八年駕駛兵船直抵首卟嘰斯等發駕不馴復於八年駕駛兵船直

大沽毀我防具經統兵大臣僧格林沁痛加轟勒始行退去此由該夷自取並非中國失信天下所共知也本年夷首嘰嘞嚕等復来海口我中國不為已甚准令由北塘登岸赴京换約不意該夷等包藏禍心突帶礟車并馬步各隊抄我大沽砲臺後路我兵撤退復至天津因思桂良係前年在津原議之人又令馳往与之理論猶冀该夷等稍知礼义但使所求尚可允许不出情理之外亦必予以优容岂意該夷桀骜肆要求竟欲率索兵費強增口岸擁衆入我郊畿兇燄前往再三開導並命将所请各條安為商辦逆夷猶敢

遂兇帶領夷兵偪近通州稱欲帶兵入見朕若再事含容其何以對天下現已嚴飭各路馬步諸軍興之决戰近畿各州將地方士民或率領鄉兵蒐心助戰或整飭團練阻截路途無論旗綠兵民人等如有能斬黑夷首一级者賞銀五十两有能斬白夷首一级者賞銀一百两有能斬夷首一名酋者賞銀五百两有能焚搶夷船一隻者賞銀五千两所得資財全行充賞天津百姓素稱義勇毁敵愾同仇明攻暗襲以靖逆氛朕非好武窮兵之主凡此大不得已之苦衷當為天下臣民所共諒至該夷所擄閩廣等處内地人民實朕赤子如能自拔來歸或斬夷首來獻朕亦

必予以厚賞至該夷去國萬里原為流通貨物雨任其罪經此次割切明諭諒能醒悟悔罪輸誠所有從前通商各口朕仍准其照常交易以示大公之仁如尚執迷不悟該夷横行我將士民團等惟有盡力藏除誓必全珍醜類其毋悔將此通諭中外知之欽此

《英法入侵被迫与战上谕》

原档案著录为《内阁明发通谕中外，英法入侵被迫与战上谕》，款署"咸丰十年八月初四日"。中国第一历史档案馆藏。

英法联军占领大沽炮台旧照

何伯旧照

何伯（1808—1881年），英国人。咸丰九年（1859年）任英国驻华海军司令，率舰队护英法公使北上换约，在大沽口被清军击伤。次年又率舰队北上，攻陷大沽炮台，占领天津。咸丰十一年，偕同参赞巴夏礼率军舰自上海溯长江至武汉考察，以实现其开埠通商的侵略目的，并照会太平天国不得进入上海、汉口、九江周围百里以内地区。同治元年（1862年），指挥英军会同法军、洋枪队、清军进攻太平军，侵占青浦、嘉定等城，年底任满离华。

画家笔下的英法联军入侵北京

通州八里桥

　　八里桥位于北京通州，横跨通惠河。

　　八里桥因距通州城西八里而得名，为通州通往京城的要道。咸丰十年（1860年），清军在此与英法联军进行了第二次鸦片战争中的最后一战——八里桥之战。

《八里桥之战图》

英法联军在北塘登陆,进而占领天津。自郭家坟分3股向八里桥、咸户庄一带猛扑。驻守在八里桥的清军不下3万人,分别由僧格林沁、胜保与瑞麟统率。僧营居西,胜营居南,瑞营居东。清军以罕见的勇气痛击侵略联军,鏖战达三四小时。但因西路英军向于家卫方向包抄,僧营首先溃退;胜保左颊、左腿中弹落马,阵营遂乱。瑞麟虽继续在八里桥头与法军搏战,终亦被迫西撤,八里桥失守。

《八里桥激战图》

八里桥失守,使京东门户洞开。从此京城暴露在侵略者面前,开始了它屡次遭受蹂躏的历史。

（二）圆明园硝烟

孟托班旧照

孟托班（1796—1878年），法国陆军将领。1860年任侵华法军中将司令官，伙同英国侵略军进犯津京，曾参与指挥洗劫圆明园罪恶行动。因指挥京郊八里桥等战役侵华有"功"，回国后任参议员，封八里桥伯爵。

额尔金旧照

额尔金（1811—1863年），英国外交官和殖民地行政官。第二次鸦片战争中任英国全权代表，统兵来华，下令纵火焚烧了圆明园、清漪园等园囿，又与清政府签订了《天津条约》、《北京条约》。后调任印度总督。

《圆明园铜版画·方外观正面》

清宫廷画师绘。纵64厘米，横110厘米。清宫刻本。故宫博物院藏。

清代皇家御苑圆明园，经康雍乾三朝皇帝的经营，共分布着楼台殿阁、亭榭轩馆140余处，拓湖垒石、构筑胜景150余处。景观或取自神话传说中的仙宫幻境，或仿造历代著名山水画中的深山幽谷，或博采江南绮丽多姿的名园胜景，或兼取欧洲古典宫苑的富丽豪华，被誉为"万园之园"。

在圆明园景观中，西洋楼景区极为独特，是圆明园重要标志性建筑。方外观是第三座洋楼。

方外观遗迹

西洋楼一组建筑，如今只留下残垣断壁。

《圆明园铜版画·海晏堂西面》
　　清宫廷画师绘。纵64厘米，横110厘米。故宫博物院藏。

　　海晏堂是最大的洋楼，建成于清乾隆二十五年（1760年）。此组建筑还包括十二生肖喷水池、蓄水池、水车房等。池两侧各排6只铜铸水动物，组成地支"十二属"，其中左侧从内而外为鼠、虎、龙、马、猴、狗；右侧为牛、兔、蛇、羊、鸡、猪，用以表示12时辰。这些铜像皆兽首人身，身着袍服。每到一时辰，代表这一时辰的铜像口中向外喷水；如此周而复始，构成别致的时钟。正午时分，12铸体同时从口中喷泉，蔚为奇观。

海晏堂遗迹

海晏堂生肖铜像·猴首

通高45.7厘米。

这3件生肖铜像本是海晏堂前水力钟的构件，由郎世宁等欧洲艺术家设计，中国宫廷工艺匠师制作。造型生动写实，做工极为精细，连绒毛、斑纹等细微之处亦生动表现出来，堪称艺术精品。在具体表现形式上，融东西方造型艺术特色于一身。

海晏堂生肖铜像·虎首

通高31.9厘米。

海晏堂生肖铜像·牛首

通高43.1厘米。

牛首上的"旋"清晰可见，形象栩栩如生。

《圆明园铜版画·大水法正面》

　　清宫廷画师绘。纵64厘米，横110厘米。故宫博物院藏。

　　大水法位于海晏堂以东，为石龛式，凝结了中西方建筑艺术的精华。

大水法遗迹

《圆明园铜版画·远瀛观正面》

清宫廷画师绘。纵64厘米，横110厘米。故宫博物院藏。

远瀛观在大水法正北，筑在石台上。由大水法、十狗猎鹿喷水池、环形喷泉及水塔、观水法、松墙、侧门、角门等组成。大平台下面的水园为展示水景建筑艺术提供了充足的水源。

咸丰同治朝

远瀛观遗迹

圆明园单孔桥残迹

圆明园盛时，三园共建有石、砖、木结构的各式园林桥梁百余座，经过英、法联军焚毁及后来的破坏，现仅存此单孔石拱残桥。

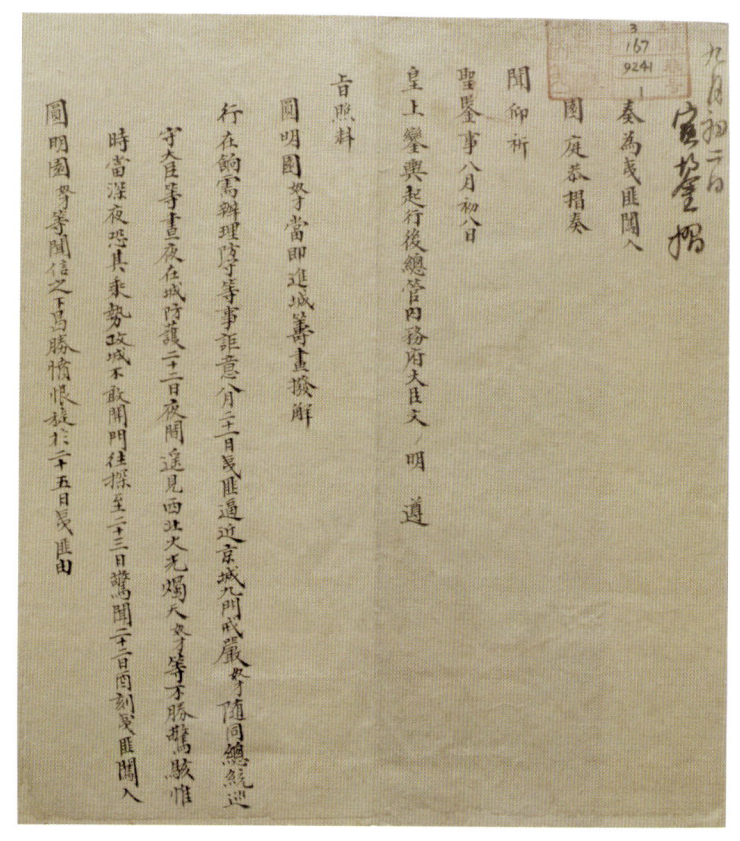

《英法联军火烧圆明园事折》
原档案著录为《内务府大臣宝鋆奏为英法联军火烧圆明园事折》，款署"咸丰十年八月二十八日"。中国第一历史档案馆藏。

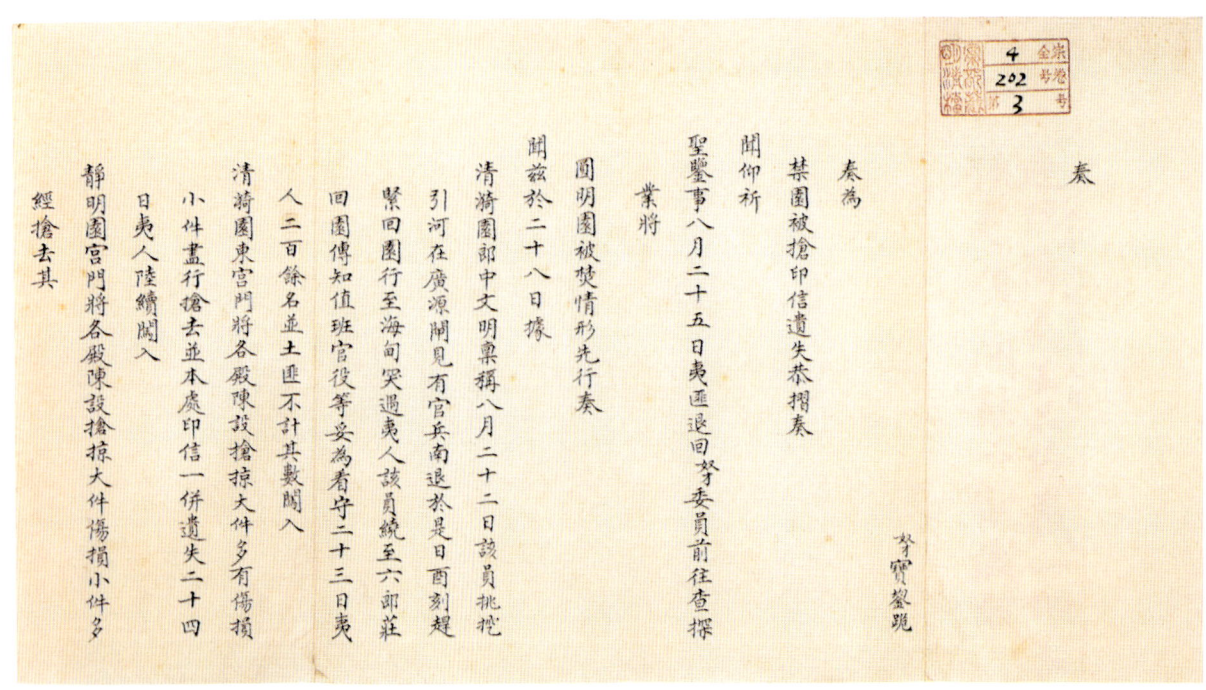

《禁园被抢印信遗失事折》之一

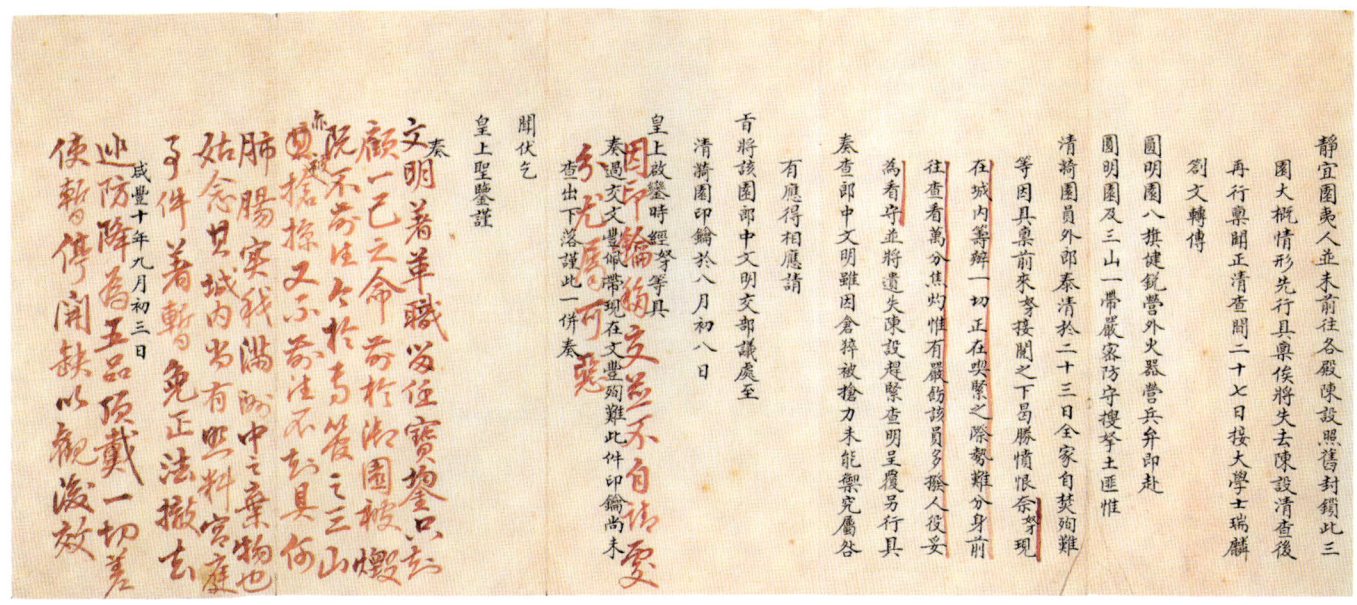

《禁园被抢印信遗失事折》之二

原档案著录为《总管内务府大臣宝鋆奏报禁园被抢印信遗失事折》，款署"咸丰十年九月初三日"。中国第一历史档案馆藏。

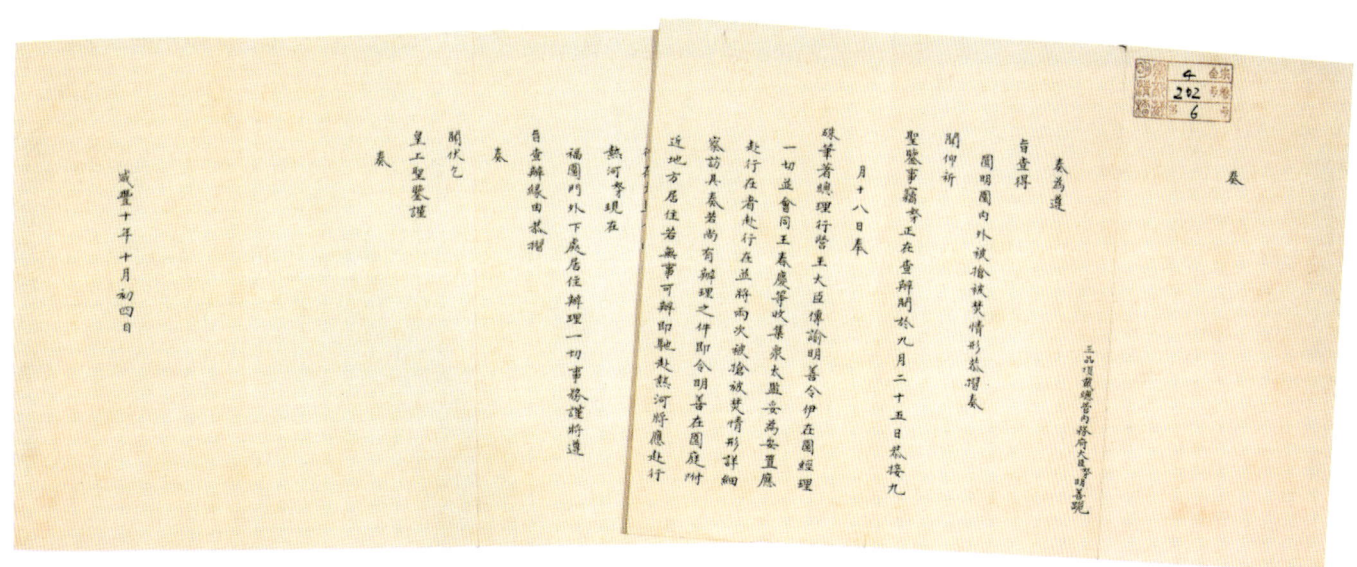

《圆明园内外被抢被焚情形事折》

原档案著录为《总管内务府大臣明善奏报圆明园内外被抢被焚情形事折》，款署"咸丰十年十月初四日"。中国第一历史档案馆藏。

《圆明园内外匾额全册》封面

清写本。一折册。北京大学图书馆藏。

这本小折册中，记载着当年圆明园内外各路建筑上所题的匾额，从一个侧面反映了圆明园盛时的状况。

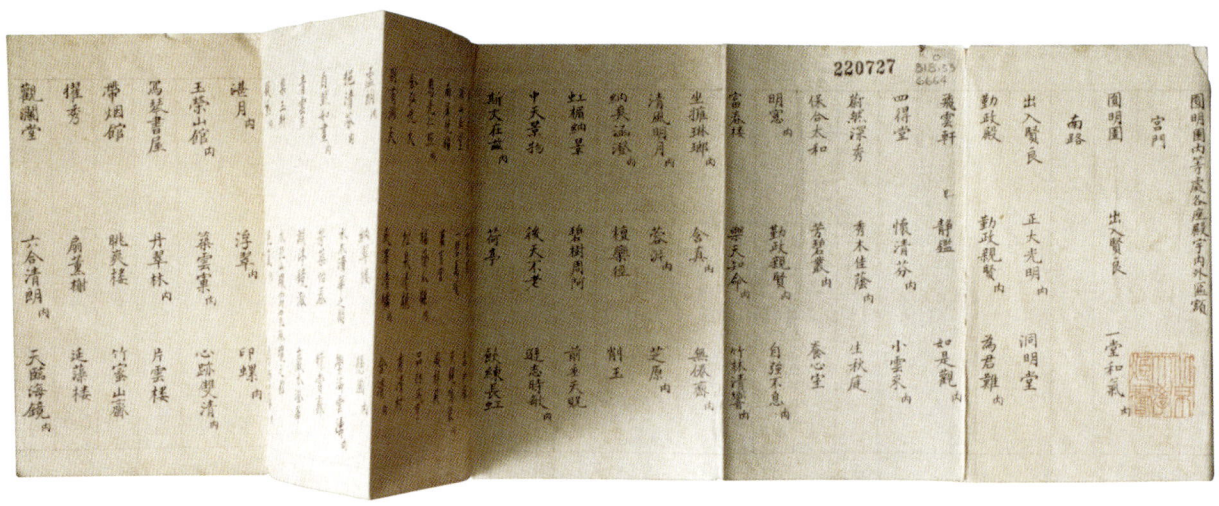

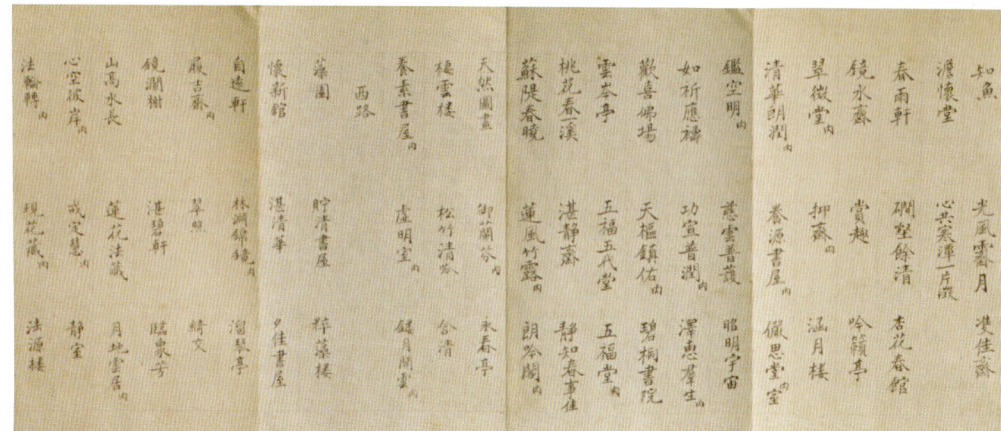

《圆明园内外匾额全册》正文

清写本。一折册。北京大学图书馆藏

（三）条约制度的建立

奕䜣自咸丰五年（1855年）被逐出军机免去一切职务后，一直赋闲。两年后，咸丰帝授予他都统和内大臣等职，这在清廷最高领导集团中依然无足轻重，与远支宗室肃顺的飞黄腾达无法相比。但第二次鸦片战争的失败，咸丰帝在危难之际又授予他便宜行事全权大臣，负责向英法侵略军议和，使奕䜣从此在政治上迅速崛起，成为洋务集团的领袖，这是咸丰帝和奕䜣本人都未曾料到的。

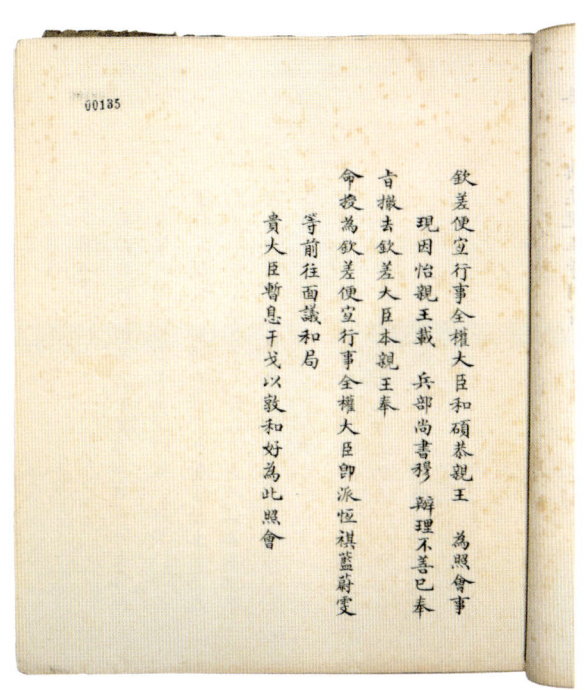

《奕䜣授为钦差便宜行事大臣致英法照会》
原档案著录为《奕䜣致英法照会，奉命授为钦差便宜行事大臣》，款署"咸丰十年八月初七日"。中国第一历史档案馆藏。

奕䜣旧照

奕䜣（1833—1898年），爱新觉罗氏，道光帝第六子，咸丰帝异母弟。咸丰帝即位，封其为恭亲王。英法联军入侵京师，咸丰帝逃往热河（今承德）避暑山庄，封奕䜣为钦差便宜行事全权大臣，留京向英法乞和，并代表清政府同英、法、俄国签订《北京条约》。

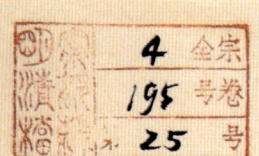

咸豐十年八月初七日內閣奉
上諭和碩恭親王奕訢著授為欽差全權大臣辦理
兩國換約和好事宜便宜行事欽此

《奕訢著授為全權大臣辦理換約事宜上諭》

原档案著录为《和硕恭亲王奕訢著授为全权大臣办理两国换约和好事宜便宜行事上谕》，款署"咸丰十年八月初七日"。中国第一历史档案馆藏。

《只可委屈将就换约以期保全大局上谕》

此折全称为《军机大臣密寄钦差大臣恭亲王奕訢等，只可委屈将就换约以期保全大局上谕》，款署"咸丰十年九月初九日"。中国第一历史档案馆藏。

軍機大臣密寄
欽差大臣恭親王奕 大學士桂 戶部左侍郎文
咸豐十年九月初九日奉
上諭前據恭親王奕訢等奏辦理撫議情形業經於
本月初四初六等日兩次諭令迅速進城換約免
致另生枝節本日據恭親王等奏接到噪咈照會
設法覊縻一摺該夷狂悖情形實堪髮指惟業已
入城一經駁斥必致決裂只可委曲將就以期保
全大局俱著照恭親王等所議辦理該夷既訂期
初十日換約計諭音到時和約已換訂期後如何
情形務即迅速馳奏俄首既願從中說合不必拒
絕設能如其所言於撫局不無裨益文祥奏請俟

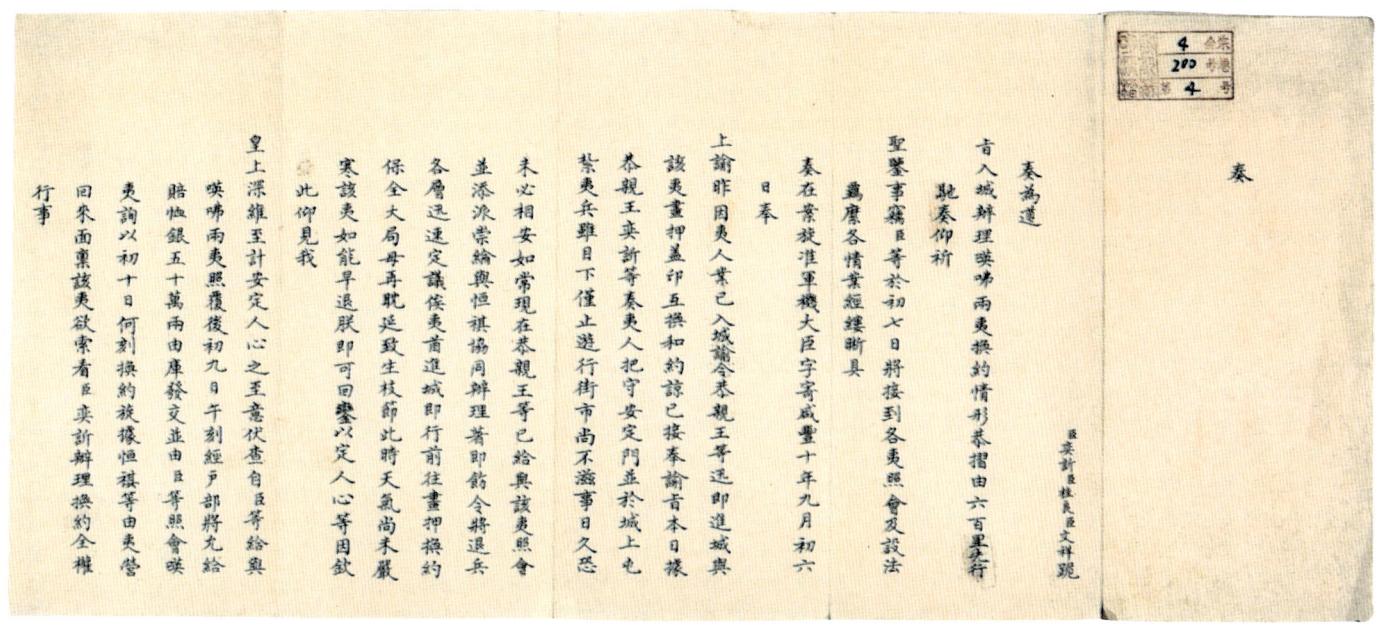

《与英法办理换约情形事折》

全称为《恭亲王奕訢等奏报与英、法办理换约情形事折》，款署"咸丰十年九月十二日"。中国第一历史档案馆藏。

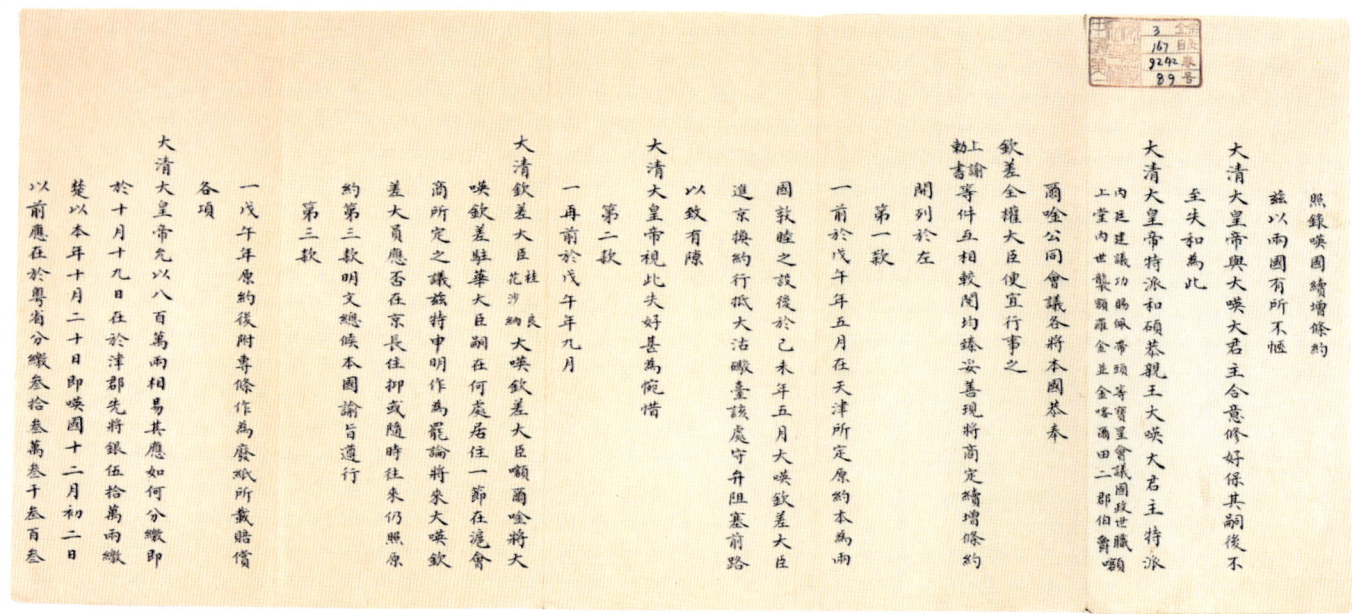

《中英续增条约》之一

抄本。中国第一历史档案馆藏。

此条约原称《中英续增条约》，即《中英北京条约》。咸丰十年（1860年），清钦差大臣奕䜣与英国全权代表额尔金在北京签订。该条约共9款，除确认《中英天津条约》仍属有效外，英国又扩大了如下侵华权益：（1）《中英天津条约》中规定的赔款增为八百万两。（2）增开天津为商埠。（3）准许英国招募华工出国。（4）割让香港九龙司给英国。

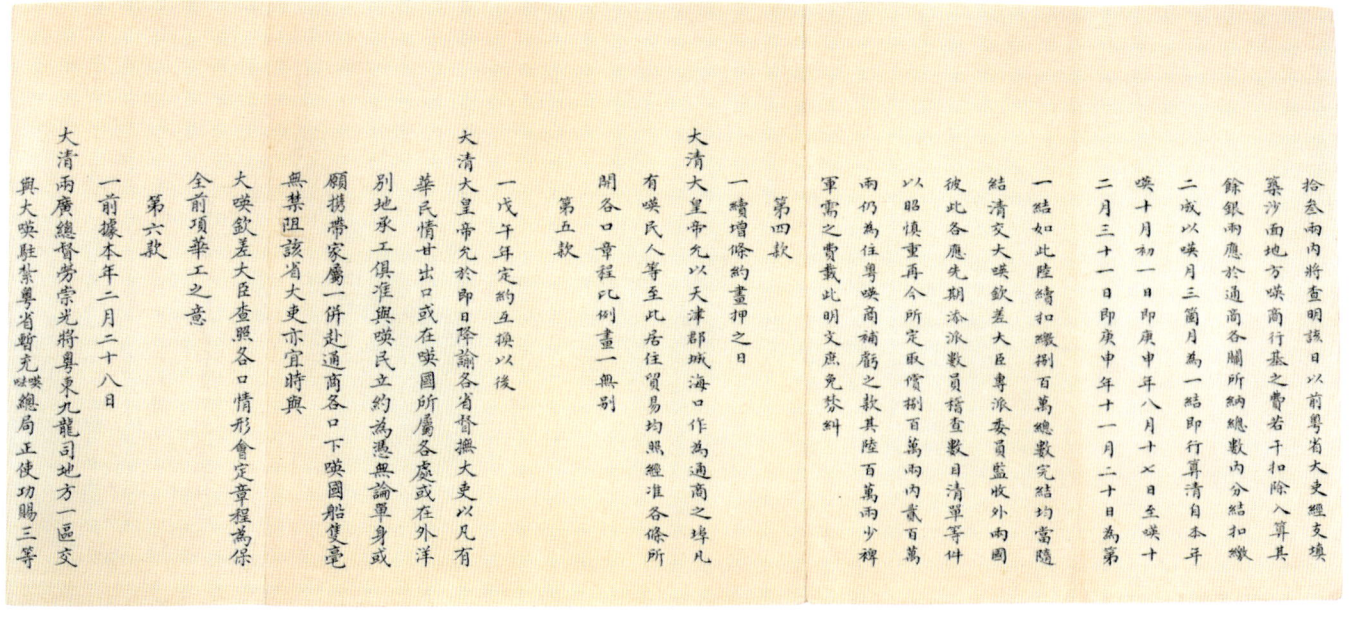

《中英续增条约》之二

寶星吔嗊代國立批永租在業兹
大清大皇帝定即將該地界付與大嘆大君主並應
後嗣並歸嘆屬香港吶内以期該港單面管轄
所及庶保與本事其批作為歴紙外其有該地革
民自輯業戶應由彼此兩國各派委員會勘查
明界為該戶本業嗣後僅過勢必令邊別地大
嘆國無不公當賠補
　第七款
一戊午年所定原約除現定續約或有更張外
其餘各節俟互换之後無不赶日畫行毫無出
入今定續約均應自畫押之日為始即行照辨
兩國毋須另行
御筆批准惟當視與原約無異一體遵守
　第八款
一戊午年原約在京互换之日
大清大皇帝允於即日降諭京外各省督撫大吏將
此原約及續約各條發抄開並令刊刻懸布
道衢咸便知悉
　第九款
一續增條約一經盖印畫押戊午年和約亦已
互换須侯續約第八款内載
大皇帝允降諭旨奉到業皆宣布所有嘆圖
舟山屯兵立當出境京外大軍即應啓桯前赴
津城並大沽礮臺登州乾海廣東省城等處應俟
續約第三款所載賠項八百萬兩總數交完方
能回國抑或早退總候大嘆大君主諭言施行
以上各條人續增條約現下
大嘆大君各大臣同在京都禮部衙門盖印畫押以
昭信守
大清咸豐十年九月十一日大嘆一千八百六十年
十月二十四日

《中英续增条约》之三

姆娞娇娌親書御名奉上帝承運大嘆等國
大君諭曰前於戊午年六月十六日經朕特派
大清大皇帝特派大臣等在津會議定約並專條各
便宜行事大臣與賢兄
件均朕詳加披覽令將彼此盖印原文來於諭
内逐層逐節無不批准現降批諭實乃朕及歴
嗣永允必照各條遵辨朕言無少虛日後無論
何人稍欲犯約朕應盡心維持勉力防漸特此
降諭時惟耶穌降生一千八百五十八年十月翌
即乃戊午年九月初五日登位二十一年在巳
摩拉宫御筆親書並用大嘆國寶為憑

《英王批准〈天津条约〉谕文的译文》
中国第一历史档案馆藏。
款署"一千八百五十八年十月初五日"。

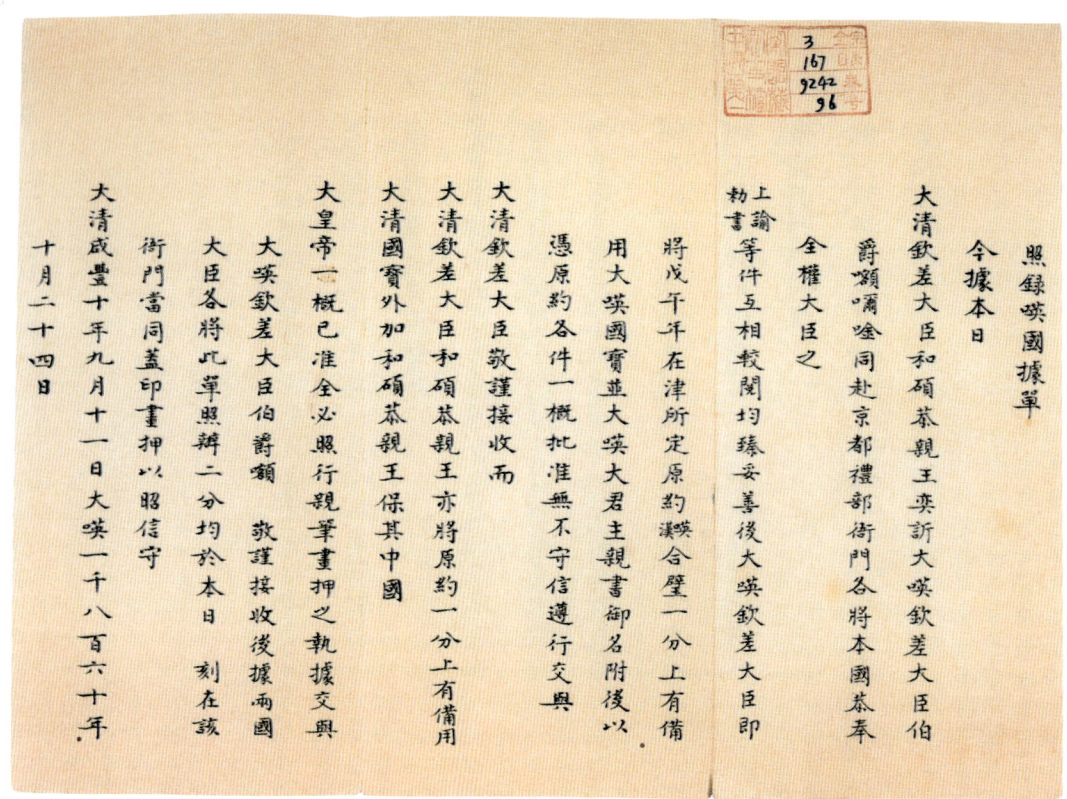

《英国据单》（抄件）
中国第一历史档案馆藏。

款署"大清咸丰十年九月十一日　大英一千八百六十年十月二十四日"。

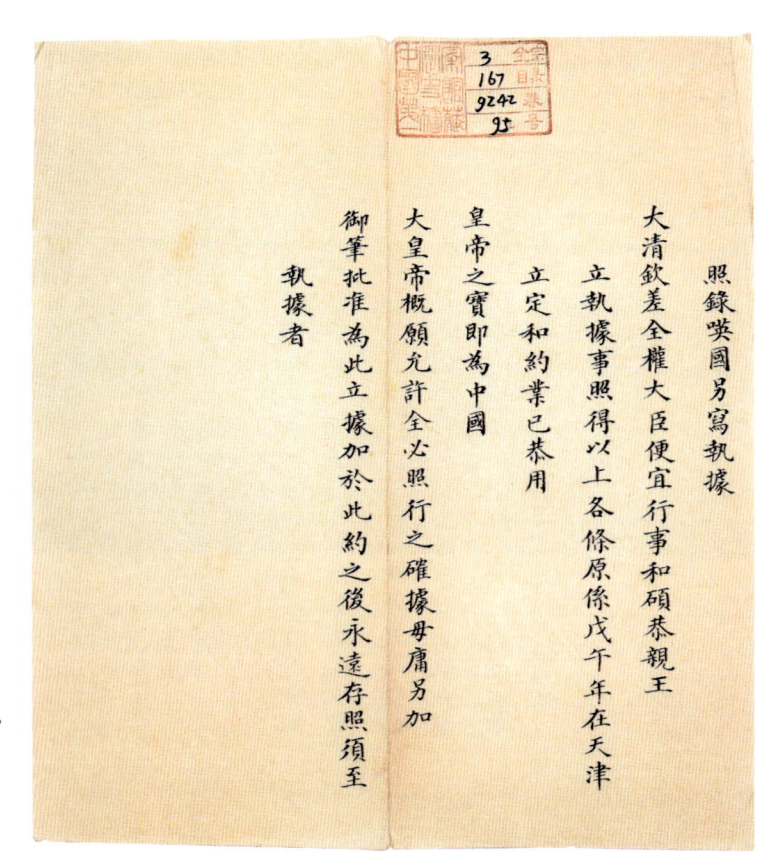

给英国的《执据》（抄件）
中国第一历史档案馆藏。

款署"咸丰十年"。

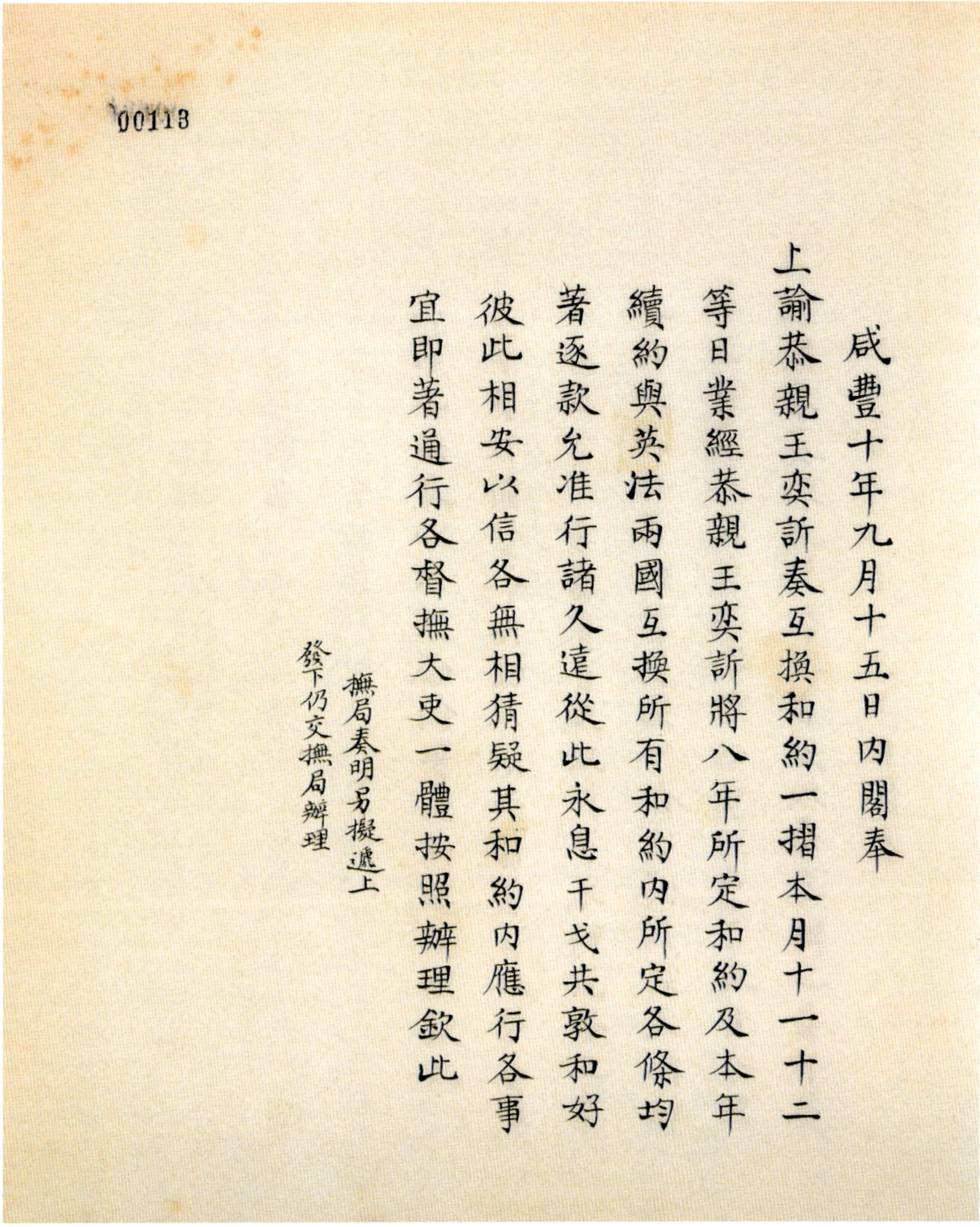

00113

咸豐十年九月十五日内閣奉
上諭恭親王奕訢奏互換和約一摺本月十一十二
等日業經恭親王奕訢將八年所定和約及本年
續約與英法兩國互換所有和約内所定各條均
著逐款允准行諸久遠從此永息干戈共敦和好
彼此相安以信各無相猜疑其和約内應行各事
宜即著通行各督撫大吏一體按照辦理欽此

撫局奏明另擬遞上
發下仍交撫局辦理

《内阁明发已与英法签订和约上谕》

中国第一历史档案馆藏。

款署“咸丰十年九月十五日”。

《奕訢与英法俄三国签订〈北京条约〉图》

咸丰十年（1860年），恭亲王奕訢与英、法、俄三国代表签订了《北京条约》。签字仪式是在冷淡对立的气氛中进行的，额尔金为了使中国感到"新签订的和约是一个征服的条约"，对奕訢的态度十分放肆、傲慢，故意迟到2个多小时，且对走上前去迎接的恭亲王佯装未见，径直走向签字大厅。这是奕訢自奉命议和以来，第一次见到自己的对手。受到如此严重的羞辱，却又不得不忍气吞声，给年轻的奕訢极大的刺激。这也是奕訢后来大力倡导"自强"运动的原因之一。《北京条约》的签订，使西方势力渗入到我国长江流域和华北地区。

九龙半岛中英边界旧照

第一次鸦片战争期间，英军就曾占据尖沙嘴炮台和九龙炮台。战争结束后，英军虽然撤走，但一直窥伺九龙，图谋长期占领。《中英北京条约》第6款允诺英国割占九龙司。咸丰十年（1861年），南九龙半岛正式割让给英国。

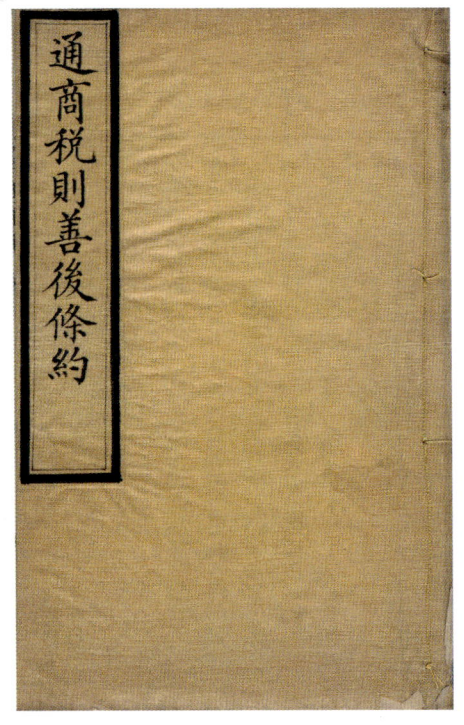

《通商税则善后条约》封面

（清）奕䜣等纂。咸丰末年武英殿刻本。
故宫博物院藏。

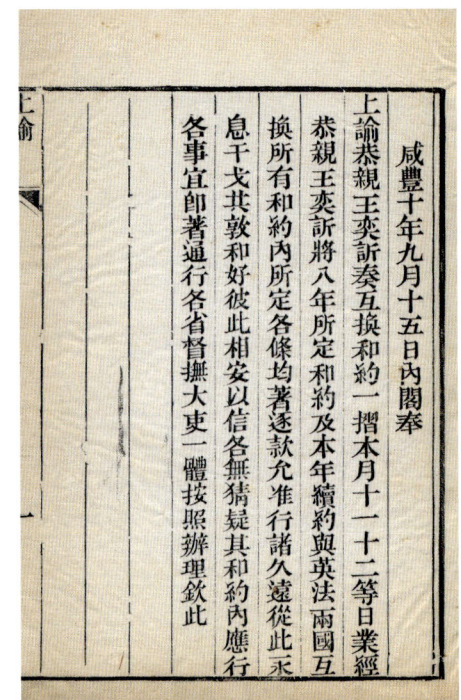

《通商税则善后条约·上谕》

本书辑录咸丰八年（1858年）以来，清政府与英、法、美等国签订的《天津条约》及《北京条约》中关于通商税则方面的具体内容，从中可以了解清政府在第二次鸦片战争中丧权辱国的具体内容。

咸丰同治年间与列强签订的部分《条约》

《清吏押送赔款赴天津图》

《北京条约》签订后,清政府为了缴付大量赔款,对内加紧搜刮人民。图为清政府官吏押送赔款运往天津的情形。

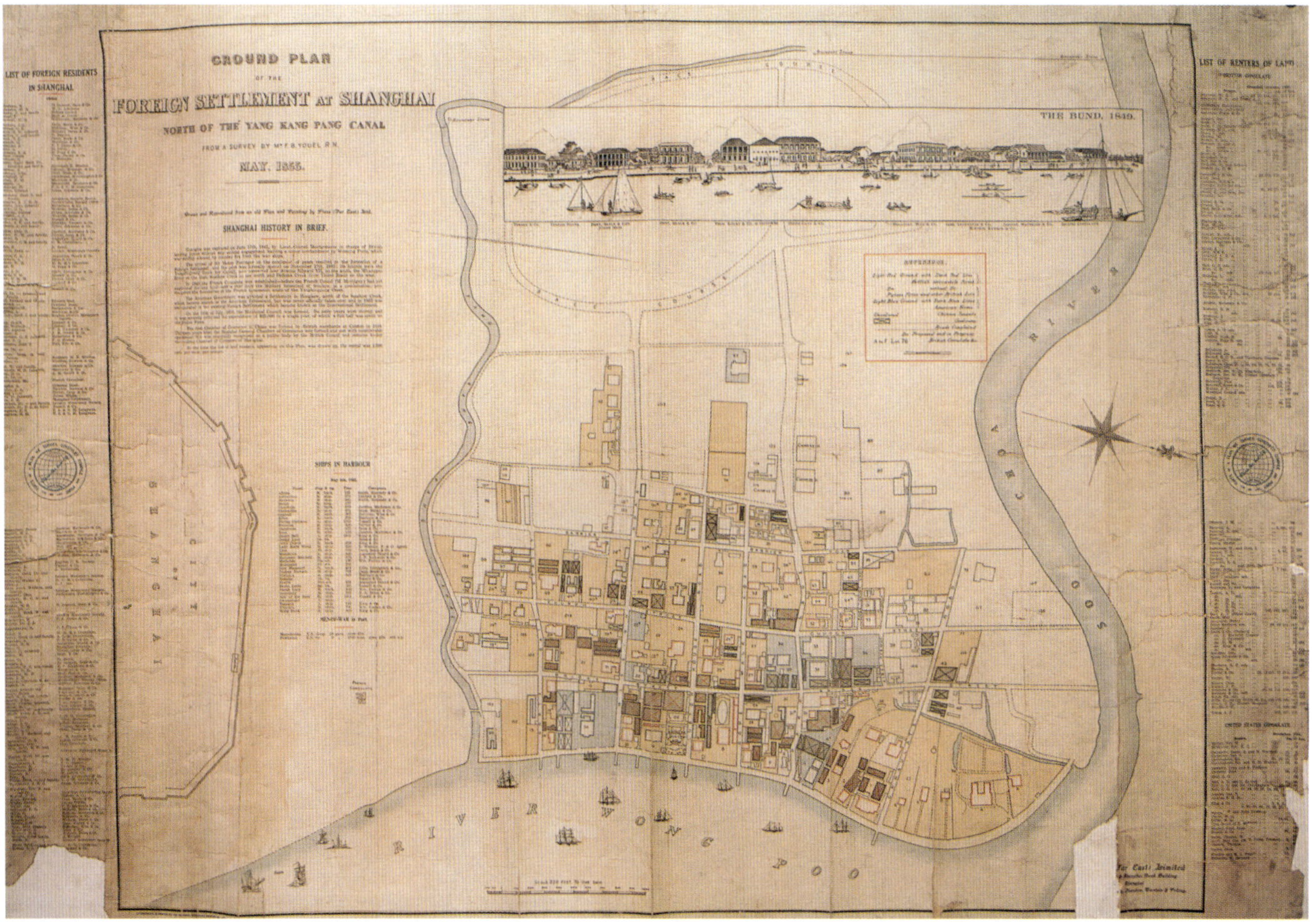

《上海租界图》

纵 105 厘米，横 75 厘米。清咸丰五年（1865 年）出版。上海图书馆藏。

这是上海开埠后第一份租界地图。

穆拉维约夫旧照

穆拉维约夫（1809—1881年），1847年为俄国东西伯利亚总督，积极推行侵略中国黑龙江地区的计划，组织庞大的外贝加尔哥萨克军，不顾清政府的多次抗议，于1854至1856年间经常武装侵入中国内河黑龙江下游及库页岛一带，并将中上游北岸和下游两岸强行占据。

《中俄瑷珲条约》

采自许同莘等编《咸丰条约》。民国年外交部铅印本。

沙俄趁英法联军进攻天津时，强迫黑龙江将军奕山与沙俄东西伯利亚总督穆拉维约夫在瑷珲（今爱辉县爱辉乡）签订《中俄瑷珲条约》。主要内容为：割占黑龙江以北外兴安岭以南的60多万平方公里的土地，只有江东六十四屯由中国管理。同时还把乌苏里江以东约40平方公里的中国领土划为中、俄"共管"之地。黑龙江、乌苏里江只准中、俄两国船只航行。该约使中国领土完整与主权蒙受重大损失。

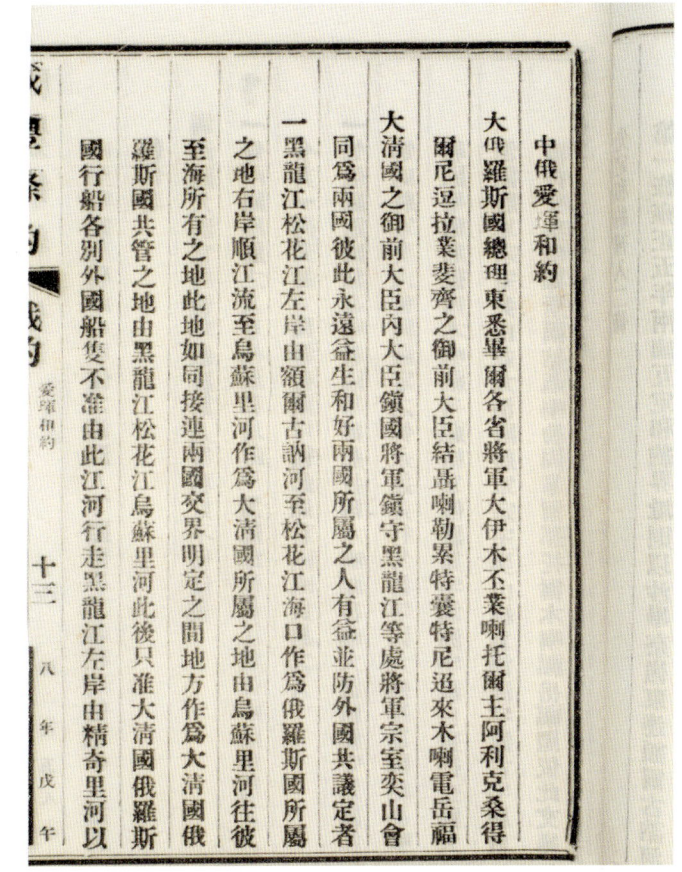

《中俄勘分西北界约记》

采自许同莘等编《同治条约》。民国年外交部铅印本。

沙俄在鲸吞中国东北的同时，也在觊觎中国西北领土。同治三年（1864年）逼迫清政府签订《中俄勘分西北界约记》。其主要内容为：将巴尔喀什湖以东以南44万多平方公里中国领土割给俄国；增开喀什噶尔（今喀什市）为商埠；两国边民免税自由贸易；准许俄国商人在库伦（今蒙古人民共和国乌兰巴托）、张家口零星贸易。俄国得在喀什噶尔、库伦增设领事馆，重申在华俄国人享有的领事裁判权。至此，沙俄在第二次鸦片战争中不费一枪一矢，就获得众多权益。

五口通商后的上海旧照

开埠之后,占据人地之利的上海、香港两地发展迅速,已由原来的僻镇穷乡发展成为商务繁盛、人口稠密、华洋杂处的新兴商业城市和东南商务中心,同时也成为具有浓厚商业气息的市井文化的新兴城市。

天津码头旧照

天津向为华北交通枢纽，扼水陆要冲。根据《天津条约》，天津码头被辟为通商口岸。清政府在天津设置三口通商大臣。英、法、美、日等9国在天津城东南的海河两岸占地设租界，面积约为老城的7倍。

南京下关码头旧照

根据《天津条约》，南京也被辟为通商口岸。

广州沙面英租界旧照

咸丰十年（1860年）前后，英、法等国相继在广州、厦门、镇江、九江等地陆续开辟了租界。外国人在这些城市中设立了领事馆及众多的洋行、教堂、医院、学校、住宅、娱乐设施等，成为在华西人从事各种活动以及西方商品和文化输入的集中地，对当地及周边中国人的社会生活产生了深远的影响。

汉口英租界旧照

位于华中腹地中心的汉口，得长江、汉水水运之利，是沟通长江上游和下游的交通枢纽，在鸦片战争前就已是繁华城镇，被称为"四大名镇"之一。《天津条约》将汉口列入增开的通商口岸，英国在汉口开辟了租界。

国人吸食鸦片旧照

咸丰八年（1858年）《天津条约》允许鸦片贸易合法化之后，洋商们便可以把鸦片堂而皇之地运到各个贸易口岸了。天津、上海等中外贸易中心，仅进口鸦片一项，就占进口洋货总值近一半。鸦片大量涌入中国，给中国人民造成深重灾难。

五　咸丰帝之死

咸丰帝即位之初，本想在内政外交上有一番大的作为，不意回天无力，遂失去信心，纵情声色以自谴。英法联军进逼北京后，咸丰帝更加悲观，弃城携眷逃至热河。此后，陷入绝望的咸丰帝更加荒淫无度，虽正值壮年，却已羸弱不堪，一病不起。

当时，法定皇位继承人皇子载淳年方6岁，无法掌权理政。因此，用何人、以何种方式辅佐幼帝，一时成为头等大事。咸丰帝面临着三种选择：一是恭亲王奕䜣，二是皇后钮祜禄氏与皇子载淳生母懿贵妃叶赫那拉氏，三是肃顺等亲信大臣。对此，咸丰帝颇费斟酌。经过再三权衡，终于选定肃顺等人，因为他们对国内外问题的看法和所行政策与咸丰帝一致，况且，宗室远支篡权的可能性要大大小于近支亲王。

咸丰十一年（1861年）七月，咸丰帝病情日见加重。临终前一天，召集宗人府宗令、御前大臣、军机大臣等，宣布立皇子载淳为皇太子，派载垣、端华、肃顺等八大臣赞襄一切政务，辅佐太子，定明年（1862年）改元为"祺祥"。为防止大权旁落，又将"御赏"和"同道堂"印授与皇后钮祜禄氏与皇子，并规定在日后下发的谕旨上，加盖此二印才算有效。次日，咸丰帝在风雨飘摇之中离开了人世。

避暑山庄烟波致爽殿

八里桥战败的次日,咸丰帝弃城携眷仓惶逃至此殿。下诏授意留守北京的恭亲王"相机办理,总期和局速成",批准与英法签订《北京条约》。后病死于此殿。

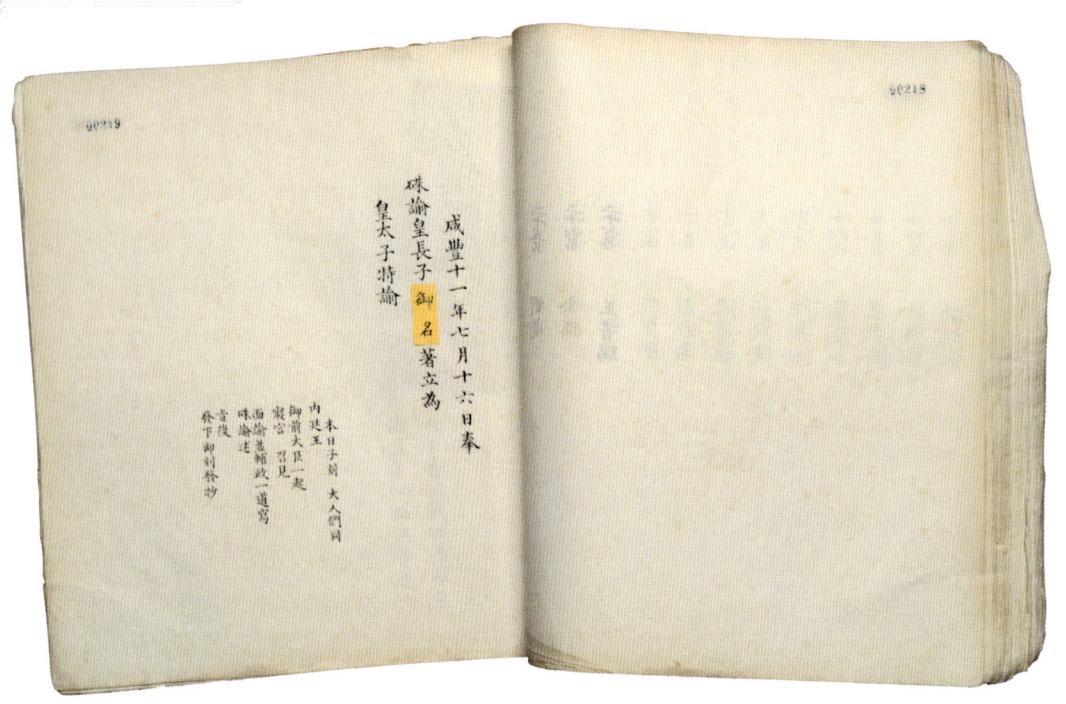

《立皇长子载淳为皇太子上谕》
中国第一历史档案馆藏。

这是咸丰帝在临终前一日，即咸丰十一年（1861年）七月十六日，发布的两道朱谕之一。

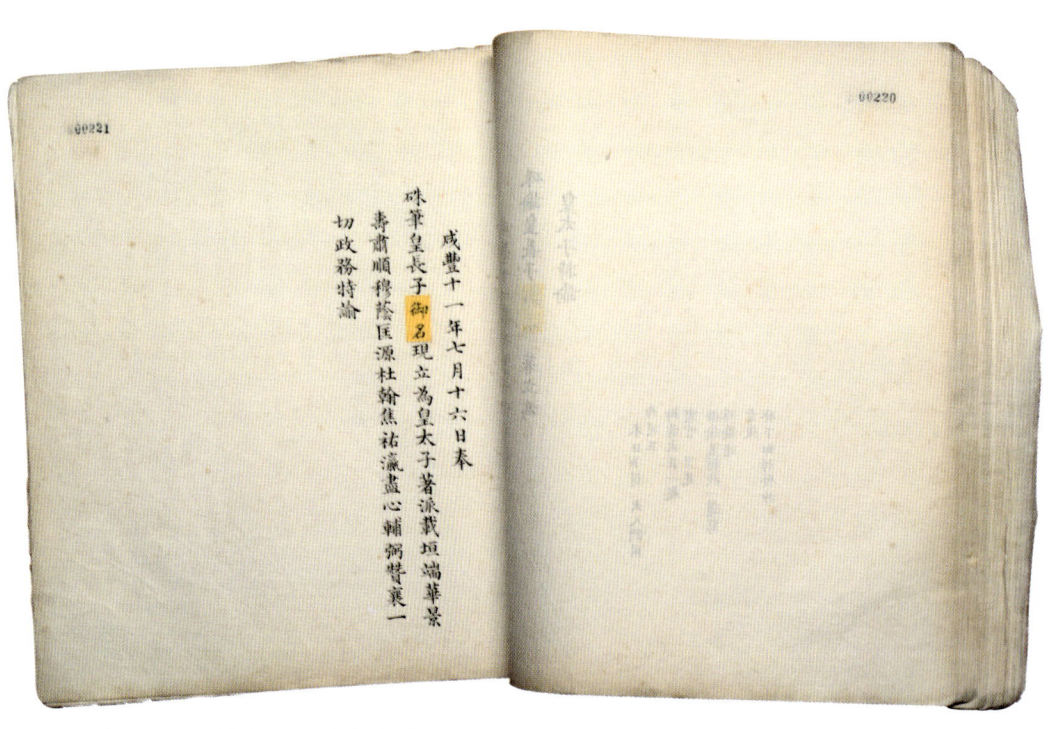

《谕派载垣等八人赞襄一切政务上谕》
中国第一历史档案馆藏。

这是咸丰帝在临终前一日发布的另一道朱谕。派御前大臣载垣、端华、肃顺与军机大臣匡源、穆荫、杜翰、焦佑瀛及额驸景寿八人赞襄一切政务，辅佐太子执掌朝政。

"御赏"、"同道堂"玺及玺匣

"御赏"玺文

此印赏给皇后钮祜禄氏,规定顾命大臣颁布的谕旨开头须加盖此印才有效。

"同道堂"玺文

同道堂是咸福宫的后殿。咸丰帝死前宣布,以载淳名义发布的每道谕旨的结尾须加盖此印,才能颁布生效。由于载淳年幼,印章由其母慈禧太后掌管,遂成为慈禧太后弄权的工具。

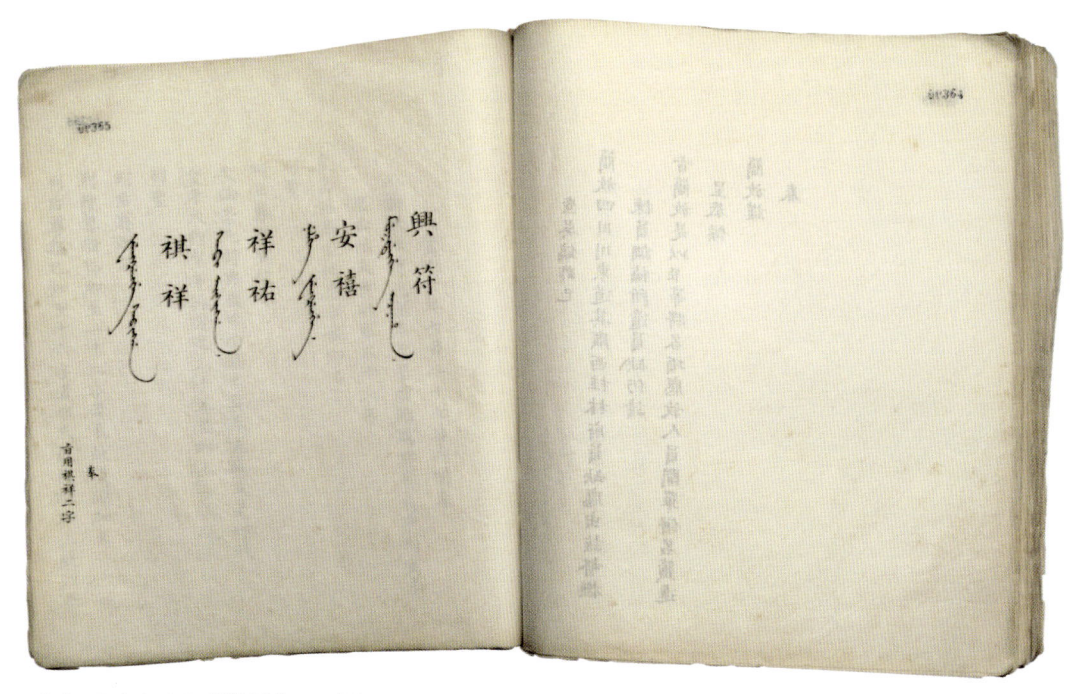

《定年号奉旨用"祺祥"二字》
中国第一历史档案馆藏。

肃顺等八大臣拟定小皇帝载淳的年号,奉旨选定为"祺祥"。

"祺祥重宝"正面　　　"祺祥重宝"背面

中国钱币博物馆藏。

"祺祥通宝"正面　　　"祺祥通宝"背面

年号拟定后,很快铸造出"祺祥"字样的新币,刊印出祺祥元年的历书,以之作为长久之计。但是,"祺祥"年号从咸丰十一年(1860年)七月二十六日确定之日起,到十月初五日明令废除,总共才69天。

文宗显皇帝谥宝

印面长12.6厘米,宽12.6厘米,高11.5厘米。故宫博物院藏。

文宗显皇帝谥宝文

印文为"文宗协天翊运执中垂谟懋德振武圣孝渊恭端仁宽敏庄俭显皇帝之宝"。左满文本字,右汉文篆体。

定陵全景

定陵位于河北遵化县清东陵最西端的平安峪。咸丰八年（1858年），咸丰帝派人勘查陵址，初由怡亲王载垣勘查督理。咸丰帝卒后，载垣获罪。从此定陵事务由大学士周祖培等人办理。同治四年（1865年）九月竣工，咸丰帝梓宫葬入定陵，祔葬孝德显皇后萨克达氏。

定陵望柱

望柱周身遍刻舒卷自如的祥云，在蓝天白云和苍松翠柏的映衬下，亭亭玉立，风姿绰约。

六　辛酉政变

两宫太后，尤其是同治帝载淳生母慈禧太后对肃顺等人奉遗命辅政极不甘心。于是，她凭借其特殊地位，利用官僚亲贵们对肃顺等人的恩怨和种种不满，内联慈安，外结奕䜣，积极采取反肃顺行动。而恭亲王奕䜣也将咸丰帝之死作为改变自己处境的契机，于是，两股反肃顺势力联合在一起，围绕"听政"与"摄政"展开争夺统治权的斗争，一场影响中国近代历史的宫廷政变随之爆发。

经过反复较量，慈禧太后与奕䜣成功地发动了辛酉政变，一举击败赞襄政务王大臣，将肃顺斩决，勒令载垣、端华自尽，其余5人或革或遣。两宫太后垂帘听政，奕䜣为议政王，改"祺祥"年号为"同治"，从而彻底否定了赞襄制度，故这次政变又称为"祺祥政变"，又以发生的地点而称为"北京政变"。

英法公使对慈禧太后和恭亲王的支持与配合，开创了西方势力直接干预中国朝政之先河。此后，以慈禧太后、恭亲王奕䜣为首的清政府对西方的态度由敌对转为依附和屈从。

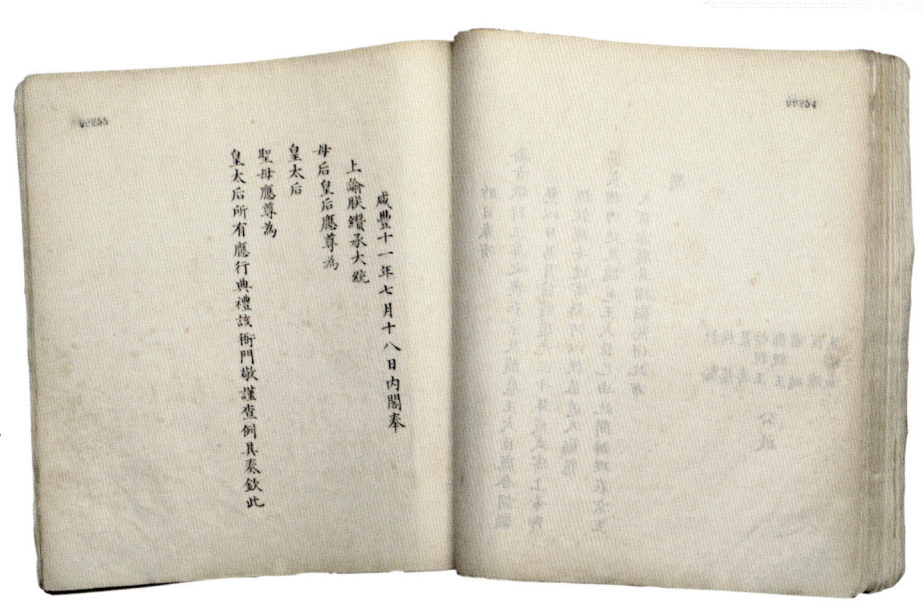

《谕内阁母后皇后及圣母均应尊为皇太后》
中国第一历史档案馆藏。

咸丰帝去世,留下一群年轻的寡妇。皇后钮祜禄氏只有25岁,懿贵妃叶赫那拉氏才26岁。按规制,皇太子载淳称皇后为母后,称生母为圣母。载淳即位后,她们被并尊为皇太后。

慈安皇太后徽号册
青玉质。10片。故宫博物院藏。

咸丰十一年(1861年)九月初一,大学士桂良等遵谕上徽号,母后皇太后徽号为"慈安皇太后",圣母皇太后徽号为"慈禧皇太后"。

《赞襄政务王大臣为按月恭缴钤用谕旨事交内阁片》
中国第一历史档案馆藏。

这是辅政大臣经内阁向各统兵大臣、各省督抚等总兵以上官吏下发的，关于辅臣拟旨钤盖御赏、同道堂印章的通知。

钤有"御赏"、"同道堂"玺文的《上谕》

咸丰帝死后，新皇帝登极仪式还未举行，肃顺等八大臣就开始执掌大权，规定今后所有谕旨，由赞襄政务王大臣缮拟后，呈递皇太后、皇上用印发下，上钤"御赏"印，下钤"同道堂"印。

慈禧皇太后之宝

青玉质，交龙钮。印面 12.7厘米见方，通高10.3厘米，钮高5.4厘米。故宫博物院藏。

"慈禧皇太后之宝"玺文

此宝是慈禧被尊为皇太后时所刻制，钤用于慈禧御笔书画上，是慈禧印章中较为重要的一方。

慈安端裕皇太后之宝

青玉质，交龙钮方形玺。满汉文篆书。面13厘米见方，通高9.5厘米，钮高4.7厘米。附系黄色绶带。故宫博物院藏。

"慈安端裕皇太后之宝"玺文

避暑山庄懿贵妃所居之西所

皇太子载淳生母懿贵妃自进宫之日起，就想着要出人头地。咸丰帝死后，肃顺、载垣等人包揽了一切政务，对懿贵妃来说，暂居热河的日子是最难熬的。但她并未沉浸在悲痛之中，而是积极寻求对策。

西所内景

慈禧太后作为后妃势力的主谋者，与慈安太后钮祜禄氏一起商量对策，开始行使她们的权力，掣肘肃顺等人的政治行为。不久就挑起垂帘听政之议。正想寻找时机与肃顺一派任性一搏的奕䜣迅速与慈禧太后联合起来，一场影响中国近代历史进程的宫廷政变随之爆发。

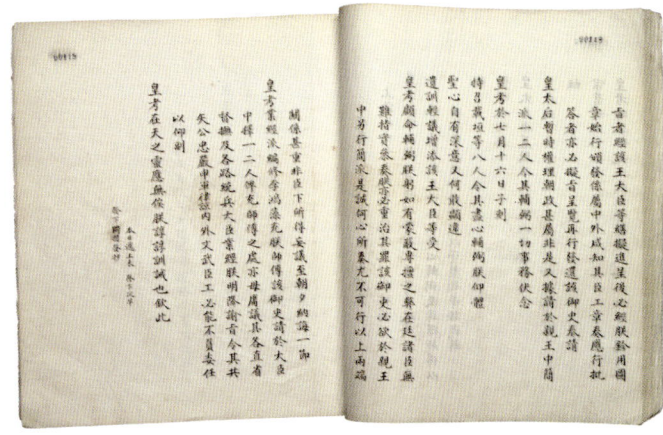

《谕内阁皇太后垂帘听政并另简亲王辅弼均不可行》
款署"咸丰十一年八月十二日"。中国第一历史档案馆藏。

御史董元醇奏请皇太后垂帘听政，八辅臣以无此祖制，拟此旨痛加驳斥。慈禧太后却将所拟之旨留中不发，引起两宫与八大臣之间的尖锐冲突。

奕䜣旧照

恭亲王奕䜣把对肃顺不满的人聚拢在一起,又利用外国侵略者对他的信任和配合,积极策划反肃顺行动。他以奔丧为名,赶到热河,与两宫太后密谋,然后返京布置。一面筹划新皇帝即位事宜,造成一切正常的假象;一面又在亲信大臣中秘密串联,暗中作政变准备。

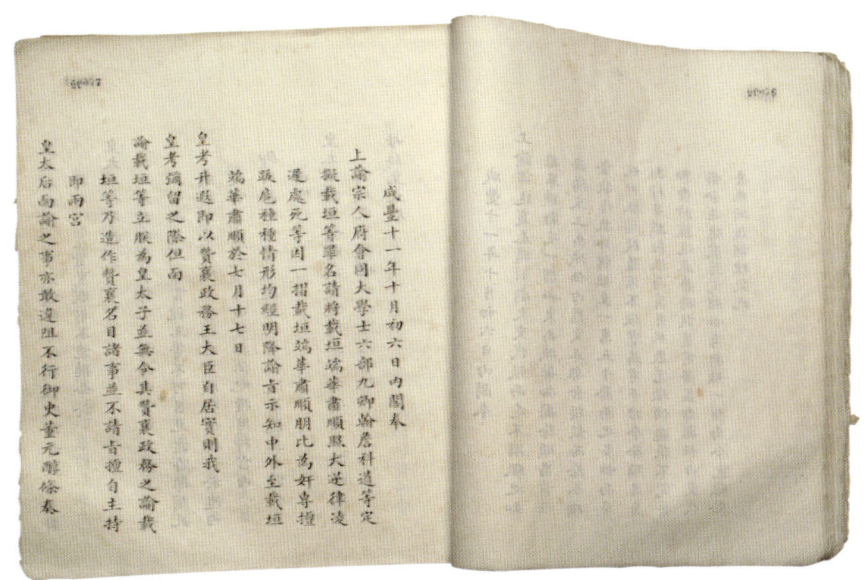

《将载垣等即行治罪上谕》

原档案著录为《谕内阁将载垣等赞襄政务王大臣即行治罪折》,款署"咸丰十一年十月初六日"。中国第一历史档案馆藏。

两宫太后带领皇太子从热河回到京城皇宫,立即召见恭亲王奕䜣密谈,并于次日正式召见了奕䜣及桂良、周祖培、贾桢、文祥等大臣,历数载垣等人的罪状,传旨将其革职问罪。此时,肃顺护送着咸丰帝梓宫刚刚行至密云县,睿亲王仁寿率兵前去拘捕,在毫无准备的情况下,辅政八大臣全部落网。又经内阁会议拟定了肃顺等人不能尽心议和,失信于各国,擅自主持国家政务,抗拒垂帘,目无君上等罪状,将肃顺斩决,并勒令载垣、端华自尽,景寿、穆荫等人革职戍边。两宫太后懿旨授恭亲王奕䜣为议政王,在军机处行走。

七　垂帘听政

慈禧太后与恭亲王奕訢除掉了辅政八大臣，将"垂帘听政"变成了现实，开始了清朝皇太后临朝执政的时期。

垂帘听政之初，慈禧仅仅是获取了权力，但对朝政并不熟悉。在外患内忧的特殊历史条件下，恭亲王奕訢适应形势的要求，扮演了承上启下的"英雄"角色，因此拥有很多头衔和权力。慈禧太后熟悉朝政以后，又成功地削弱了奕訢的权力，牢固地掌握了皇权。名义上是两宫垂帘，实由慈禧一人独揽大权。

按照清朝祖制，小皇帝长到14岁即为成年，就要举行大婚，开始亲理朝政，但慈禧太后却借口典学未成，直至载淳17岁才举行大婚之礼，次年正式亲政。而慈禧太后仍未让权，暗中操纵。同治帝身为一国之主，却处处受制于皇太后的决定，对此他颇为烦恼却又无可奈何。

随着同治帝的亲政，慈禧太后曾一度撤帘归政，但同治帝的早死，却又进一步巩固了慈禧太后的权势，使垂帘听政成为几与晚清相始终的制度，对中国晚清历史影响至大。

（一）皇位与皇权的分离

《慈禧太后油画像》屏

纵 163.5 厘米，横 97 厘米。故宫博物院藏。

慈禧太后(1835—1908年)，叶赫那拉氏，满洲正黄旗人。咸丰二年（1850年）入宫，封懿贵人。咸丰六年，生子载淳(同治帝)。咸丰七年，进懿贵妃。咸丰十年，英法联军进犯北京，随咸丰帝逃至热河。咸丰十一年，咸丰帝去世，载淳即位，尊为"圣母皇太后"，上徽号慈禧。慈禧太后与恭亲王奕䜣发动宫廷政变，开创了晚清太后执掌朝政的历史。

《慈安太后便服像》轴

　　清宫廷画家绘。纸本，设色。纵130.5厘米，横67.5厘米。故宫博物院藏。

　　慈安太后（1837—1881年），钮祜禄氏，满洲镶黄旗人。咸丰二年（1852年）初封贞妃，五月晋皇贵妃，十月立为皇后，时年16岁。英法联军犯北京，随咸丰帝逃往热河行宫（今河北承德）。次年咸丰帝死，同治帝即位，尊为皇太后，徽号慈安，与西太后慈禧共同垂帘听政。慈安皇太后性格懦弱，少言寡语，识字不多。批阅奏章、裁决政务等事务，都由慈禧太后一人独揽。

明黄色缎地绣彩云金龙男小裌朝袍

身长107厘米，两袖通长158厘米，袖口宽16厘米，下摆宽130厘米。故宫博物院藏。

咸丰十一年（1861年）十月九日，皇太子载淳于太和殿举行登基大典，接受百官朝贺，称同治帝。这是同治帝在大典时穿着的朝袍，与小朝靴配套穿用。

石青色素缎靴

长16厘米，高19厘米。故宫博物院藏。

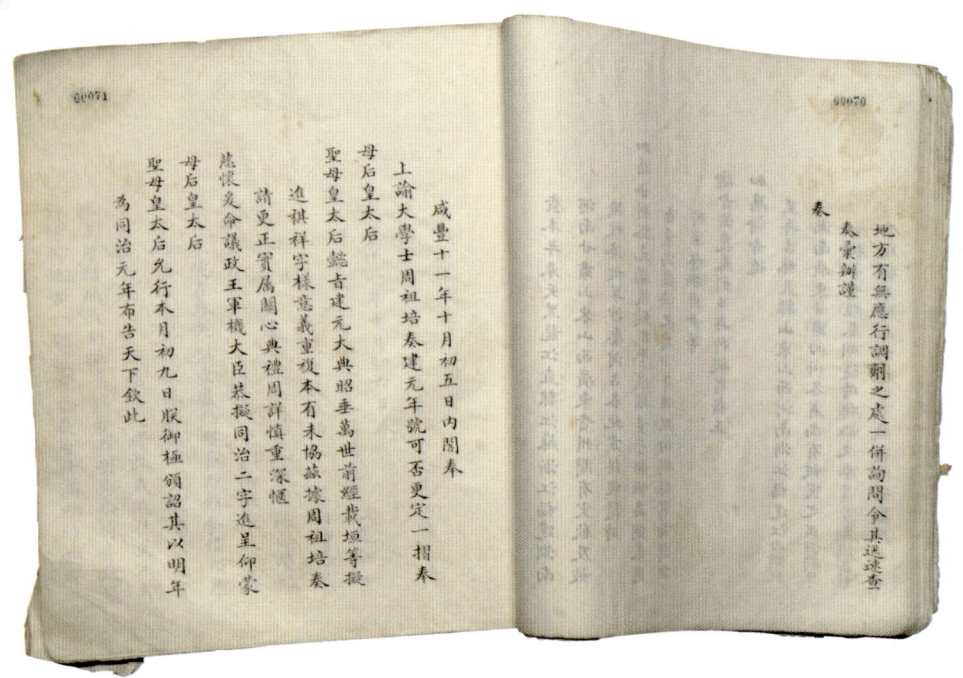

《谕内阁奉皇太后懿旨以明年为同治元年》

原档案著录为《大学士周祖培奏请饬军机处另拟建元年号折》，款署"咸丰十一年十月初五日"。中国第一历史档案馆藏。

载淳即位后，大学士周祖培奏请更定"祺祥"年号。议政王、军机大臣受命恭议，以"同治"二字进呈，慈禧、慈安两太后允行。"同治"二字，表示两太后临朝而治。

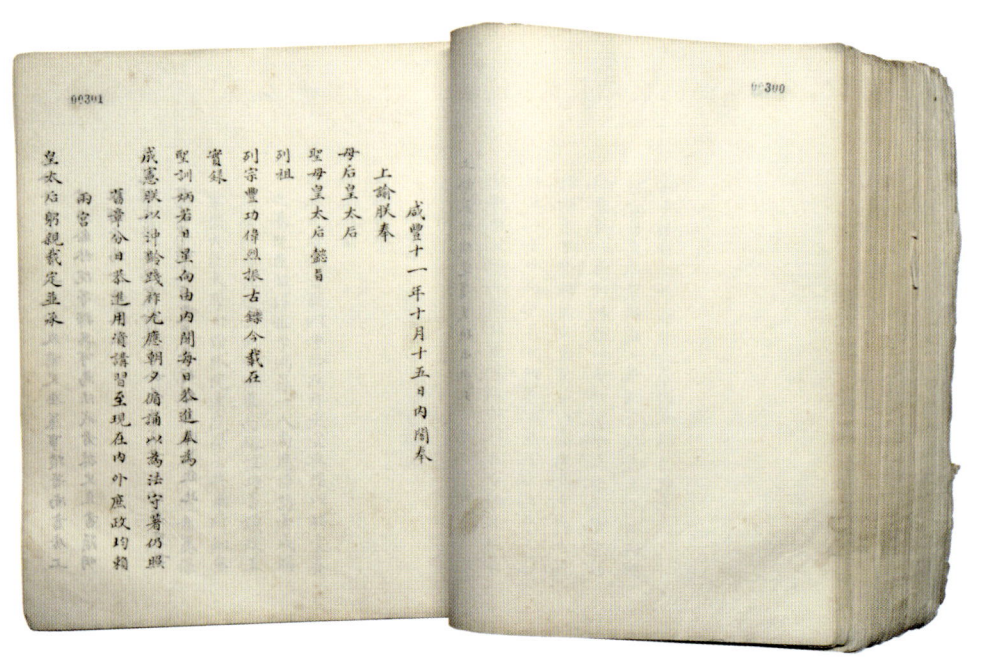

《谕内阁汇纂历代垂帘事迹》

原档案著录为《谕内阁奉皇太后懿旨将历代帝王政治及垂帘事迹汇纂进呈》，款署"咸丰十一年十月十五日"。中国第一历史档案馆藏。

此件上谕，反映出太后对垂帘听政翘首以待，急于寻找历史惯例的迫切心情。

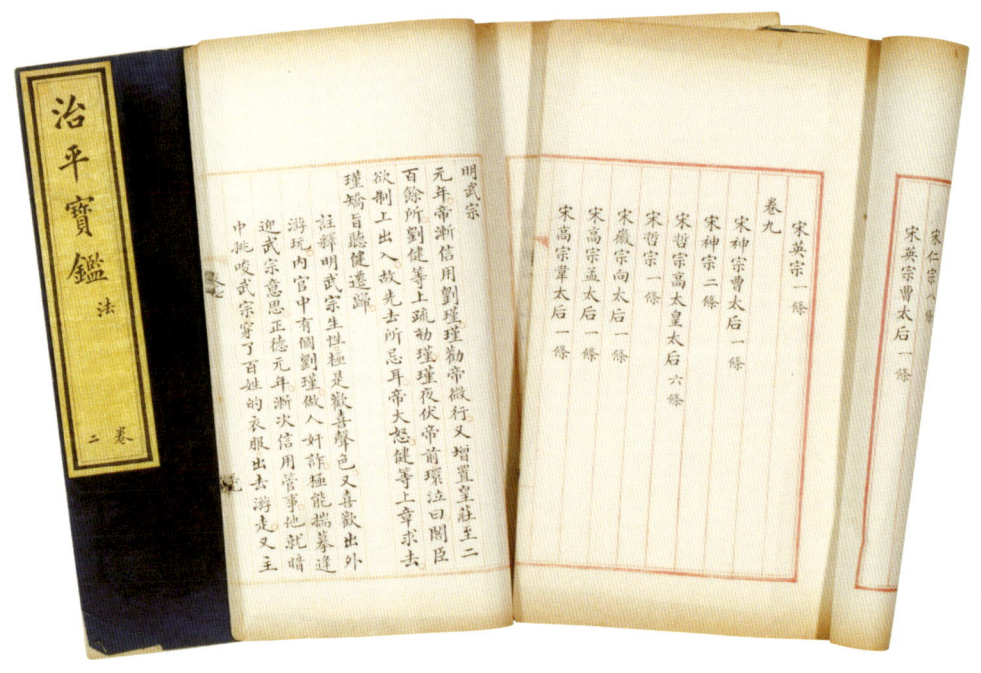

书中选列汉唐以来帝王政治及母后临朝事迹,择其可法可戒者,不加修饰,据史直书。从汉高祖至明庄烈帝、后等,共108人,每位1至23条不等,计314条,每条后加以注释,并有大臣按语。皇太后听政之暇,由军机大臣轮班召对,隔帘侍讲。慈禧太后从中学到了很多统治术。

《治平宝鉴》
〔清〕张之万纂。清内府抄本。故宫博物院藏。

《张之万像》旧照

张之万(1811—1897年),字子青,直隶南皮人(今属河北),道光朝状元,累迁詹事府詹事兼工部左侍郎。咸丰十一年(1861年),与醇亲王奕譞等支持祺祥政变,擢兵部左侍郎兼工部左侍郎,旋迁内阁学士。同治元年(1862年),偕太常寺卿彭寿等,辑前代帝王及垂帘事迹可为仿效者,编成《治平宝鉴》。

养心殿东暖阁垂帘听政处

同治帝即位20天后，即咸丰十一年（1861年）十一月一日，慈安、慈禧两宫太后正式垂帘听政，满朝王公大臣、六部九卿在养心殿向太后行礼。咸丰帝临终授意建立的顾命制度，至此彻底宣告结束，开始了太后垂帘、亲王辅政的时代。

垂帘听政之纱帘

垂帘听政时，两宫太后、皇上同御养心殿东暖阁。两太后面前垂黄色幔帐，皇帝在帘前御坐。因封建礼制男女有别，内外有别，皇后、妃、嫔不得随便抛头露面。所以，太后在临朝听政时，要"垂帘"遮蔽。在奏事的过程中，大臣们只能听到帝后传出的声音，而不能见到太后的"尊容"。

（二）同治帝大婚与亲政

《孝哲毅皇后朝服像》轴
　　清宫廷画家绘。绢本，设色。纵239厘米，横112.5厘米。故宫博物院藏。

　　按清朝祖制，小皇帝14岁即为成年，就要举行大婚，开始亲政。慈禧太后却借口典学未成，直至载淳17岁时，才不得不归政。而归政之前，先要为皇帝议婚。同治十一年（1872年）二月，内务府遍召满蒙大臣的女儿入宫备选。同治帝按照慈安的旨意，选翰林院侍讲崇绮之女阿鲁特氏为皇后，慈禧太后中意的富察氏为慧妃，并于九月举行了大婚之礼。

坤宁宫大婚洞房

坤宁宫在明朝是皇后居住的中宫,清入关后加以改建,将东暖阁作为皇帝大婚洞房。陈设吉祥喜庆,寓意子孙万代兴盛。

《服饰小样·明黄缎地绣五彩金龙凤枕头顶纸样》
　　故宫博物院藏。

　　　　　　　　帝、后大婚所用的被、褥、枕头等图案，在定制前先由内府画家按
　　　　　　原大在纸上绘出图样，然后再依样制作。

《服饰小样·明黄缎地绣五彩九团金凤褥纸样》
　　故宫博物院藏。

《服饰小样·明黄缎地绣五彩九金凤被纸样》
故宫博物院藏。

《服饰小样·明黄缎地绣五彩九金龙被纸样》
故宫博物院藏。

金錾花双喜团寿茶碗

高5.8厘米，口径9.5厘米，足径5.1厘米。故宫博物院藏。

此碗为八成金制成，口微外撇。外壁口沿下和足上刻回纹一周，腹部錾花锦地上饰双喜和团寿字各四个，近足处饰莲花纹一周。錾刻花纹与字体规整，制作精巧。为清宫晚期金制藏品之珍。

粉彩百子图盘

同治年制。高10厘米，口径63厘米，足径35厘米。故宫博物院藏。

盘内白地绘百子婴戏图，有麒麟送子、舞龙、放鞭炮等情节。盘外黄地绘龙凤戏珠，间以双"喜"字，衬以祥云。外底施彩釉，署"吉祥如意"四字双行楷书款。所绘百子图案寓意多子多孙，而龙、凤、双喜字等又是皇帝大婚专用装饰题材，此系景德镇御窑厂专为同治皇帝烧造的喜庆用品。

《同治帝朝服像》轴

清宫廷画家绘。绢本，设色。纵262厘米，横139.7厘米。故宫博物院藏。

同治帝在大婚的第二年，即同治十二年（1873年）正月十六日正式亲政。先率王以下大学士、六部九卿等文武百官，诣慈宁门行庆贺礼，后御太和殿，接受百官朝贺。

"同治宸翰"玺

玉质。故宫博物院藏。

此印玺为同治帝非朝政性的阅览、习字、作画等活动所用。

同治尊亲之宝

水晶质。连环桥钮。4.8厘米见方，通高5.2厘米，钮高2厘米。篆书。故宫博物院藏。

同治御笔之宝

青玉质，交龙钮。印面9.7厘米见方，通高9.4厘米，钮高5.2厘米。附系黄色绶带。盛之以紫檀木匣。故宫博物院藏。

"同治御笔之宝"玺文

（三）重修圆明园

《圆明园万方安和图》
　　清人绘。纸本，设色。故宫博物院藏。

圆明园烫样·万方安和
　　清宫样式房绘制。故宫博物院藏。

　　慈禧太后自垂帘听政后，对令人心旷神怡的圆明园山水一直未能忘怀。同治帝大婚之后，慈禧太后也面临着"归政"问题。同治七年（1868年），御史德泰在慈禧太后宠监安德海的授意下，公开奏请修复圆明园。同治帝为了尽快摆脱太后干涉朝政的困扰，颁布了重修圆明园的硃笔上谕。

　　万方安和为圆明园40景之一，位于杏花春馆西北，建于小湖中，共33间。万方安和为南面正室之额，后以此统称之。

圆明园烫样·天地一家春之一
　　清宫样式房绘制。故宫博物院藏。

圆明园烫样·天地一家春之二
　　清宫样式房绘制。故宫博物院藏。

　　天地一家春系圆明园中路旧名，位于圆明园九洲清晏殿之东侧。重修时，移置于旧日永春室、敷春堂故址。慈禧太后对先前住过的寝宫——天地一家春的修复工程，更是一往情深，格外关注，她与同治帝均亲自操笔绘制图样。

圆明园烫样·勤政殿

清宫样式房绘制。故宫博物院藏。

圆明园正大光明殿之东为勤政亲贤，圆明园40景之一，简称勤政殿，乾隆帝曾在此批阅章奏，召对臣工。

圆明园烫样·恒春堂

清宫样式房绘制。故宫博物院藏。

万方安和之北为武陵春色，恒春堂为其中的景物之一。

圆明园烫样·清夏堂

清宫样式房绘制。故宫博物院藏。

清夏堂旧名凤麟洲，在万春园西北隅，升平署之南。由清夏堂、兰皋嫣爽、天临海镜、镜虹馆、宫门、流杯亭等景观组成。

（四）同治帝暴亡

同治十三年（1874年）十月三十日，同治帝患重病，不能理事，只好宣布由军机大臣李鸿藻代为批答奏章。当天下午，御医即诊断为天花，于是传令群臣着蟒袍补褂、胸悬红绡，各奏递如意，向同治帝贺"天花之喜"，又请来痘母娘娘供奉。第8天起，病情曾一度明显好转，又因微感风凉而使多病并发。这是病后第19天，即十一月十八日辰刻病情急转直下之时，御医所作的脉象和用药记录。

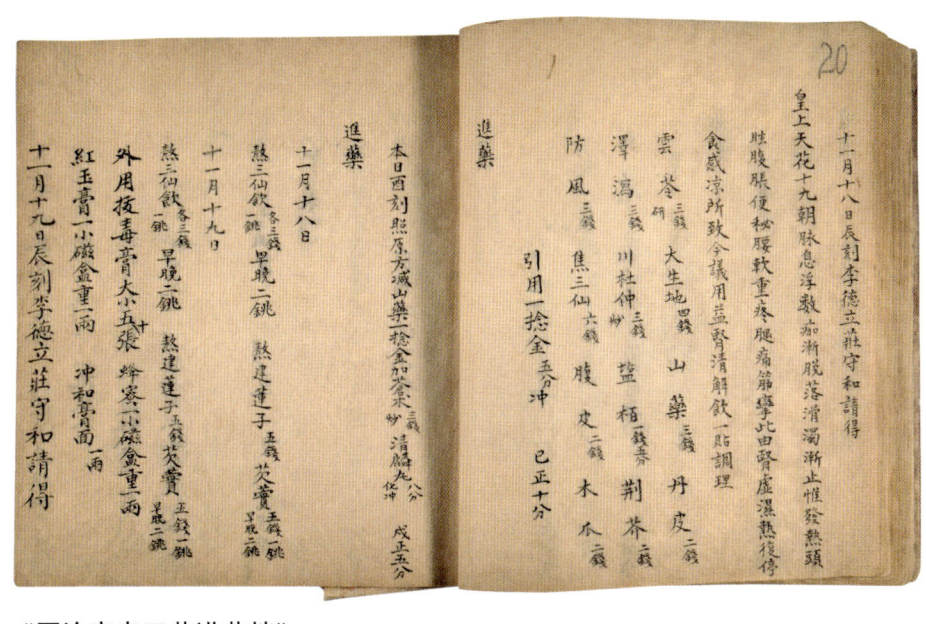

《同治帝患天花进药档》
中国第一历史档案馆藏。

《同治帝气绝之日进药档》
中国第一历史档案馆藏。

同治帝患病七八天后，慈禧太后在同治帝病榻前召见军机大臣和御前大臣，乘机揽权。同治帝的病情越来越重，多处痈毒发作，神智恍惚，气息奄奄。同治十三年（1875年）十二月初五日，同治帝在紫禁城养心殿东暖阁内气绝身亡，终年19岁。此档选自《万岁爷天花喜进药用药底簿》，证实了同治帝死于天花。

穆宗毅皇帝谥宝

青玉质。印面12.8厘米见方，高11.7厘米。故宫博物院藏。

同治帝死后，上谥号为"穆宗毅皇帝"而制此宝。

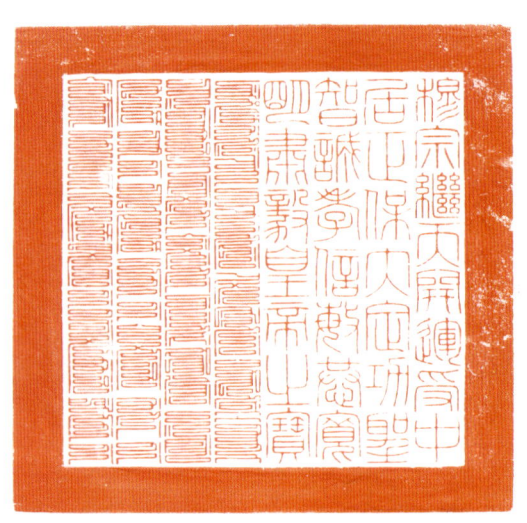

穆宗毅皇帝谥宝文

故宫博物院藏。

印文为"穆宗继天开运受中居正保大定功圣智诚孝信敏恭宽明肃毅皇帝之宝"。左满文本字，右汉文篆体。

惠陵牌坊

惠陵明楼

孝哲毅皇后谥册

　　碧玉质。10片。每片纵25.4厘米,横11.9厘米,厚0.7厘米。故宫博物院藏。

　　同治帝死后仅70余日,皇后亦死于宫内,年方22岁,随葬于惠陵之中。

八　外交新格局的形成

咸丰朝以前，清政府没有办理对外交涉事务的专门机构，只由礼部或理藩院兼管。由于世界资本主义大潮的冲击，外交事务增多，封建政治体制已难以适应新的变化。

咸丰帝在世时，对外国侵略势力尽管妥协屈服，却始终对其怀有戒心，未接受其"合作政策"。同治帝年幼，两位皇太后与议政王奕䜣是最高决策者，他们对西方国家的"合作政策"竟欣然听命，并确定了"抚夷"的对外总方针。这是近代对外关系的新变化。

西方列强所采取的对华"合作政策"，是美国首任驻华公使蒲安臣精心策划的，可保证其既得利益，又能分享新的特权。这一政策也得到英、俄、法等国的完全支持。

外国公使驻京是同治朝"中外合作"的显著标志，也是西方列强从政治上干涉清政府的重要步骤。《北京条约》签订后，法、英、俄、美等10余个国家的公使陆续进驻。西方列强在对华"合作政策"的旗帜下，展开了形式上比较温和的侵略方式。

咸丰末年，具有综合性对外权力的总理各国事务衙门成立，这是清末中央新型官制出现的重要标志。随着外交事务的增多，总理衙门的机构和职权也不断扩大，外交谈判、签约、商贸、遣使、定界、传教，以至铁路、邮电、海防等等，凡涉及"洋务"者，几乎都已包括在内。

总理各国事务衙门旧照

咸丰十年（1860年）英法联军攻入北京后，英使额尔金致书奕䜣，要求清廷建立一个主办外交的机构，以便与英法等国设立的公使馆办理一切事务。咸丰帝批准了这一要求，在北京东堂子胡同设立总理各国事务衙门。尽管它的建立带有被动色彩，但却是中国近代外交的开始。

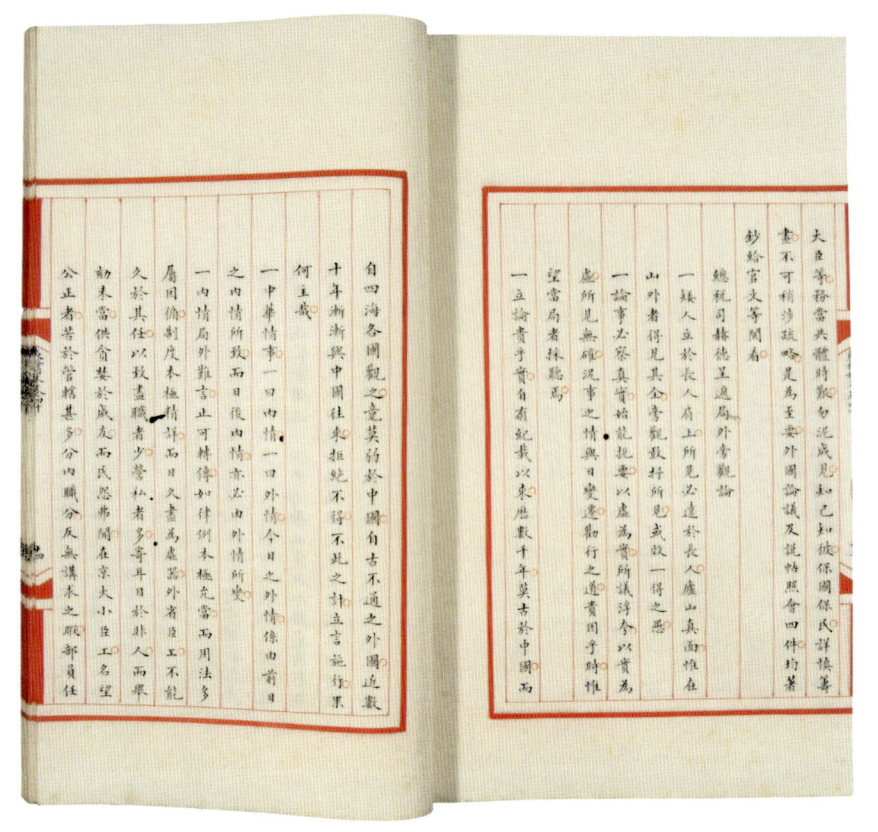

《筹办夷务始末·局外旁观论》

（清）宝鋆编。清光绪年内府朱格写本。故宫博物院藏。

同治四年（1865年），海关总税务司赫德呈送给总理衙门这份意见书，"劝告"清廷兴办有利于列强的"新政"，对清政府的决策施加影响。

《筹办夷务始末·新议略论》

（清）宝鋆编。清光绪年内府朱格写本。故宫博物院藏。

这篇说帖，是同治五年（1866年）英国驻华使馆参赞威妥玛向清政府提交的。文中教训清政府要顺从列强的意志，应该"内改政治，外笃友谊"，同意修筑铁路、敷设电线、开采矿产、训练海陆军、开办学堂，向各国借款；服从列强的旨意，切实保护各国在华的一切特权和利益。

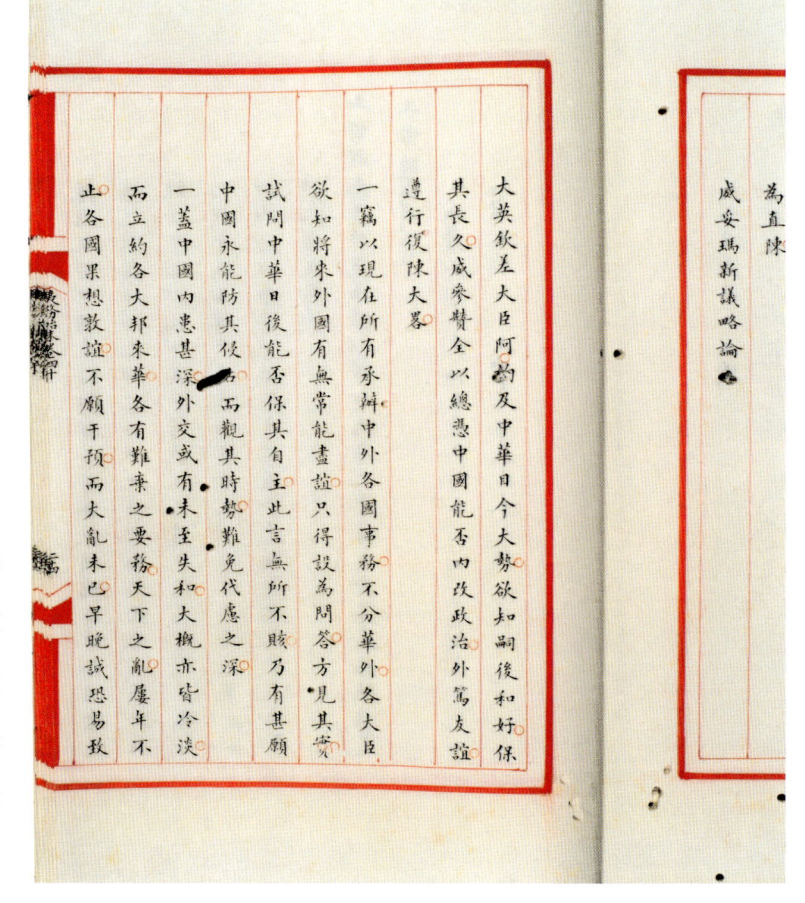

江海北关旧照

咸丰三年（1853年），清政府在上海东门外设立的江海关在小刀会起义中遭破坏，海关曾租借船只办公，但外商借口拒交税款，清廷被迫同意由英、美、法3国领事各派一人组成"上海关税委员会"，监督海关事务。咸丰十年，设立江海北关。

赫德旧照

赫德（1835—1911年），英国人。同治二年（1863年）被总理衙门正式任命为总税务司。赫德任职后，制定并推行一套由外国人管理中国海关的制度，直接控制中国的财政收入，对北京近代邮政、教育等方面的建设起到一定作用。赫德直至1908年才离开中国，控制中国海关长达48年。

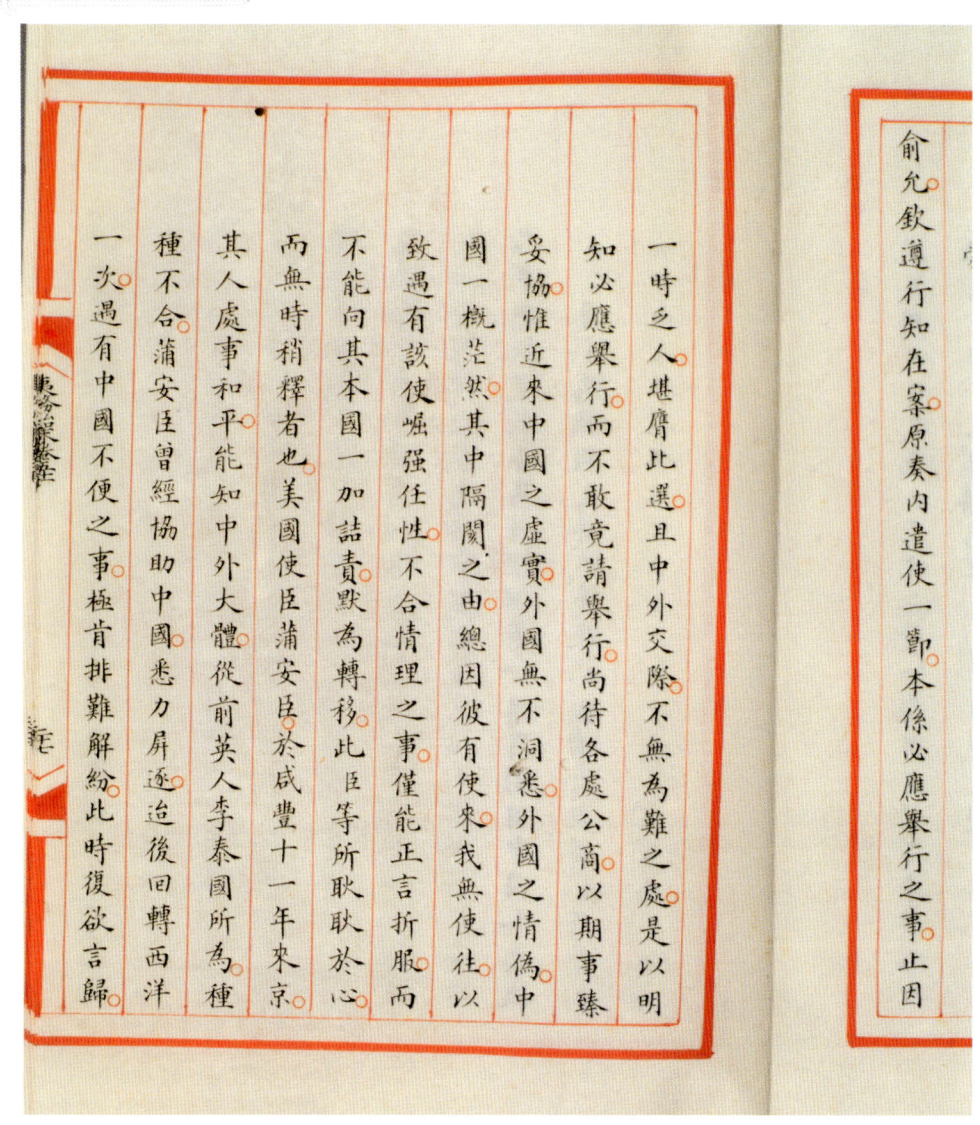

《筹办夷务始末·派蒲安臣充办理中外交涉事务大臣》

（清）宝鋆编。清光绪年内府朱格抄本。故宫博物院藏。

蒲安臣（1820－1870年），美国外交官。1846年于毕业于哈佛大学法学院。咸丰十一年（1861年）任美国驻华公使，积极推行列强联合侵华的"合作政策"，支持清政府镇压太平天国运动，企图通过华尔控制中国军队，又勾结洋务派首领，干涉中国内政。同治六年（1867年）卸任后，游说清政府授权自己担任"办理各国中外交涉事务大臣"，率团西游欧美各国，于次年在华盛顿擅自与美国国务卿西华德签订《中美续增条约》（即《蒲安臣条约》），扩大美国在中国的侵略权益。

法国使馆大门旧照

《北京条约》签订后，西方几个主要国家的公使陆续来到北京。咸丰十一年（1861年）二月十五日，法国公使布尔布隆最先到达北京，并在东交民巷设公使馆。

美国使馆旧照

在法国公使到达北京的第二天，英国公使普鲁斯也在北京建立了公使馆。咸丰十一年（1861年）六月初一日，俄国公使巴留捷克到北京。二十四日，美国驻华公使蒲安臣第四个到达北京。这样，法、英、俄、美四国公使，成为第一批驻京的外国使臣。

德国使馆旧照

德国的外交官艾林波伯爵，是第五个到达北京的公使。

西班牙使馆旧照

意大利使馆旧照

咸丰同治朝

日本使馆旧照

荷兰使馆旧照

继英法在东交民巷设立公使馆之后，俄、美、荷、比等国也先后获准在此设立公使馆。其后，西班牙、意大利、葡萄牙、丹麦、奥地利、日本和荷兰等国陆续设领建馆。北京的东交民巷成了著名的外国使馆区。设有外国驻军及练兵场，使馆界四周建起了约6米高的围墙，围墙上设有8座碉堡，并设铁门，完全变成了"国中之国"。

东交民巷旧照

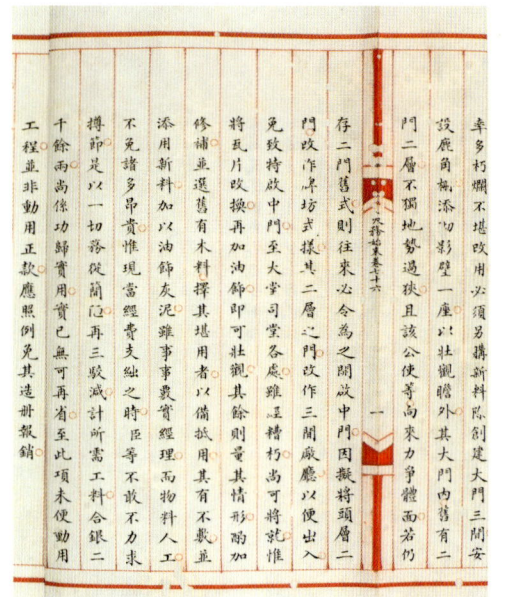

《筹办夷务始末·为外国使馆大兴土木》

（清）宝鋆编。清光绪年内府朱格抄本。故宫博物院藏。

《筹办夷务始末·为外国人充当卫兵与听差》

（清）宝鋆编。清光绪年内府朱格抄本。故宫博物院藏。

张德彝旧照

张德彝（1847—1918年），字在初，汉军镶黄旗人。同治元年（1862年）选入同文馆英文班。同治四年，经总署大考，被保奏为八品官。次年随赫德及斌椿父子等游历欧洲，将见闻撰成《航海述奇》。同治七年随蒲安臣、志刚使团赴欧美访问，充任译员。

《航海述奇》

（清）张德彝著。清《小方壶斋舆地丛抄》本。故宫博物院藏。

同治五年（1866年），总税务司赫德回国休假，向奕䜣等提议愿随带人员前往外国游历，于是，同文馆学生张德彝、凤仪、彦慧，及斌椿、广英等五人作为清政府的首次派员，先后游历法、英、荷、丹麦、瑞典、芬兰、俄国、普鲁士及比利时等国，历时近10个月。张德彝的《航海述奇》述及游访期间种种新奇见闻和真实感受，与斌椿的《乘槎笔记》付梓刊行后，被京城的官员士大夫视为奇书，争相传看，并为之赞叹。它使人们开阔了眼界，对西方社会有了一些感性认识。

经济篇

咸丰、同治两朝的社会经济内涵，除传统的农业手工业之外，近代社会经济中的财政、金融和工矿业也进入了经济领域，呈现出一种经济形态的转换趋势。

频繁的战事所造成的动乱带来了极其严重的后果：清政府不断征丁成军，竭泽民力，土地荒芜，很多地区成为一片废墟，整个社会生产和经济秩序破坏严重，凋零残破。

镇压各地起义暨击退外国入侵耗费了清政府庞大的财政收益；外国列强强迫清朝签订的各项不平等条约，索取了巨额的战争赔款。为了摆脱财政困境，清政府对广大民众厉行敲骨吸髓的压榨政策，开征厘金，实行通货膨胀政策，聚敛了大量民财。清王朝虽以各种手段暂时度过了危机，却由此造成全民穷窘，国家匮乏不堪，国势严重削弱的恶果，社会经济几乎濒于崩溃。

与清政府对峙10余年之久的太平天国农民政权，也推出了一系列经济政策，尤其突出的是颁发了《天朝田亩制度》和《资政新篇》两个具有划时代意义的纲领性方案，反映了传统农民起义的要求和近代农民起义的新特点。但由于历史的局限，方案只能是停留在纸面上的空中楼阁。

鸦片战争的惨败，唤起了一大批爱国士子和开明官僚的民族意识和理性思考，毅然抛弃"天朝上国"的陈腐观念，实施"自强新政"，兴办一系列军事工业，后又继续兴办工矿、铁路、电讯、航运等民用企业。虽然仅仅停留在技艺方面，没能真正达到"求强"、"求富"的目的，但却艰难地迈出了中国近代化实践的第一步，促进了社会生产力的发展。由于大机器工业的推行，使中国的经济成分、阶级结构等方面发生了某些本质性的变化。中国社会经济领域出现了资本主义的因素。

一　新兴的工业、金融业和电讯业

　　自咸丰末年开始,是洋务派兴办企业的第一阶段,重点是集中建立军事企业。曾国藩、李鸿章、左宗棠、张之洞为代表的洋务派相继创办江南制造局、金陵机器局、福州船政局等多个军工企业,开始仿制新式武器。其中大型企业能仿制西方近代枪炮,制造蒸汽舰船,生产常用弹药。近代军事工业的建立,改变了中国手工制作兵器的历史,提高了军队装备水平。

　　自同治末年开始,是洋务企业兴办的第二阶段,重点是建立民用工业,包括煤矿、金属矿、钢铁、织布等工矿业,以及航运、铁路、电讯等交通运输业。此类企业属国民经济之所需,对社会生产和人民的经济生活有着积极的作用。它们作为外国资本主义侵略中国的对立物而产生,其生产和组织属于资本主义的市场体制,有着打破列强垄断的进步意义。

上海大英自来火房旧照

同治三年（1863年），英商在上海"公共租界"三马路（今汉口路）集股筹建煤气公司——大英自来火房，次年，迁至新闸正式成立。用煤炭经干馏而获得的气体，制成煤气灯，光明如昼。时人不明其生产原理，以为是由地下铁管喷出而名为"地火"，更有人以为地火盛行，担心"攻入心脾"，不敢从煤气厂附近走过，一时被传为笑柄。这是大英自来火房20世纪初的形象，已有相当规模。

大英自来火房办公大楼

煤气灯试制成功后不久，上海英、美、法租界内的主要街道、洋行、茶楼、戏馆及部分住房，也陆续装上了煤气灯。煤气灯的广泛使用，为上海夜市的繁荣创造了有利条件，也使人们对西方近代工业文明有了感性认识。上海有"不夜城"之名，自煤气灯始。

北京街头的煤气灯

这是19世纪60年代北京路口的煤气照明灯。

江南机器制造总局

清政府于同治四年（1865年）创办的江南机器制造总局，是中国开办最早、规模最大的官办军事工业。由曾国藩、李鸿章在上海虹口创办。

江南制造局制炮厂

同治六年（1867年），江南制造总局由虹口迁至高昌庙，不断发展扩充，共有机器、铸铜铁、枪炮、轮船、火药、炼钢等17个分厂，以及翻译馆、操炮学堂等下属机构。同治七年开始造船，是中国近代船舶工业的摇篮。

耶松船厂

同治三年（1864年），英商佛南在上海虹口成立了耶松船厂，资本10万两，原长期租用上海浦东两船坞公司的船舶，19世纪80年代能造2000吨汽船。

轮船招商局

简称"招商局",是清末最早设立的轮船航运公司,属官督商办企业。同治十一年(1872年),李鸿章委派买办朱其昂、朱其昭兄弟创办于上海。次年进行改组,由唐廷枢为总办,徐润、朱其昂、盛宣怀为会办。航线以上海为中心,北达天津、塘沽,南抵香港、广州,东至日本的长崎、神户。以后又扩大经营,增辟航线,并首航美国檀香山和旧金山,开中国商船航行国外首例。图为轮船招商局上海总办事处。

福州船政局

同治五年(1866年),左宗棠在福州马尾创办,又称马尾船政局,是清政府经营的规模最大的新式轮船修造厂。主要由铁厂、船厂和学堂三部分组成。后者即"求是堂艺局",是清末最早的海军学校。

天津白河上的兵工厂

英怡和丝厂

咸丰十一年（1861年）怡和洋行所办纺丝局因经营困难而关闭，光绪八年（1882年）卷土重来，在上海新闸开设缫丝厂，拥有200车法国式缫丝机。

怡和丝厂内景

上海江苏药水厂坐落在苏州河畔，成立于19世纪60年代。初为英商李德创办，后由美查接办。江苏药水厂的主要业务是用化学方法提炼并熔铸金银，无形中成了外国银行的公共"银炉"。

上海江苏药水厂

洋商在华开办的制藤厂

丽如银行

正广和洋行

同治三年（1864年）成立的正广和洋行是家英资企业，主要从事制酒及各种饮料。

汇丰银行

汇丰银行是英国政府在远东所设银行之一,同治三年(1864年)设总行于香港,次年开始营业,逐渐与香港十大银行结合,成为英国在远东最大的金融机构。该行在中国的活动范围极为广泛,经营汇兑、吸收中国人存款和发行纸币;通过贷款,控制中国政府的财政经济命脉。19世纪70年代后,成为英国在华的资本中心,也是实力最雄厚的外国银行。图为同治十三年在上海福州路外滩建造的第二代汇丰银行大楼。

麦加利银行

一译为"渣打银行",咸丰三年(1853年)设总行于伦敦,咸丰七年在上海设分行。第一任总经理为麦加利,遂称之为麦加利银行,资本为300万英磅,是在上海办行时间最久的银行。

扬子江保险公司

上海英国邮局

大北电报公司

大北电报公司是由俄、英、丹麦等国电报公司在上海联合组建的中国第一家外商电讯机构。同治八年（1869年）由丹挪英电报公司、丹俄电报公司和挪英电报公司联合组成，总公司设在丹麦哥本哈根。最初通过波罗的海展设水线，以联结丹、俄两国电讯。次年又将中国第一条海底电缆从海参崴向东展至日本的长崎和横滨。为将线路延至中国海岸，遂专门组成"大北中日电报公司"，着手在香港至上海、上海至长崎间设海底电缆。这是20世纪初的上海大北电报公司大楼。

大北电报公司发报间

这是早期大北电报公司内的发报间。

上海法国邮局

二　膨胀通货

清代市场上充当一般等价物的通货有钱、银、钞三种。鉴于明代发行宝钞所引起的危机，清入关后发行纸币始终非常谨慎。从顺治十八年（1661年）以后，清政府未再发行纸钞。咸丰三年（1853年），太平天国起义以后，清政府面临军费激增，库存枯竭的困境，为财政应急，采取了"变通钱法"的做法。

"变通钱法"的举措很多，一是铸发超值减重的大钱。新钱因币值不足，终难流通。大钱壅塞，致使外粮不敢进京而造成粮荒。清政府见事态严重，只好下令停铸。二是发行不兑现纸钞。由于是在缺乏准备的情况下推行的，而且数量过大，大面额者过多，致使官票不能兑银只能兑宝钞，而宝钞亦难以全部兑现。两票发行后不久，市面开始拒用，不得不停发。大钱与纸钞上市后，立即引起物价飞腾，市场混乱，盗铸大钱者如风如潮。

咸丰年间在京城和各省的官设银钱号也被授权发行纸币。这些官银钱号的发行亦漫无限制，因而所发纸币信用很差。京城各官钱局不几年便告裁撤，但地方各官钱号，在各地方当局强制推行下，则一直照发纸币，坑害人民，成为清末币制混乱的主要缘由之一。

《增修筹饷事例》

清户部奉旨增修。清同治五年（1866年）官刻本。故宫博物院藏。

此书据咸丰元年以来的成案整理归纳而成。前二卷为条款，包括任用班次排定降革人员准予捐复，至火器营章程等。后二卷为事例，即各项报捐银数、筹饷事例、增修现行常例、自捐加级记录至捐职衔封典分发银数等。对于清代捐官条例和具体数目都有明确记载，可供了解清代户部运作及清政府财政收入情况。

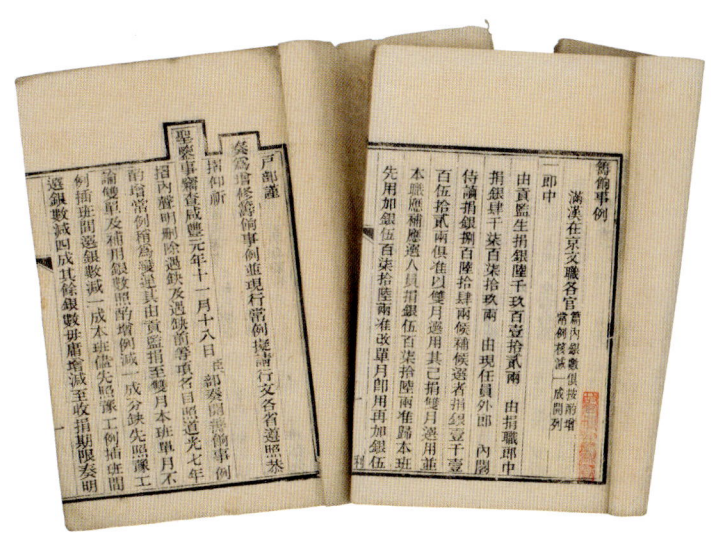

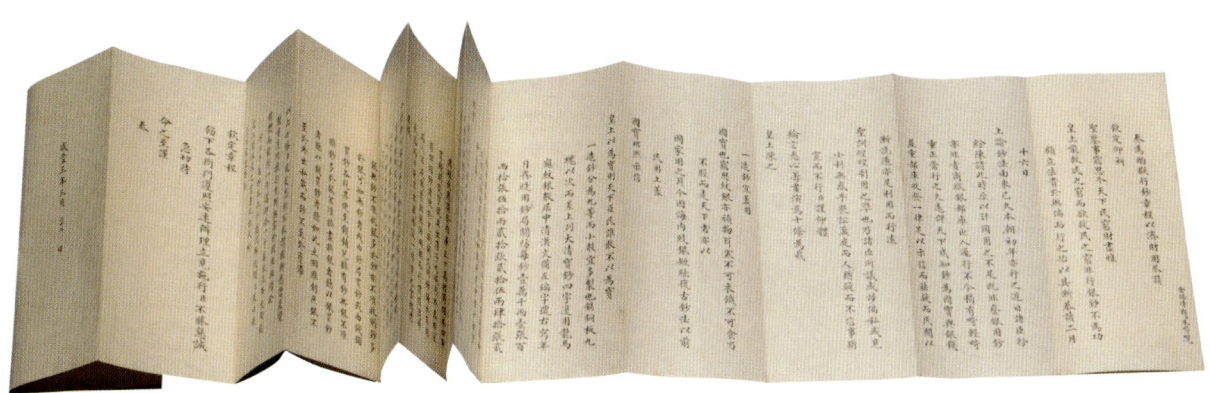

《酌拟行钞章程以济财用折》

款署"咸丰三年三月二十二日"。中国第一历史档案馆藏。

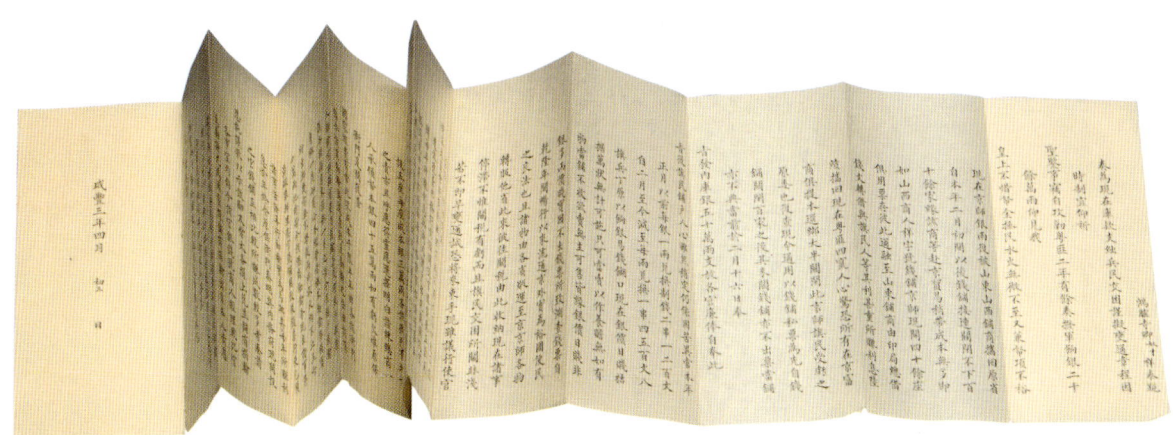

《请借库帑开设银钱号折》

款署"咸丰三年四月初三日"中国第一历史档案馆藏。

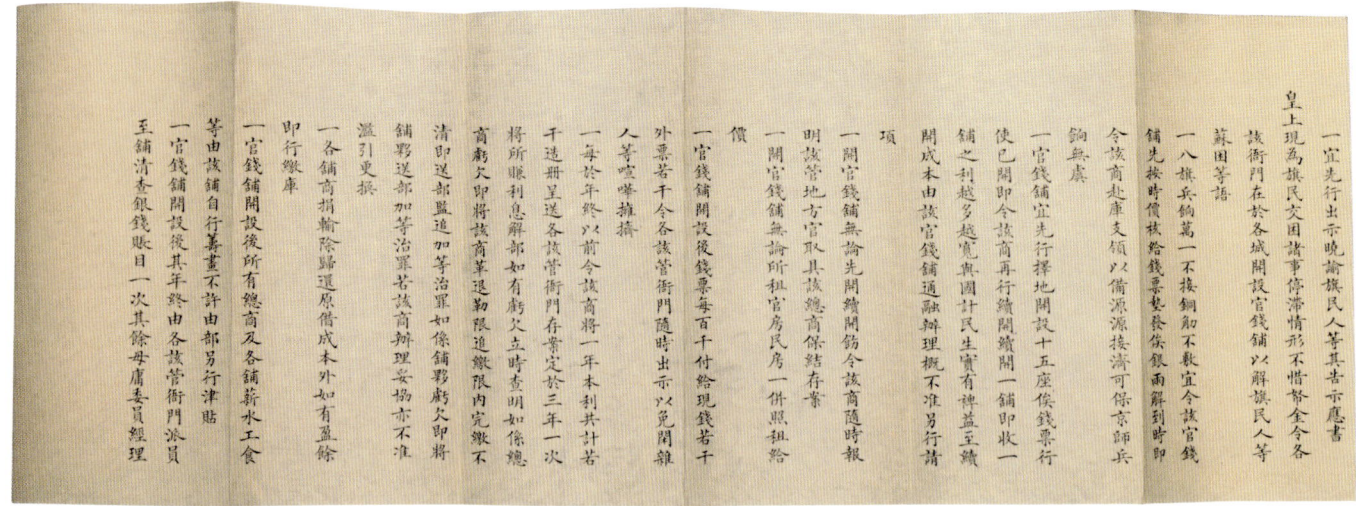

《开设官银钱号章程》

此章程为《请借库帑开设银钱号折》附。中国第一历史档案馆藏。

《咸丰钞币法》

六卷。旧抄本。北京大学图书馆藏。

咸丰重宝（当十）

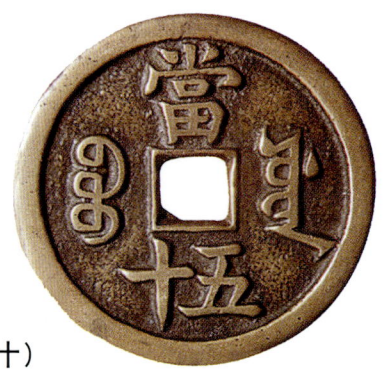

咸丰重宝（当五十）

咸丰通宝

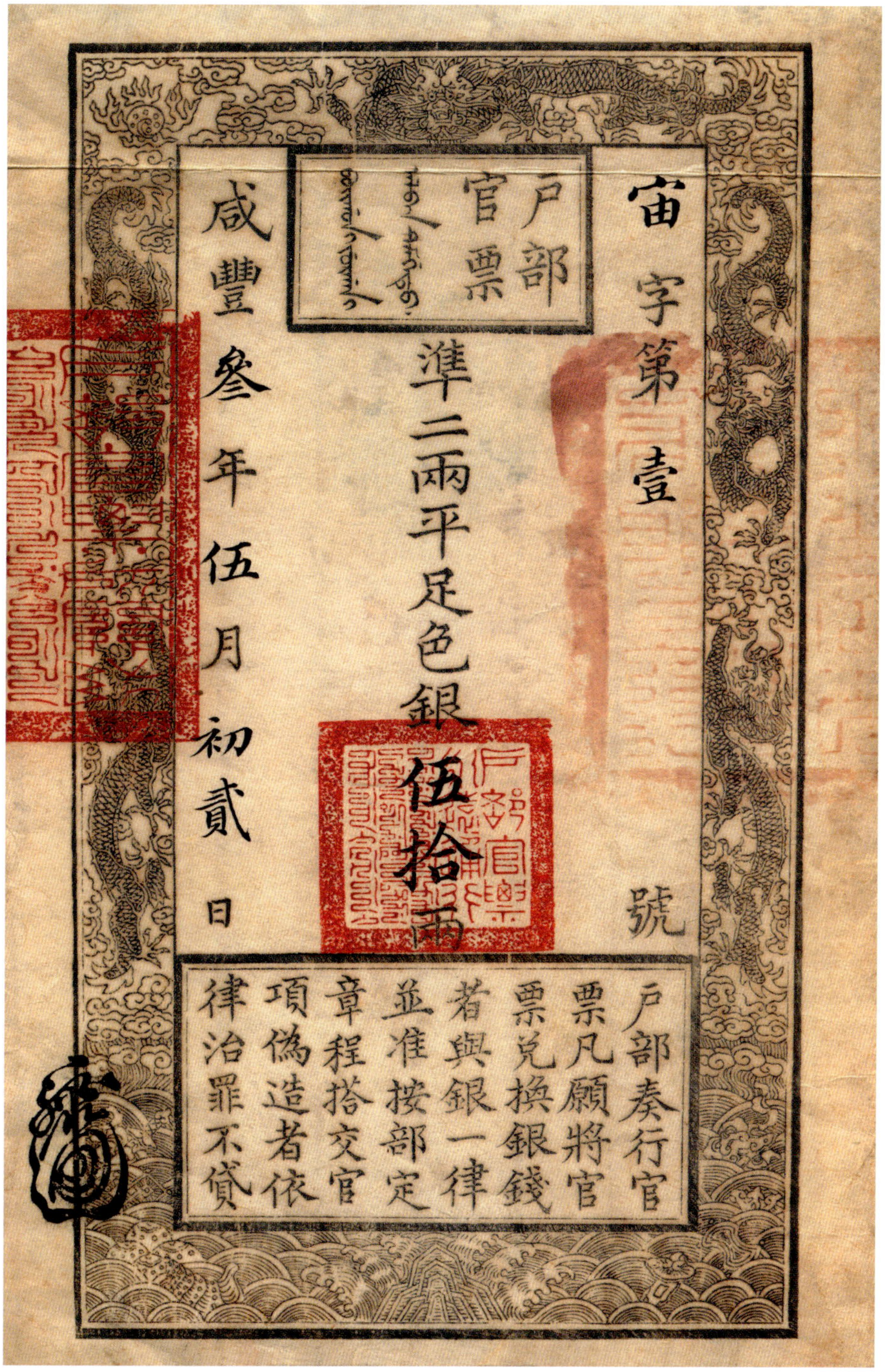

咸丰三年《户部五十两银票》

　　银票即官票,户部发行的两种纸币之一,相当于实银。面值分一两、三两、五两、十两、五十两5种。户部规定:银票一两抵制钱二千文。银票盖有户部关防,并有"永远通行"方形满汉文合璧图记。钞面下端长方格内印小字8行,"户部奏行官票,凡愿将官票兑换银钱者,与银一律;并准按部定章程搭交官项。伪造者依律治罪不贷"。

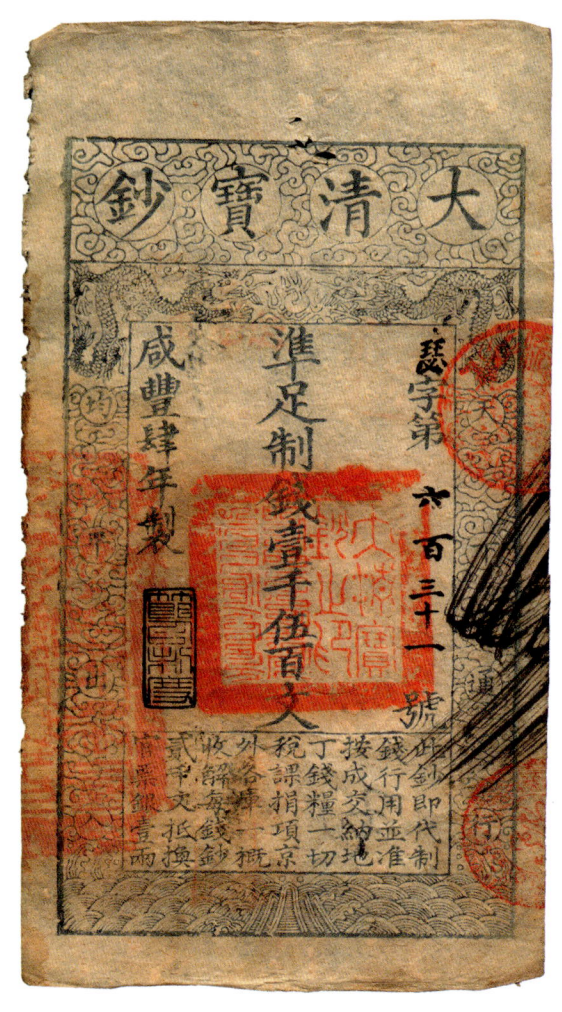 

咸丰四年《大清宝钞一千五百文》正面　　咸丰四年《大清宝钞一千五百文》背面

宝钞即钱钞，户部发行的两种纸币之一，相当于制钱。面值分贰佰伍拾文、伍佰文、壹仟文、壹仟伍佰文、贰仟文5种，后又增发伍仟文、拾仟文、伍拾仟文、壹佰仟文4种。户部规定：宝钞二千文抵银一两。宝钞格式与银票类似：钱数上钤《大清宝钞之印》满汉文合璧钤记；下端印小字9行，略曰："此钞即代制钱行用，并准按成交纳地丁钱粮。一切税课捐项，京外各库一概收解，每钱钞贰千文，抵换官票银壹两。"

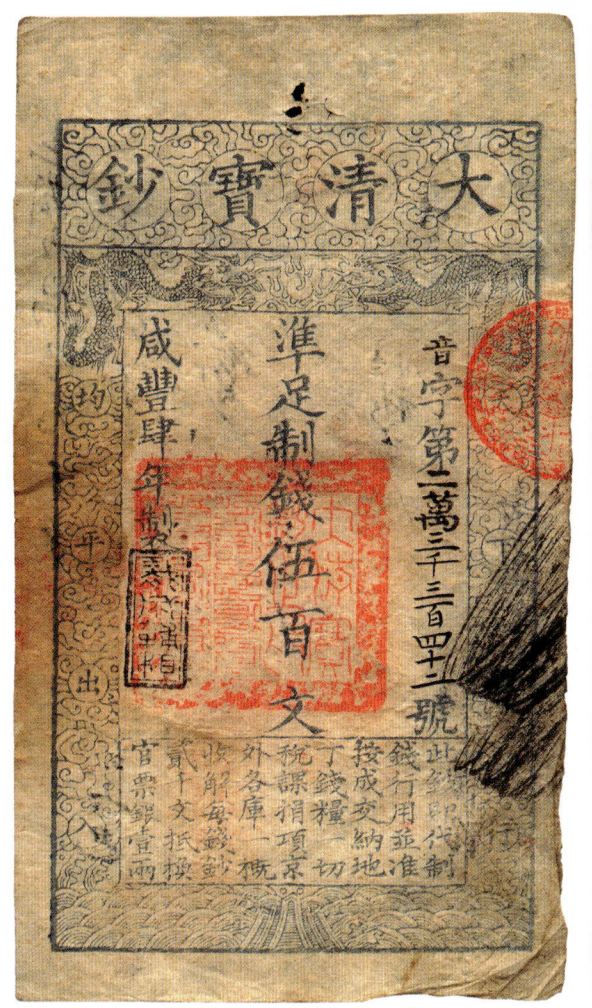 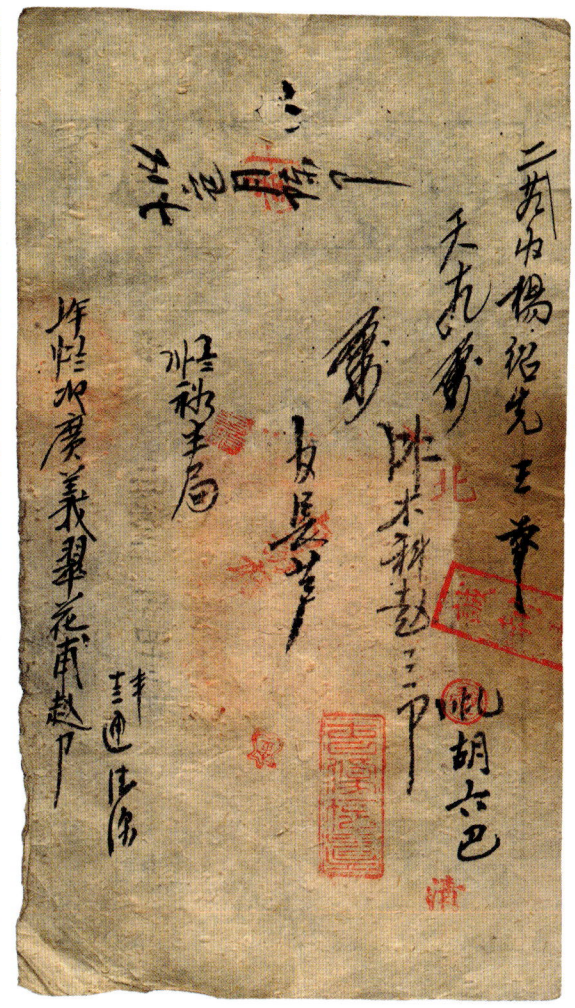

咸丰四年《大清宝钞五百文》正面　　　　　　　咸丰四年《大清宝钞五百文》背面

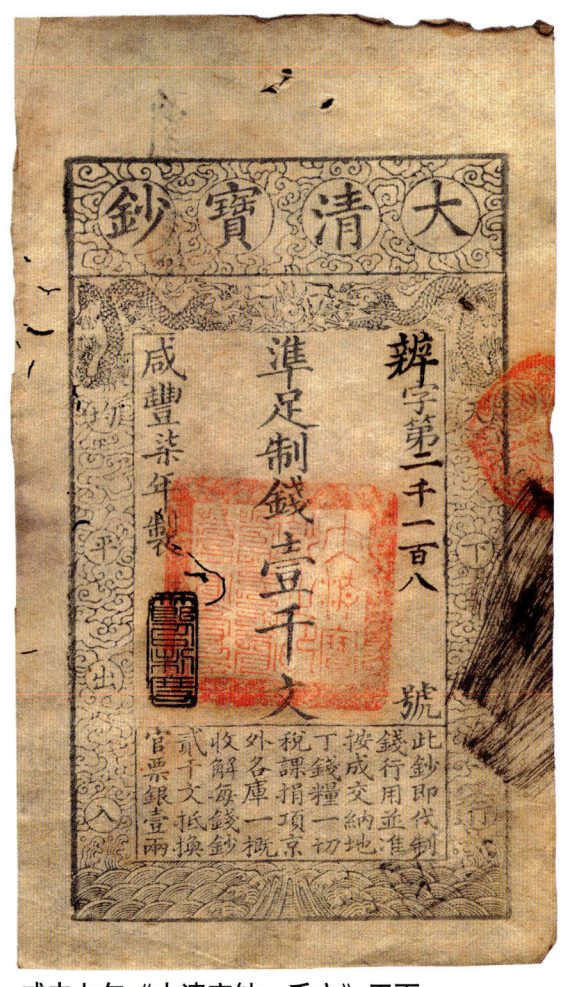 

咸丰七年《大清宝钞一千文》正面　　　　　　咸丰七年《大清宝钞一千文》背面

同治通宝

《王发五出卖井地房屋契约》

此约于咸丰二年（1852年）签订。

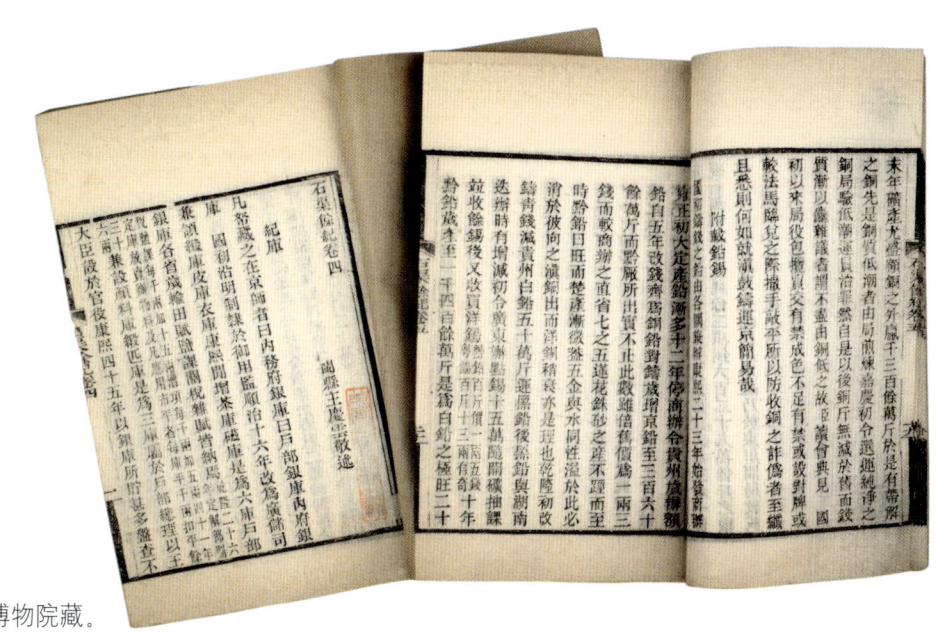

《石渠余纪》

（清）王庆云撰。故宫博物院藏。

此书为记述清初至道光时典章政事的笔记，定稿前名为《熙朝纪政》。内分87目，涉及经济方面的主要有赈贷救灾政策、丁赋政策、财政状况、漕政、备荒政策、货币制度、矿政盐政、关税和对外贸易。书中所列多据清官方资料，罗列广泛，有些内容还补上了明代甚至更久远朝代的源流变迁，穿插叙述作者亲历之事，参以按语，订正错误。书中开列有关键性数据，附有图表，是研究清代经济与政治的重要参考书。

三 手工业

鸦片战争后的手工业也处于历史发展的转折时期。

外国殖民者对中国商品倾销和原料掠夺，洋布和洋瓷的大量输入，使中国自给自足的封建经济基础遭到破坏，加速解体，手工业濒于人亡艺绝的境地。外国侵略者因掠夺需要而扶植的买办商人，受帝国主义国家控制，为外国资本家服务。一部分原为封建皇室服务的宫廷手工业，适应外国资本家的需要，转向以外销为主。外国资本主义的输入，以及随之而来的机器生产，使中国手工业生产陷入了前所未有的困境。

清代的手工业早在嘉庆年间已呈现萎缩的趋势。由于原料不足和经费缩减，加之长期的战争，财政支绌，咸同年间官局手工业更趋衰落减产。官方用于织造的经费银两缩减，南方一带丝织机的数量，在咸丰、同治年间下降了一半或一半以上。官营制瓷业景德镇瓷窑的数量，由道光时期的270余座下降为60座。随着咸丰、同治时期社会政治、经济的每况愈下，景德镇瓷器生产处于衰败境地，大多延续以前品种，如官窑的青花、釉里红、三彩、五彩、斗彩、绿彩、红釉、蓝釉、茄皮紫釉、茶叶末釉、仿官釉、仿哥釉等，总体来说少有创新，精细作品不多见。

青花开光粉彩花蝶茶壶底款

青花开光粉彩花蝶茶壶

通高10.5厘米,口径6厘米,足径5.5厘米。短颈,鼓腹,直流,曲柄,平底。故宫博物院藏。

此壶内施白釉,外壶身满饰青花缠枝莲,壶腹一侧白地粉彩开光内绘菊花、蚱蜢,另一侧开光内绘兰花、蝴蝶。壶盖平顶,珠钮,盖内施白釉,外绘青花缠枝莲纹。底白釉青花篆书款"咸丰辛亥仲夏退思堂主人制"。

斗彩描金缠枝花纹碗底款

斗彩描金缠枝花纹碗

咸丰年制。高5.8厘米 口径10.5厘米 足径4.8厘米。撇口,深腹,圈足。故宫博物院藏。

此碗外底施白釉,署"大清咸丰年制"六字双行楷书款。从咸丰朝开始,官窑瓷器改变了自乾隆朝以来以篆书年款为主的局面,再次兴起以楷书年款为主的风气,"大清咸丰年制"六字分双行排列,无边栏,书法风格是以侧锋运笔,字体工整清秀,这是咸丰官窑瓷器的特点之一。

此碗内施白釉,外壁通体斗彩描金装饰,腹部以缠枝花卉作主题纹饰,近底处绘如意头纹,近口沿处绘变形回纹。花卉上均按青花轮廓线勾描一遍金彩,施彩技法别具特色。咸丰官窑斗彩瓷器极为少见,而此碗造型规整,绘画笔法纤巧,敷彩清新淡雅,更是难得之佳作。

粉彩缠枝莲海棠式花盆

咸丰年制。高10.5厘米 口横22.5厘米 口纵16.0厘米 足横16.0厘米 足纵11.0厘米。故宫博物院藏。

花盆呈海棠式，折沿，深腹，平底，下承以四个如意头形足。内施松石绿釉。外壁在胭脂红地上以粉彩描绘变形莲花纹，花心以金彩书写"吉"字，各变形莲花之间以磬和六瓣花卉相勾连，近口沿处和近底处分别绘如意头纹和变形莲瓣等辅助纹饰。粉彩瓷器造型除花盆外，尚见有瓶、觚、罐、盆、盘、碗、杯、羹匙等，花盆是其中的精品。

粉彩缠枝莲海棠式花盆底款

此盆外底施松石绿釉，署"大清咸丰年制"六字双行楷书款。

绿地粉彩开光花鸟博古图方瓶底款

此瓶圈足内施松石绿釉，署"大清咸丰年制"六字双行楷书款。

绿地粉彩开光花鸟博古图方瓶

故宫博物院藏。

此瓶呈四方形，撇口，短颈，折肩，肩以下渐敛，束颈，方圈足。瓶内施松石绿釉。外壁以秋葵绿地粉彩开光装饰，秋葵绿地上绘粉彩勾莲纹，腹部四面各有一长方形开光，开光内均在白地上绘粉彩博古花鸟纹。颈部四面各有一圆形开光，开光内均在白地上绘粉彩四季花鸟纹，给人以清新雅致之美感。此件方瓶当属咸丰官窑瓷器中的精品。

红地粉彩花蝶开光龙凤盒

同治年制。通高22厘米，口径36厘米，足径23厘米。故宫博物院藏。

此盒呈馒头形，上、下子母口套合。内外皆以矾红彩作地。盖内壁以金彩书四个双"喜"字，内顶以金彩描绘毛笔、银锭、如意，寓意"必（笔）定（锭）如意"。盒外上、下各有四个圆形开光，开光中心以金彩书双"喜"字，字外环绕粉彩描金龙、凤纹。开光外点缀梅朵、蝴蝶纹。此盒大面积使用红彩，因红色是中国传统象征喜庆的颜色，龙、凤、喜字又是皇帝大婚时的装饰题材，是同治大婚时的专用品。

红地粉彩花蝶开光龙凤盒底款

此盒外底施白釉，署"长春同庆"四字双行楷书款。

紫红地粉彩松竹梅纹题诗蟋蟀罐

同治年制。通高20厘米，口径18.5厘米，足径17厘米。故宫博物院藏。

此罐筒状，圈足，盖顶置瓜棱球形钮。罐外以胭脂红地粉彩装饰。盖面及罐外一侧均以粉彩描绘洞石、松竹梅纹；另一侧海棠形开光内书："群芳摇落尽凋残，惟有孤根耐岁寒。为道沧州深雪里，独留苍翠与君看。"同治时景德镇御窑厂烧造的这种蟋蟀罐，十件为一套，此件为其中的大罐。其余为小罐，通高11厘米，口径13厘米，足径13厘米，造型、纹饰、色彩均与大罐相同。不同之处是小罐盖上无钮，且罐内有瓷牌、过笼、水槽等附件。小罐供饲养蟋蟀用，而大罐供斗蟋蟀用。

紫红地粉彩松竹梅纹题诗蟋蟀罐底部图案

此罐外底以红、黑二彩分别描绘道教图案阴阳鱼。

厂官釉铺首耳炉

高7.7厘米，口径11.7厘米，足径9.6厘米。故宫博物院藏。

此炉敞口，平出沿，鼓腹，圈足。腹两侧置对称铺首耳。通体内外施厂官釉。外底釉下阴刻"大清咸丰年制"六字三行篆书款。厂官釉得名于仿厂官釉，系清代雍正以后景德镇御窑厂专为宫廷烧造的一种铁、镁质结晶釉，按结晶的程度、色调及各人理解不同，派生出"鳝鱼青"、"鳝鱼黄"、"茶叶末"、"老僧衣"等多种称谓。此炉釉面细润，暗绿色釉中微现黄色星点，犹如茶叶末的色泽，俗称"茶叶末釉"，给人以柔和悦目的视觉感受。

霁红釉玉壶春瓶

高31厘米，口径9厘米，足径11.7厘米。故宫博物院藏。

此瓶敞口，束颈，垂腹，圈足，俗称"玉壶春瓶"。瓶内及圈足内施白釉，瓶外通体施铜红釉。外底署青花"大清同治年制"六字双行楷书款。因所施红釉中含有粉质，呈色不均匀，出现深浅变化，似红芸豆色，故一般称之"芸豆红釉"。最早见于乾、嘉时的民窑器上，咸丰时已有此品种的盘、碗及玉壶春瓶等，此后延续生产。

青金银二龙戏珠织锦缎
　　故宫博物院藏。

大红福寿锦长春绸
　　故宫博物院藏。

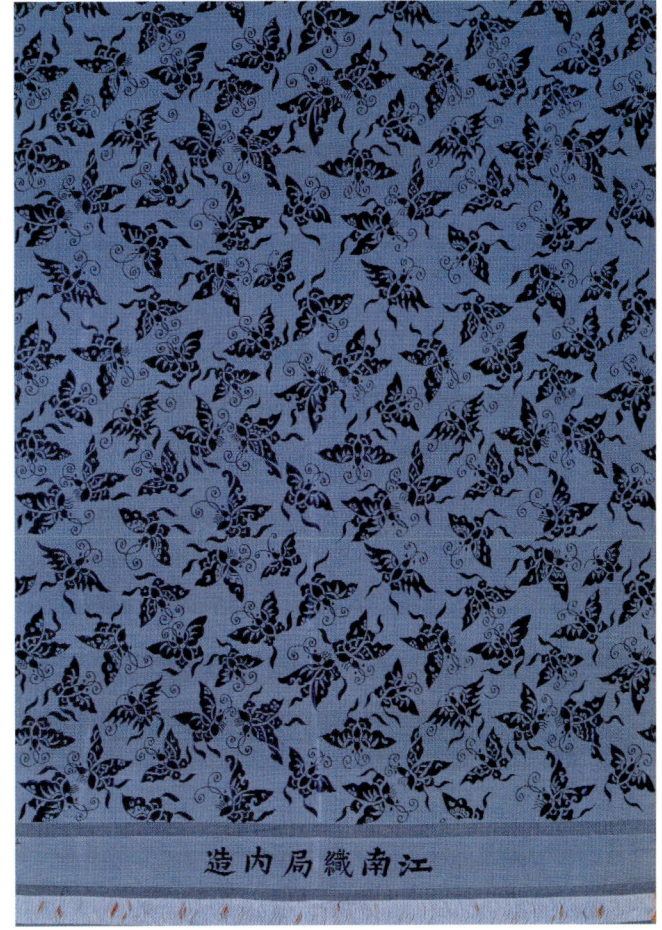

月白地小百蝶漳绒
　　故宫博物院藏。

四 太平天国经济

与以往单纯杀富济贫、攻城略地的旧式农民起义相比，太平天国提出了较为完整的改造社会的方案，集中体现在两篇具有重要意义的历史文献中：颁发于太平天国前期的《天朝田亩制度》，以平分土地为中心思想，旨在摧毁封建土地所有制；颁布于太平天国后期的《资政新篇》，旨在建立一个资本主义式的近代中国。它们是两种从不同方向改造中国社会的设想，但由于其局限性及时间等因素，未及实施。

太平天国的圣库制度、"诸匠营"、"百工衙"及一系列工商业、生产与生活制度，对太平天国的战争与建设起到一定作用，治辖区内出现了欣欣向荣的局面。但这些措施多为临时性的权宜之计，同样反映了平均主义的思想。

为便利财政收支和商业交易，太平天国铸造发行了大量货币，铸钱不计工本，讲求质佳工良，大钱量重，尤为精美。因其质量大都比清朝"咸丰通宝"、"同治通宝"为佳，取信于民间。不论清政府如何严禁，仍流通至清统治区。

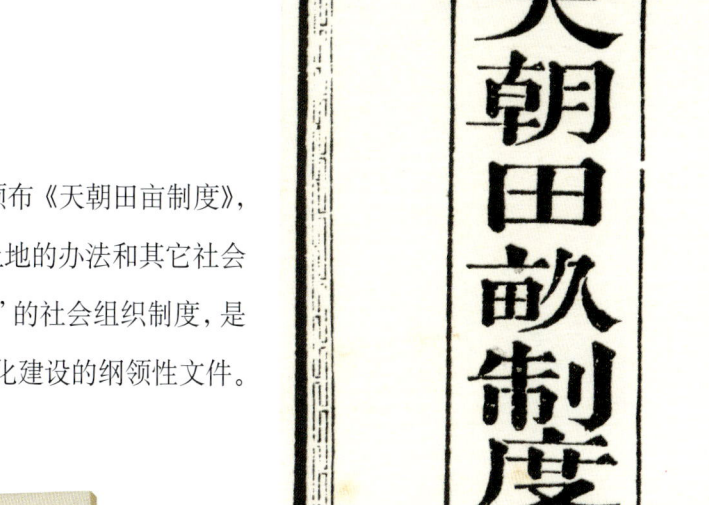

《天朝田亩制度》扉页

咸丰三年（1853年）冬，洪秀全颁布《天朝田亩制度》，否定了封建土地所有制，制定了平分土地的办法和其它社会改革措施，规定了太平天国"兵农合一"的社会组织制度，是太平天国的政治、经济、军事和思想文化建设的纲领性文件。

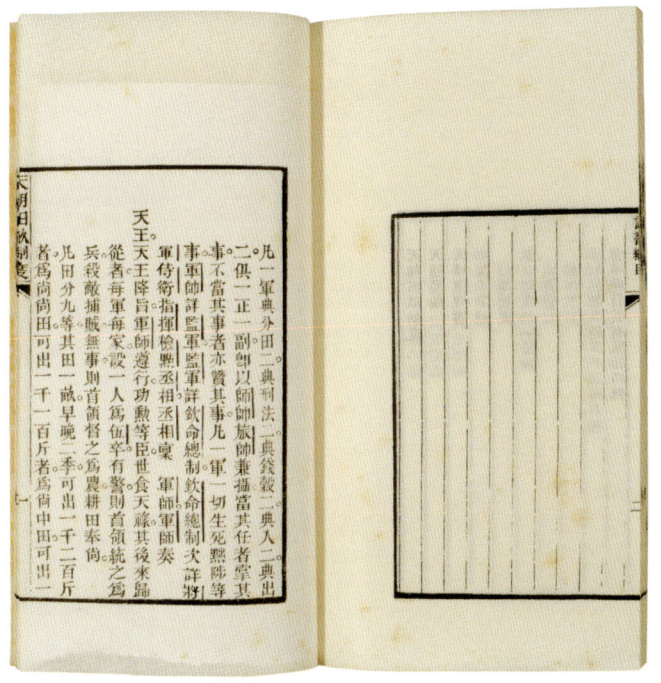

《天朝田亩制度》内页

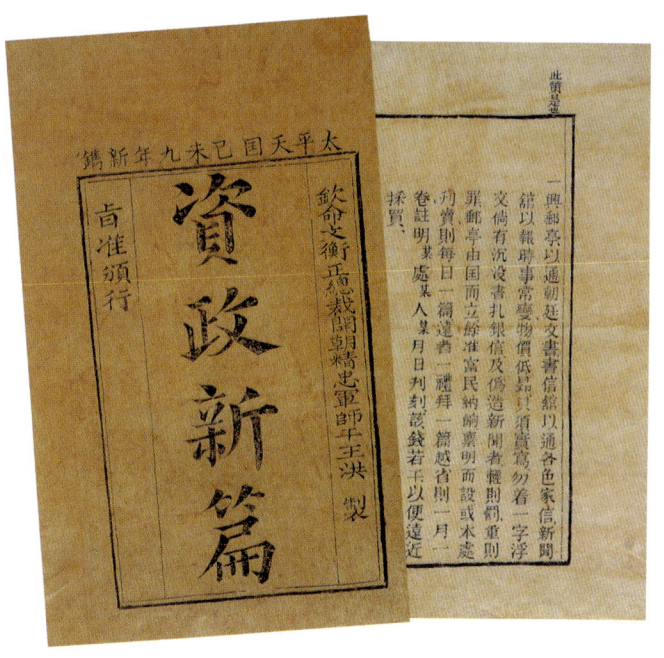

《资政新篇》

洪仁玕（1822—1864年），洪秀全的族兄，太平天国后期政务的主要主持者。1859年提出带有资本主义色彩的施政纲领——《资政新篇》，主张学习西方，革新政治。为历史条件所限，这一纲领未能实行。

太平天国天朝圣库砝码

高4.8厘米，顶及底面直径7.3厘米，中腰处直径8厘米，重1840克。安徽省博物馆藏。

太平天国实行平均分配、免费供给的"圣库"制度。规定社会基层以25家为一"两"，每"两"设一国库（即圣库），每户一切用物除供给自家所需外，余下的全缴国库。凡婚丧生育都由国库划拨供给，鳏寡孤独由国库拨款供养。除天京（今南京）曾一度实施外，各地未能实施。此砝码呈扁圆鼓形，内为生钱浇铸，外包黄铜。顶面阴刻铭文，中为"天朝圣库"，右为"较准"，左为"库码"；底面正中双钩阴刻"伍拾两"，左刻"寿春右营"。

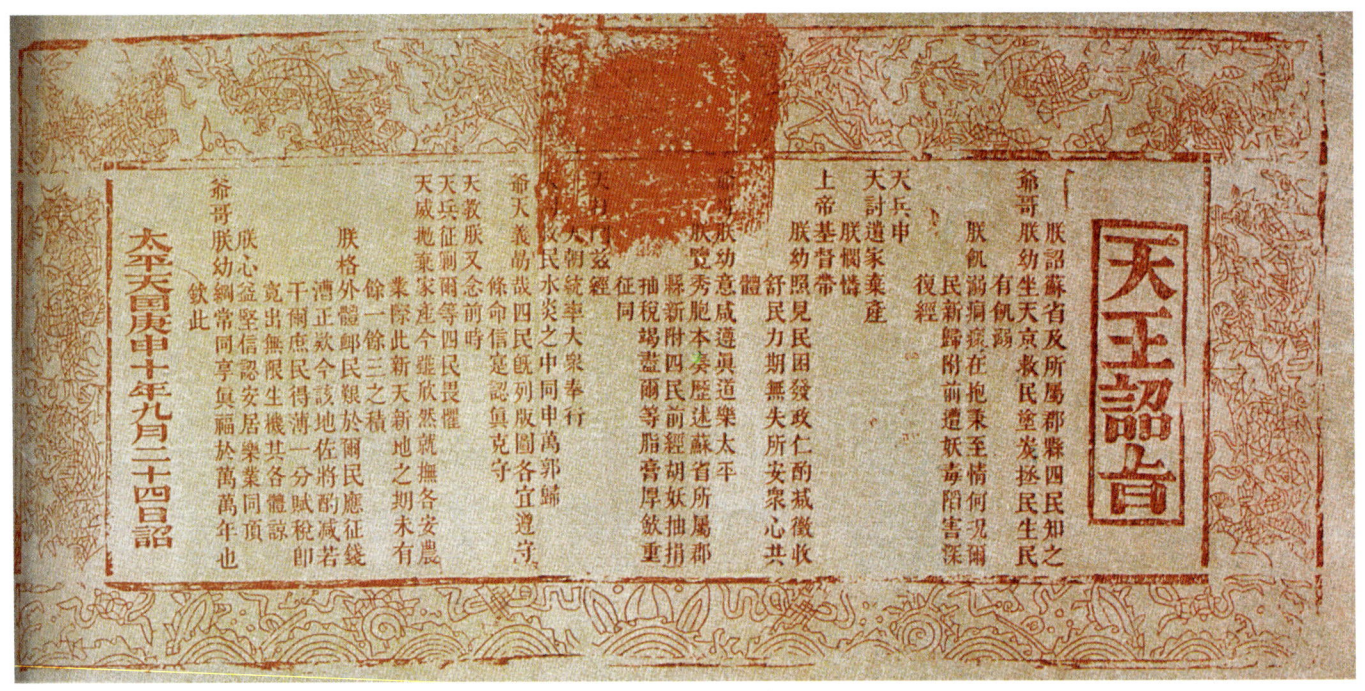

《天王减税诏旨》

这是咸丰十年（1860年），洪秀全发给苏福省的减税诏旨。苏福省是太平军攻占苏州后建立的新省，又名苏馥省。以苏州为省会，辖区包括武进、阳湖、宜兴、荆溪、江阴、金匮、昆山、新阳、镇江、吴江、东山、清浦、吴县、长洲、元和、松江、常熟、昭文等郡县。

太平天国圣宝　　　　　　　　太平天国圣宝背面

太平天国铜币。圆形方孔（间有圆孔），正面为"太平天国"四字，背面为"圣宝"二字，"圣"指上帝，系表示万物均归上帝之意；或正面为"天国圣宝"，背面为"太平"；或正面为"太平圣宝"，背面为"天国"。种类较杂，大小不等。有小平、当五、当十和当五十。当时小刀会曾铸"日月钱"。正面有"太平通宝"，背面有日月图案，隐寓反清复明之意。

《翼王石达开发杨福广职凭》

全称为《圣神电通军主将翼王石达开发恩丞相杨福广职凭》，款署"太平天国壬戌十二年"。

原件墨刷，墨笔填写，朱笔钩乙。上盖"太平天国圣神电通军主将翼王石达开"长方形朱印。日期上另盖"太平天国翼殿吏部尚书"长方形朱印半枚。

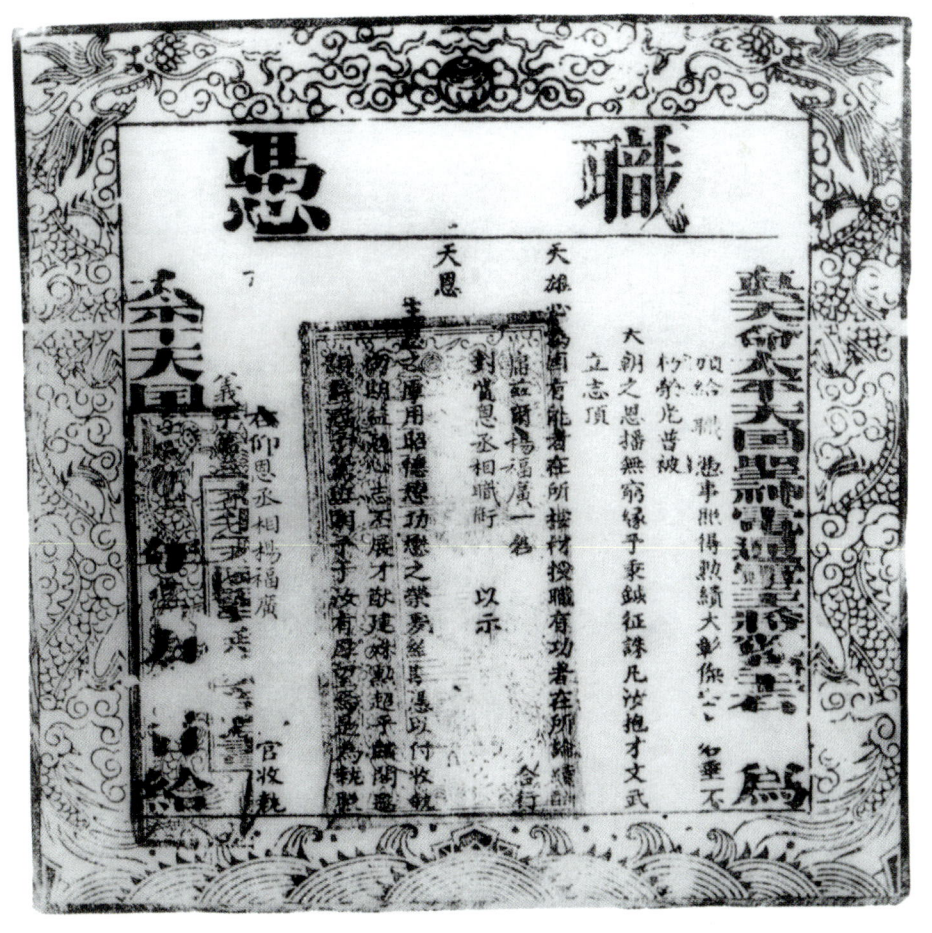

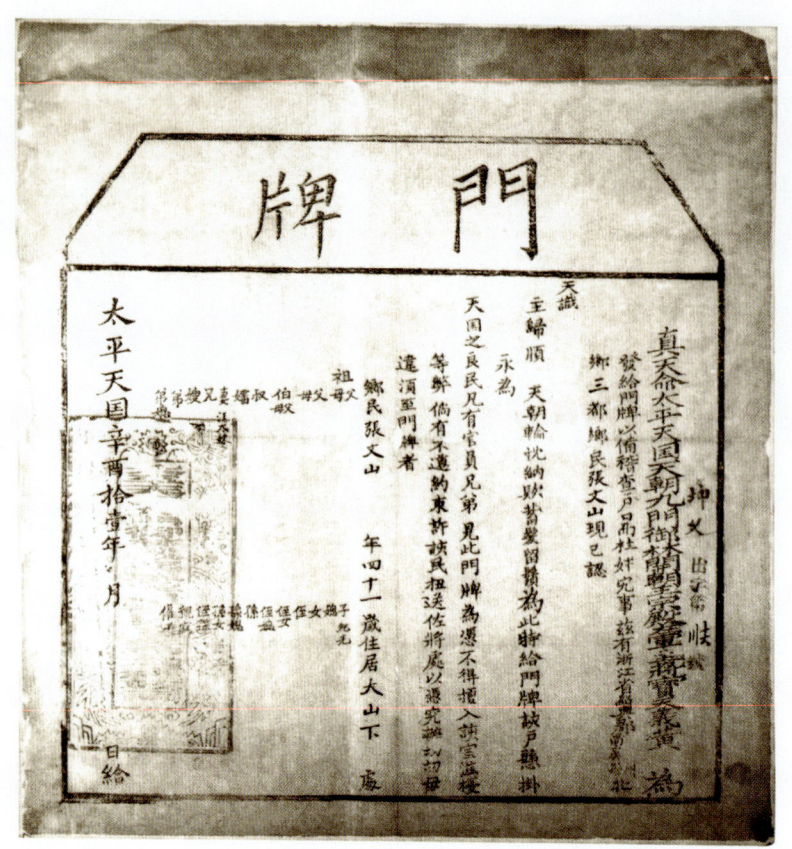

太平天国《门牌》

咸丰十一年(1861年),太平天国宝天义黄呈忠发给浙江绍兴张文山的门牌(相当于户口簿)。

《太平天国海盐县粮户易知由单》

太平天国十一年(1861年)刻本。框高23.8厘米,宽25.4厘米。木版刷印,墨笔填写。

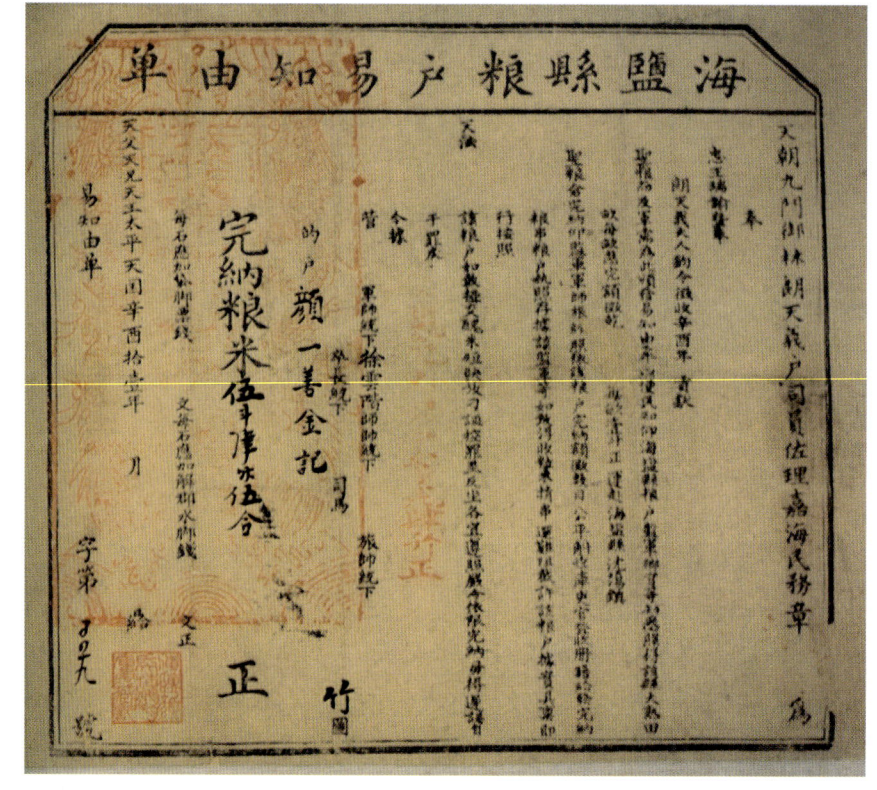

太平天国予两颜姓粮户完纳粮米之凭证。

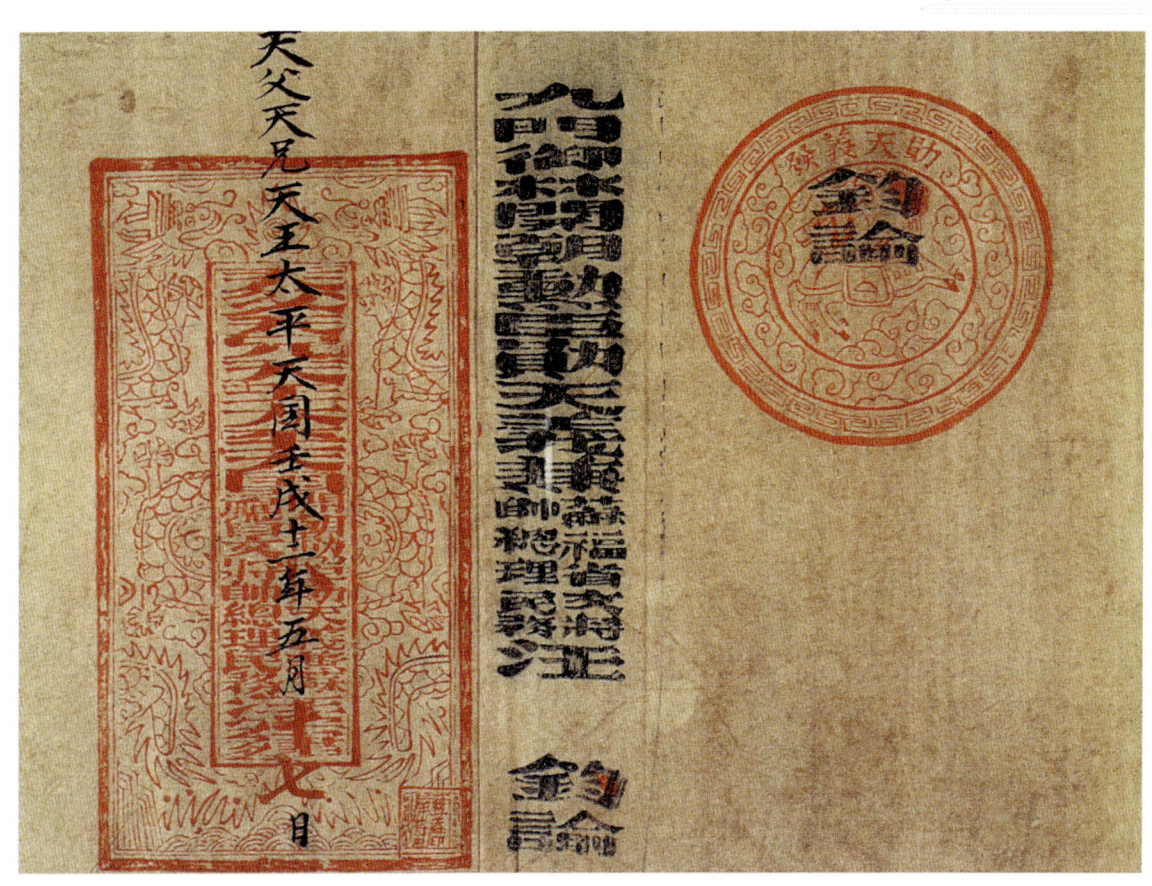

《太平天国实寄封套》

太平天国紧急公文封戳"云马圆戳"

太平天国定都天京（南京）后，为调度各方军队，接济运输，逐渐形成了公文传递制度，建立起正式的通信机构——疏附衙。太平天国在朝内设疏附衙官，主持全国的通信工作，地方各部队中设军中疏附官，建有严格的公文收发登记制度。

文化篇

　　咸丰、同治两朝，伴随着西方侵略和太平天国运动等社会大变动，封建思想遭到严重冲击，文化领域发生了转折性的深刻变化。

　　当时的全国文化思想领域，理学还是主流。咸同年间，理学有中兴趋势，理学名臣倭仁受到朝廷重用，京城和各地又刊印各代理学名家著述，造成崇尚理学的风气。但理学空谈性理，其弊病甚为明显。一部分思想敏锐，负有社会责任感的士人，开始把目光从玄学思辨和古籍考证转向充满忧患和危机的现实，试图用传统伦理道德激励士大夫的气节，革除封建官僚制度的种种弊端。也有人究心于盐务、海运等经世之学，成为理学经世学者。然而，由于他们谨守传统夷夏观念，对西方各国仍知之甚少。

　　"辛酉政变"后，一些接受西方文化的清朝官员得到任用。清王朝为了挽救摇摇欲坠的统治，推行学习西方的洋务新政。一些热心西学的士子如冯桂芬、王韬等，继承了龚自珍、魏源的改革精神，指出了向西方学习的时代方向，提出了"以中国之伦常名教为根本，辅以诸国富强之术"的主张，这一思想后来被概括为"中学为体，西学为用"，并一度成为改良派和洋务派共用的口号，在社会上影响甚大。

　　新崛起的奕䜣、曾国藩等经世致用派，接过长期受到冷落的"师夷长技"的思想，提出了一系列积极应变的思想和方策，揭开了洋务运动的序幕，由此形成了长期影响社会生活的洋务思潮。

　　由于西方文化与中国传统文化之间存在着强烈的反差，所以，"师夷之长技"经常遭到守旧者的激烈打击，这种思想文化之争往往表现为"洋务派"、"顽固派"等政治派别的斗争。但是，社会的发展趋势是无法阻挡的，经过几番苦斗，西方先进的思想、技术等借助于各种传播方式，或点滴渗进，或汹涌而入。中国终于由封建蒙昧向近代启蒙，由"陈腐世界"向"近代化社会"开始了艰难的过渡。

　　此时，雅俗文化互相渗透。小说和戏剧以反映现实社会的矛盾为主，被赋予了强烈的政治色彩。雅文化俗化，表现在昆曲、高腔的宫廷秘本被翻简为皮簧，使广大群众能看懂和接受。俗文化雅化，表现在粗糙的皮簧民间剧本被改编和提高，使剧目和表演规范化。京剧由于来自民间，博采各剧种之长，达到雅俗共赏的程度，几乎有席卷全国的势头。

　　这一时期的文化具有过渡性质。在旧文化延续和演变的同时，新思想和新文化也开始萌生。封建文化独占垄断地位的局面已被打破，总趋向是朝着构建新文化的方向发展。它是动态的，又是一个缓慢的渐变过程。其间新旧并存，中西混杂，南北交流，雅俗渗透，相互激荡，此消彼长，呈现出激荡绚丽，万千多彩的局面。

一 西学东渐

中国自鸦片战争后的近代历史,从文化角度看,可说是一部"西学东渐"的历史。

咸同时期,新一轮的西学传播开始。各通商口岸成为传播基地,传播机构多种多样,有教会和国人兴办的新式学校,有形形色色的报纸、杂志,另有专门的西书翻译机构,其中尤以江南官办译书机构译书量多面广,影响最大,在晚清西学东渐中发挥了主导作用。各印刷机构采用传入的铅印、石印等新兴的印刷技术,大量印行西书。同时,还派遣留学生走出国门学习。西学东渐围绕着了解世界、求强求富、科学启蒙等主题而展开,逐渐扩大到社会各个阶层,使国人眼界大开。

《冯桂芬像》旧照

冯桂芬（1809—1874年），字林一，号景亭，江苏吴县人。道光进士，授翰林院编修。他研习过数学和天文学，重视经世致用之学，后协助李鸿章创办上海同文馆。著有《校邠庐抗议》一书，认为中国的科技水平远远落后于西方国家，提出"采西学、制洋器、筹国用、改科举"等建议。这种思想为后来兴起的资产阶级改良派引用，作为变法图强的理论根据。

《校邠庐抗议》

（清）冯桂芬著。二卷四十篇，附录七篇。清刻本。故宫博物院藏。

这部政论集是冯桂芬提出的改革方案，内容涉及政治、军事、文化、生产、经济等多范围，集中体现了冯桂芬的早期改良思想。由于当时洋务派势力还未形成，此书刊行后未引起很大反响，若干年后才被改良派和维新派人士奉为改良思想的先声而大加宣传、翻刻。

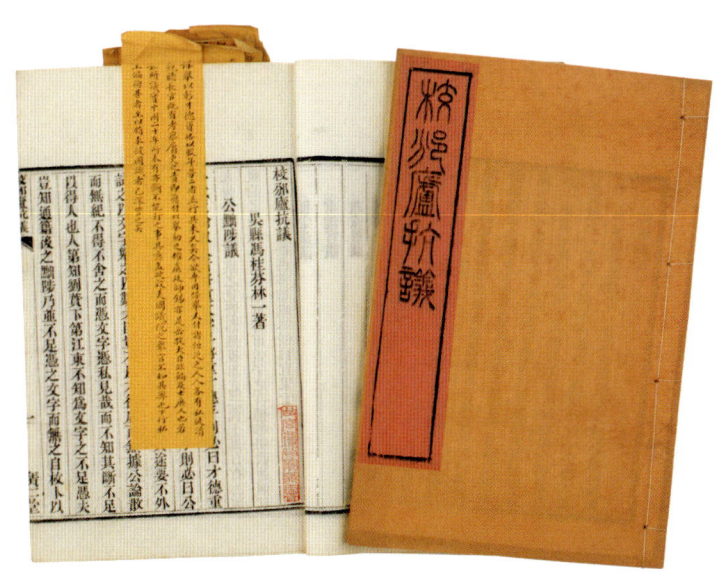

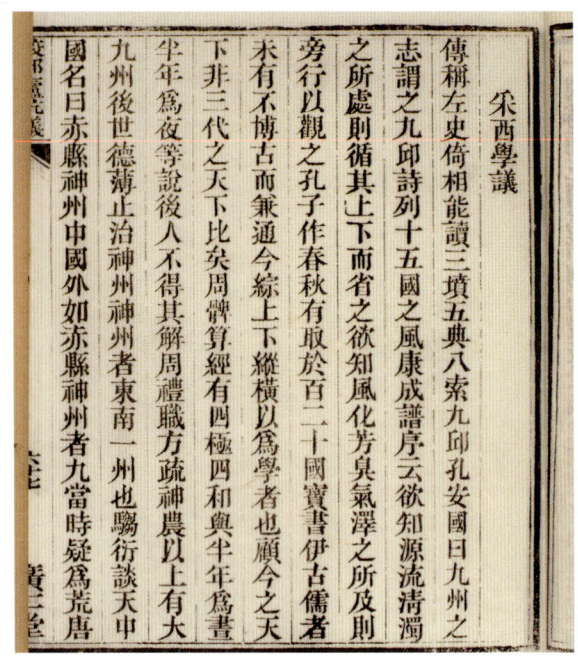

《校邠庐抗议·采西学议》

本篇提出处理中西学的关系的原则:"以中国之伦常名教为原本,辅以诸国富强之术",后来被概括为"中学为本,西学为用"的理论,成为维新运动前,洋务派和改良派所共同提倡的口号。

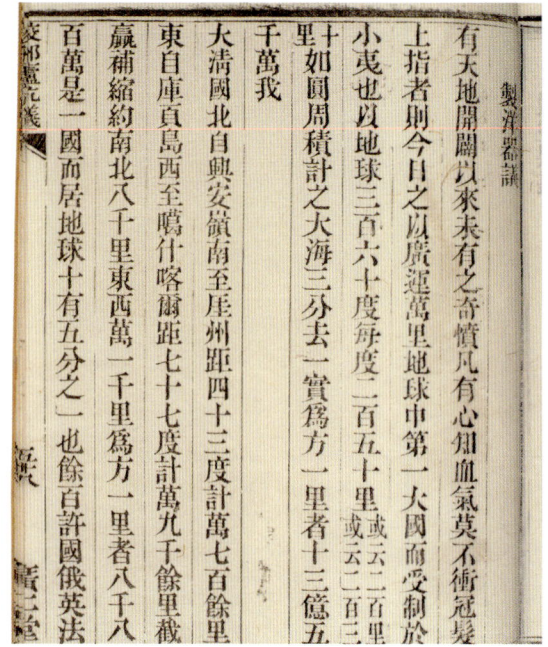

《校邠庐抗议·制洋器议》

冯桂芬称赞魏源"师夷之长技以制夷"的思想,认为应当切实实施制造西洋船炮的措施,提出要把制洋器列入国家选士的科举制度中,认为这些自强之道都是迫切需要施行的。

王韬旧照

王韬(1828—1897年),初名利宾,字紫诠,号仲弢,别号弢园老人等,江苏长洲(今吴县)人。道光二十九年(1849年),应英国传教士麦都思的邀请赴上海,任职于英国教会办的墨海书馆。太平天国运动和第二次鸦片战争发生后,屡向清政府献"御戎"、"平贼"等策,但未被采纳。咸丰末年回乡,化名"黄畹",上书太平军将领刘肇均,为清政府获悉,下令缉拿。在英国领事麦华陀的庇护下,逃往香港,为英国传教士理雅各翻译中国经书。是著名的早期改良人士之一。

江南制造总局翻译处

为顺应时势,江南制造局翻译馆作为江南制造局的附属机构,于同治七年(1868年)正式开馆。次年,上海广方言馆迁入翻译馆楼下,两馆就近办理,相得益彰。馆中外国译员众多,诸如英国的傅艺雅、伟烈亚力、罗亨利、秀跃春,美国的林乐知、金楷理、玛京温、卫理等人。中国学者除徐寿(右一)、华蘅芳(中)、徐建寅(左)外,还有舒高第、赵元益、郑昌棪、钟天纬、瞿昂来、李凤苞、贾步纬等47人参加译书活动。

《徐寿像》旧照

徐寿(1818—1884年),字雪村,江苏无锡人。咸丰十一年(1861年),从曾国藩在安庆、江宁创设机器局,并与华衡芳等试制木制轮船。后积极筹建了中国最大的翻译馆——上海江南机器制造局,并在其中任职,对船、炮、枪弹等多有发明。徐寿父子还与傅兰雅等人合作,先后高质量地译出了数百种西方科技著作,尤其是《化学鉴原》、《化学考质》等化学名著,使我国停滞几百年的古代化学转向先进的近代化学,为中国近代科学技术的发展做出了重大贡献。

《李善兰像》旧照

李善兰（1811—1884年），字壬叔，号秋纫，浙江海宁人。少从陈奂治经学，于数学用力尤深，自谓精到处不让西人。与英国人伟烈亚力、艾约瑟等合译过《几何原本》、《代微积拾级》、《谈天》、《植物学》等西方科技著作。同治初年，李善兰入曾国藩幕。同治七年（1868年）任同文馆总教习，后历任总理衙门章京、户部郎中。

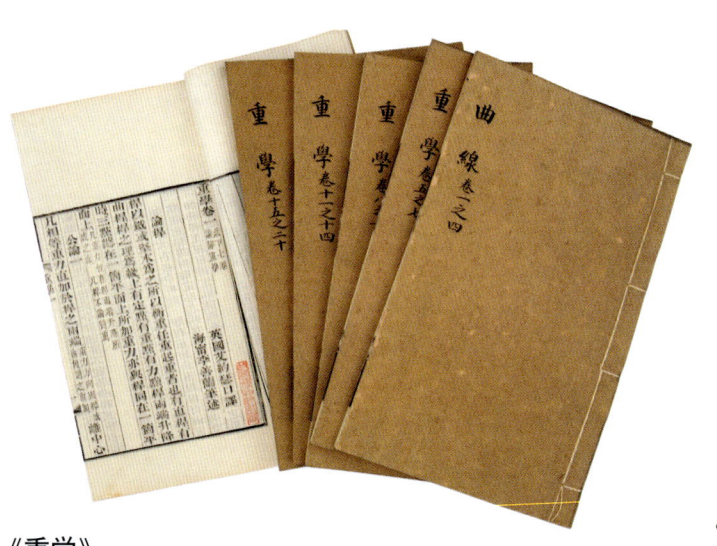

《重学》

（英）胡威立撰，艾约瑟口译，（清）李善兰笔述。同治三年（1864年）刻本。故宫博物院藏。

此书是明末天启年间《奇器图说》传入中国以来，由西方传入的第二部重要的力学著作，首次将牛顿三大定律介绍给国人。

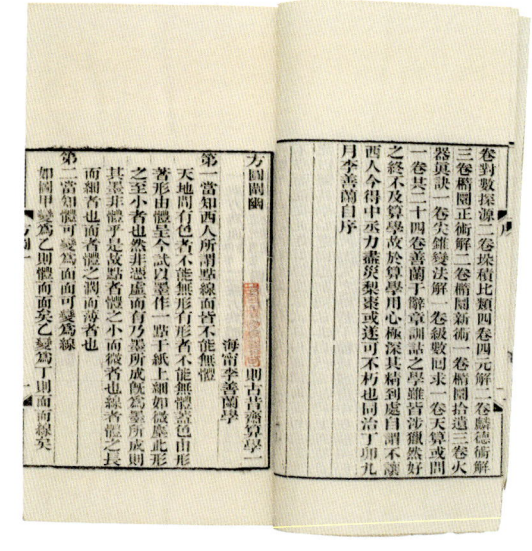

《则古昔斋算学》

（清）李善兰著。故宫博物院藏。

这部丛书收录了13种算学书籍，集中体现了李善兰在数学方面的造诣。他对尖锥求积术、三角函数与对数的级数展开式、高阶等差级数求和等，皆有研究，其尖锥求积术已有初步的积分思想。

《万国公法》

（美）Wheaton 撰，丁韪良译。四卷。同治三年（1864年）铅印本。

随着中西交往的日益密切，西方传教士翻译西书的活动由宗教科学书籍扩大到社会科学。丁韪良作为基督教传教士，于清道光三十年（1850年）来中国，后任同文馆总教习。《万国公法》为《国际法大纲》译本。此书的刊行，受到那些关心洋务和外交的人士的瞩目，后成为涉外官员的必读书。

北京同文馆

为培养翻译人才，同治元年（1862年），在总理各国事务衙门内设立了中国最早的外国语学校——同文馆。招收十三四岁以下的八旗子弟，教师由外国人担任。最初仅设英文班，后又增设俄、法两班，各10人，同治六年以后，同文馆又陆续增设医学、生理、算学、天文等自然科学和实用科学课程，为西方科学文化在中国的传播提供了基地。同文馆的设立，标志着中国新式教育的开始。

首批赴美留学幼童

同治七年（1868年），美国卸任驻华公使蒲安臣擅自代表清政府与美国签订了《中美续增条约》，其中第七条规定："嗣后中国人欲入美国大小官学学习各等文艺，须照相待最优国之人民一体优待"，为中国学生留学美国起了催化作用。三年后，曾国藩、李鸿章联合奏呈《挑选幼童赴泰西肄业章程》12条。同治十一年（1872年），第一批留学生30名启程赴美。

美华书坊

基督教（新教）在旧中国创办的出版机构，其前身为花华圣经书房。道光二十四年（1844年）在澳门设立，咸丰十年（1860年）转迁至上海，改名美华书馆，利用各种外文和满、汉文字出版《圣经》和传教书刊，并印行商业簿册和学校教科书。内有工人百余名，为当时规模最大的印刷厂。

林乐知旧照

林乐知（1836—1907年），美国监理会传教士。咸丰十年（1860年）来华，在上海、杭州一带传教。同治二年（1863年）任广方言馆教习，同治七年在上海创办并主编《中国教会新报》（后改名《万国公报》），曾在上海开设中西书院，在苏州开设博习书院和中西书院，1901年将以上学校合并改组为东吴大学，在中国知识界中产生巨大影响。

二 近代报刊业的兴起

中国近代出现的报刊，一类是外国人主办，另一类为国人自办。

鸦片战争后，外国人的办报活动随着外国势力的侵入而扩展到中国东南沿海及内陆地区。至咸丰十年（1860年），外国人办的中文报刊已达32家。同治末年，此类报刊已遍及广州、福州、宁波、上海、北京等地，引人注目的有《通论贯珍》、《六合丛谈》、《申报》等。

这一时期的报刊，既为西方人在华利益服务，也传播了一些新的知识和信息。除刊登一般新闻消息外，还着重宣扬"中外友好"，有的报刊甚至还摆出一副替中国人说话的公正模样，标榜自身是"华人之耳目"，以迎合中国人的心理。此外，还刊载西方科技文化知识，以吸引读者。耳濡目染，中国民众已开始接受新闻报刊这种近代文化传播形式。

最早由国人自办的近代化中文报刊，是咸丰八年的《中外新报》，篇幅很小，分类纪事。此后的10多年间，在沿海及内地相继出现了一批报刊，主要有《华字日报》、《汇报》等。以上报刊的创办人和参与者，大多是与西人或洋务官僚有较密切关系的人。近代报刊的产生，同样反映了西学东渐的史实，为中国人认识世界，宣传维新知识起到了一定作用。

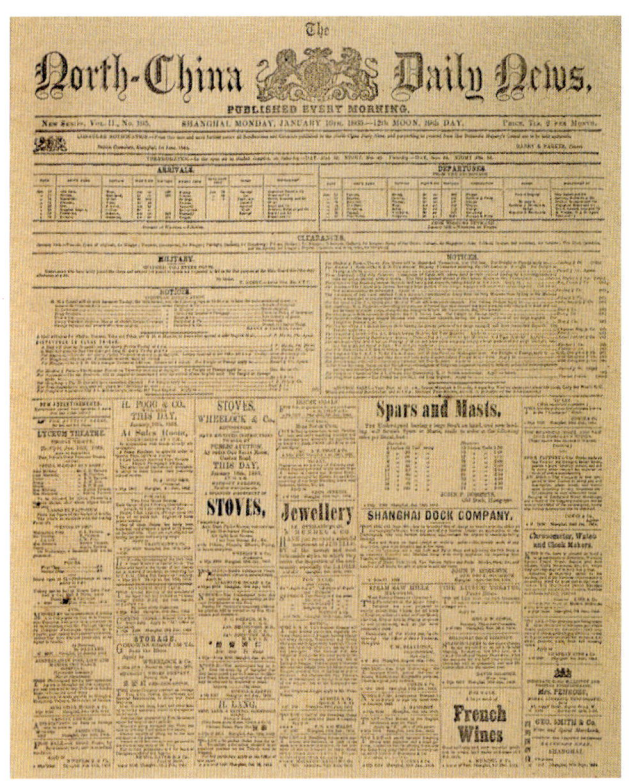

《字林西报》之一

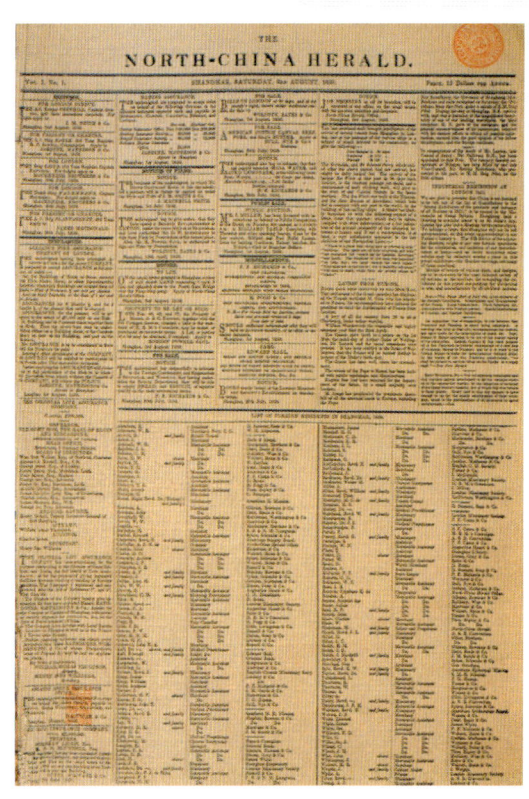

《字林西报》之二

初名《北华捷报》,道光三十年(1850年)六月二十六日,由英人在上海创刊,主要刊载时事新闻、商情、司法和领事公报,供外国侨民阅览,为当地最早的英文周报。到1951年3月31日终刊,出版时间长达101年,历时甚久。

《申报》

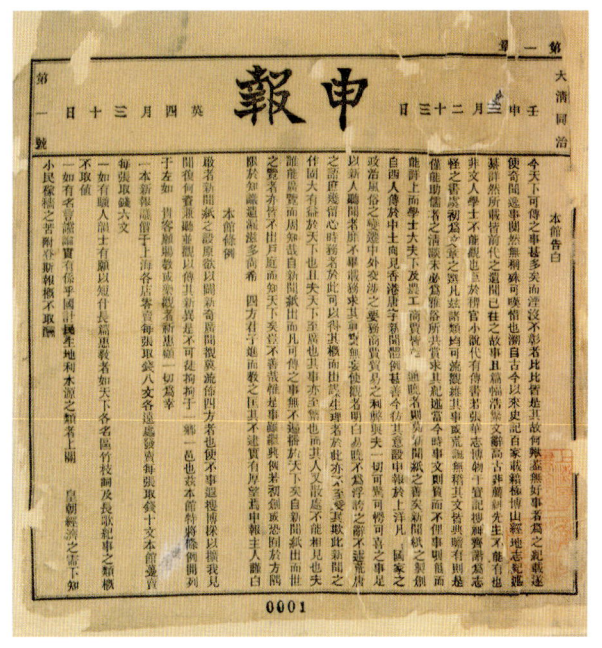

《申报》创刊号

这是近代中国最具影响力的中文报纸。同治十二年(1872年)三月二十三日创刊。1949年5月27日终刊,时间长达77年。

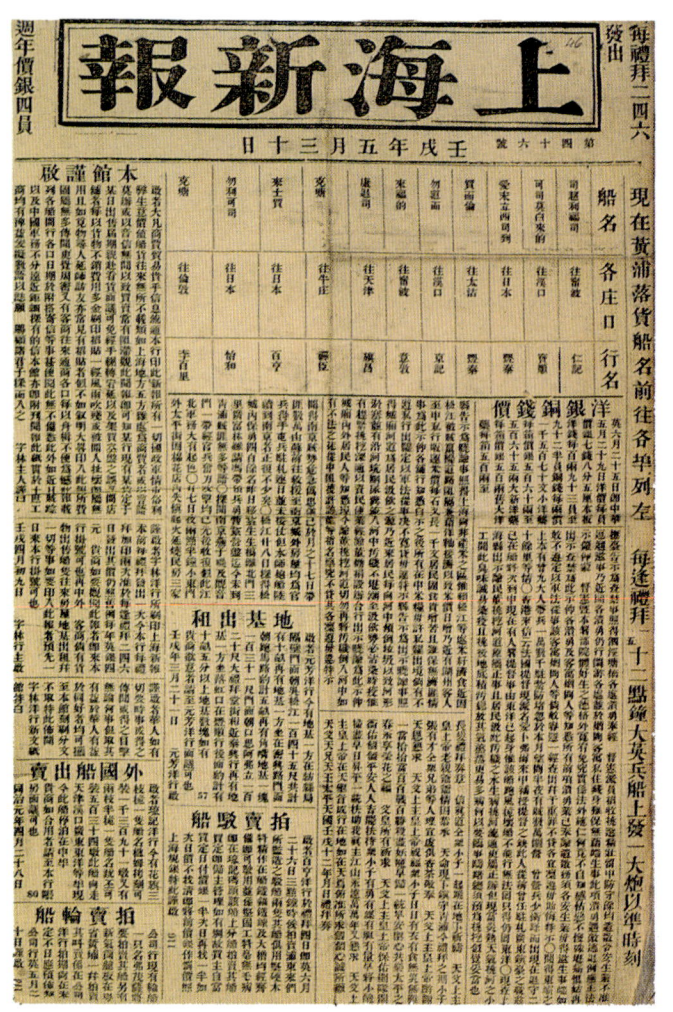
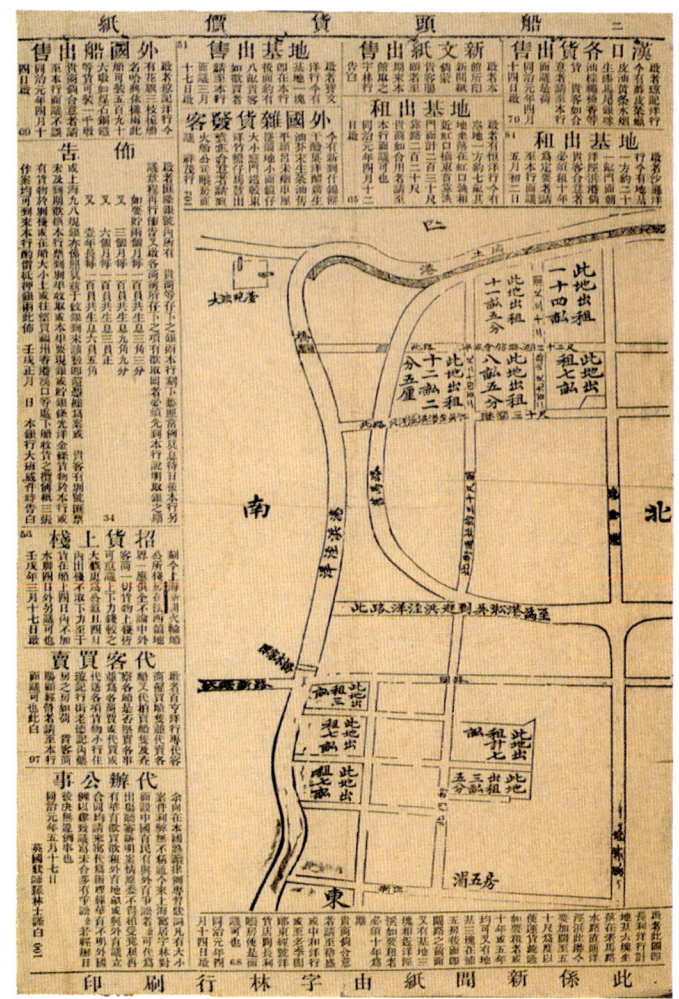

《上海新报》

这是近代国人自办的较早的中文报纸。咸丰十一年（1861年）十一月创刊。傅兰雅、林乐知曾任主编。由英商字林洋行印行。同治十二年（1872年）十一月停刊。

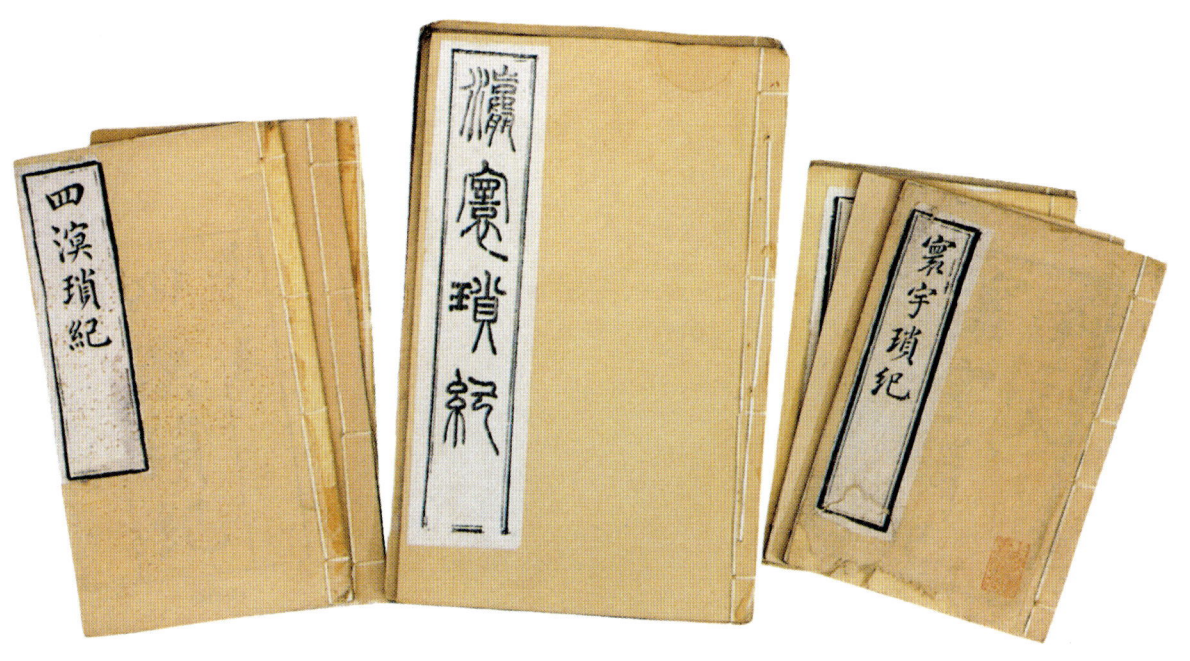

《瀛寰琐记》

这是近代中国首份文学杂志,月刊,创办于同治十一年(1872年)十月十一日,作为附属于《申报》的文艺月刊。以刊载诗词、散文为主,兼及小说、笔记、政论等。此刊从第三期开始,连载蠡勺居士翻译的外国小说《昕夕闲谈》,这是我国近代较早由英文译成白话的长篇外国小说。这些新的文学现象表明,近代文学形式在这一时期已开始萌生。同治十三年(1875年)十二月停刊,旋即续刊《四溟琐记》、《寰宇琐记》。

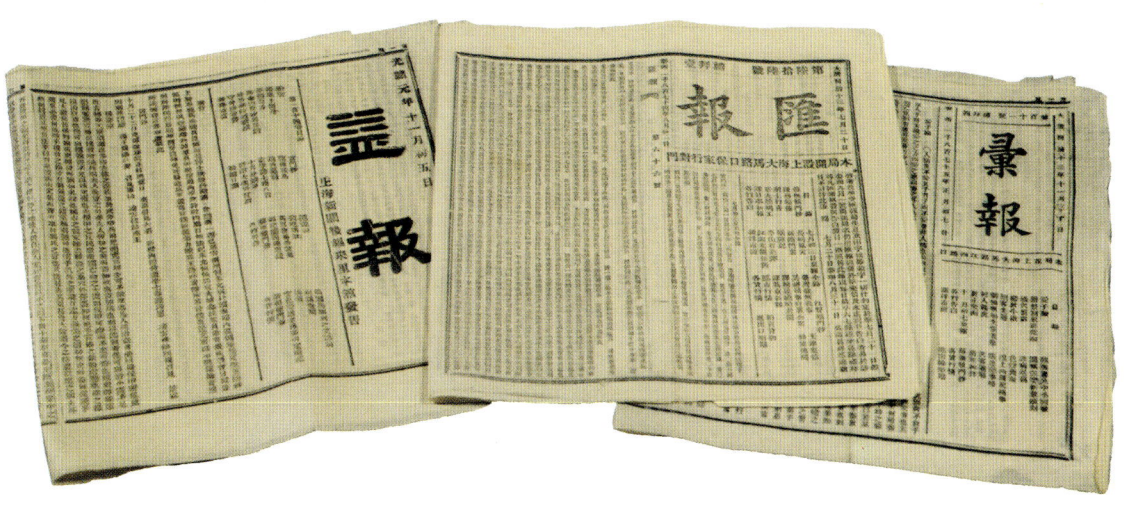

《益报》

同治十三年(1874年)五月初三在上海创刊。由容闳创办。同年七月二十一日,易名《汇报》。光绪元年(1875年)六月十四日,又易名为《益报》。十一月七日终刊。

三 传统刻书业的复兴

传统刻书事业，继乾嘉盛世之余烈，咸同时期又盛极一时。

自雕印术产生，官府刻书一直占主导地位，但除朝廷外，均无专门机构司其事。咸同年间的战火，使一些地区的经籍荡然一空，统治者因此创办官书局，大量印古书，以弘扬儒术，笼络士人。在同治初年曾国藩创设金陵书局之后，浙江书局、湖南书局等相继创立，不下十几家，均由总督府等主办，生产方法仍是雕印，刊刻内容不外传统的经、史、子、集之类。

官府倡导于上，书院、私家、坊肆竞相刻书，遍及全国，而以北京、上海、苏杭地区为最盛，反映出同治年以后，一方面人心思变，已非武力所能泯除；另一方面，乾嘉学风虽经战乱而谨守不衰。

作为一个农民政权，太平天国也很重视刻书。定都后，即成立镌刻营，刊印政治性小册子及其它书籍。洪秀全、杨秀清等亲自撰写此类书籍，运用谈话、问答、韵文等通俗易懂的形式，阐释太平天国的政治主张。

《曾国藩像》旧照

曾国藩攻读理学，兼习桐城派古文，服膺理学的经世致用学说。治学是与经世致用思想相联系的。其思想反映出湖湘文化的特点，即崇奉理学，重视经世之学，为人撰文讲述事理，表现出深邃的修养和洞察力。由于投身镇压太平军，20年瞬息而过，军政事务繁忙，无暇从事学术研究，但身后留下了数百万言的奏牍、书简，成为后世争相品阅的遗产。

《曾文正公集》

（清）曾国藩撰，李瀚章编次。同治十三年（1874年）湖南传忠书局原刻本。

本集汇编曾国藩奏稿、十八家诗钞、经史百家杂钞、经史百家简编、鸣原堂论文、诗集、文集、书札、批牍、杂著、求阙斋读书录、求阙斋日记类钞、孟子要略、年谱、传记、墓志铭等论著，全面反映了曾国藩的政治、军事、外交、学术思想和实践。

《郑珍像》旧照

郑珍（1806—1864年），字子尹，号柴翁，遵义府遵义（今贵州遵义县）人，道光举人，主编《遵义府志》。道光二十四年（1844年），以大挑二等，选荔波县训导。后弃官归里，从事著述。通小学、经学、对古文字学亦多有独到之处。擅长篆书，工山水，尤精于文学，是晚清宋诗派的先驱者，被誉为"西南巨儒"。

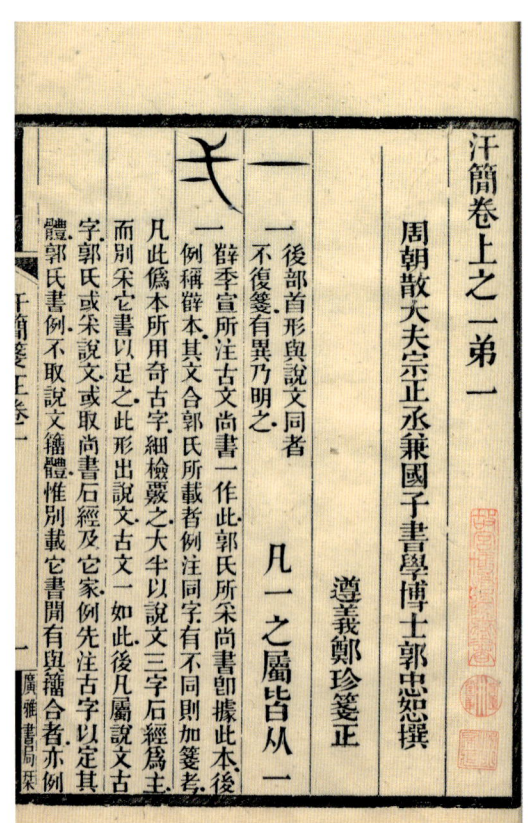

《汉简笺正》

郑珍的代表著述之一。

《俞樾像》旧照

俞樾（1821—1907年），字荫甫，号曲园，湖洲府德清（今属浙江）人，道光进士。咸丰二年（1852年）任翰林院编修。咸丰五年任河南学政，咸丰七年，因遭弹劾罢官，后在苏州紫阳书院等地讲学。同治四年（1865年），总办浙江书局，精刻子书。同治七年，出任杭州诂经精舍山长，历31年。吴大澂、徐花农、章太炎等经学大家，都曾就业门下。治经子小学，能诗词，重视小说戏曲，所作笔记，搜罗宏富，著有《春在堂全书》。

《群经平议》

在清末训诂之学衰微时期，能坚守壁垒，保持朴学作风，继续乾嘉大师余绪，作出贡献的学者，公推俞樾及孙诒让二人。俞氏治学崇尚王氏父子。此书仿王引之《经义述闻》体例，所平议者为15种。大要在考订群书讹误，审定字义，阐发特殊文法和修辞现象，是其关于语言文字之学的代表作之一。

《陈澧像》旧照

陈澧（1801—1882年），字兰甫，号东塾，广州府番禺（今广东广州市）人。曾任河源县训导，后在广州学海堂任教数10年，晚年主讲于菊坡精舍，人称东塾先生。博学多识，对天文、地理、乐韵、算术都有研究，又善诗词及骈散文。著有《东塾读书记》等著述。

《东塾读书记》

陈澧治学博及经史子集，以经为主，凡天文、地理、乐律、算术、篆隶、无不涉猎。此书为其晚年所著，杂记其考订经史、治学心得之言，深于汉学，亦尊崇宋学，不局于门户之见。书中论述经学源流、诸子百家以及汉以后学术，精详深邃。

《陈奂像》旧照

陈奂（1786—1863年），字倬云，号硕甫，晚号南园，江苏长洲（今吴县）人，咸丰时举孝廉方正。受学于段玉裁，后又获交王念孙、王引之父子和郝懿行、胡培翚等，学术上大有长进。专治《毛诗》，撰有《诗毛氏传疏》、《毛诗说》、《毛诗音》等，于礼教、名物诸方面多有见地。另有《诗语助义》等。

《莫友芝像》旧照

莫友芝（1811—1871年），字子偲，号郘亭，都匀府独山州（今贵州独山县）人。布依族。道光朝举人。与郑子尹共研许、郑之学，编纂《遵义府志》。通金石、版本、目录、经学；擅长真、行、隶、篆各体书法。为晚清宋诗派作家，名冠西南。传世著作有《黔诗纪略》、《声韵考略》、《唐写本说文木部笺异》等。

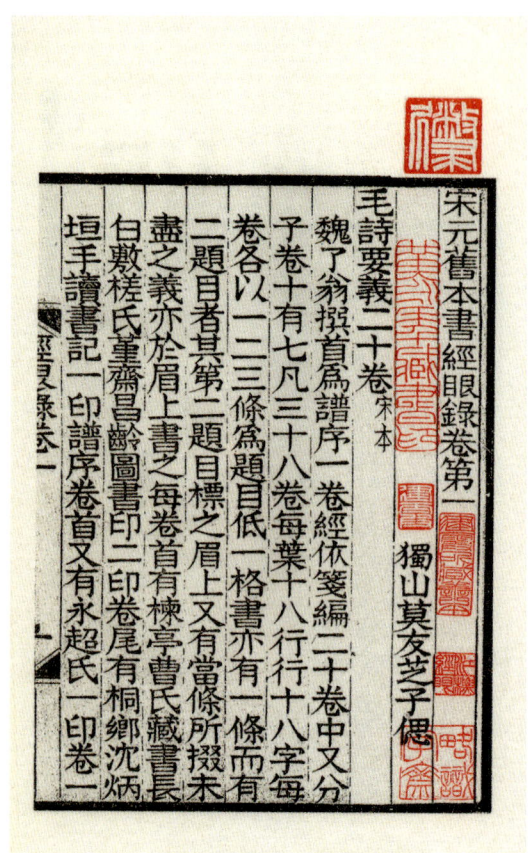

《宋元旧本书经眼录》

（清）莫友芝撰。同治十二年（1873年）原刻本。

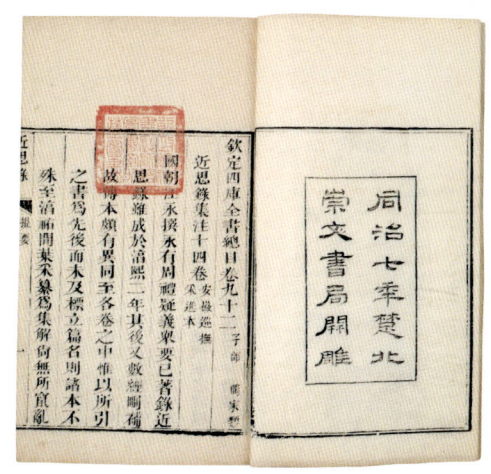

崇文书局刻《近思录》

〔宋〕朱熹、吕祖谦合撰。十四卷。同治七年楚北崇文书局刻本。

本书集宋代学者周敦颐、程灏、程颐和张载主要言论而成，分为14门，共62条。取《论语》中"切问而近思"为书名，为阐述儒家性理的概论之作，也是后来性理诸书之祖。

《潘祖荫像》旧照

潘祖荫（1830—1890年），字伯寅，江苏吴县人，咸丰二年（1852年）一甲三名进士。初授编修，后历任大理寺少卿，工部、兵部尚书，军机大臣等职。通经史，好收藏。有《滂喜斋丛书》、《秦猷日记》等。

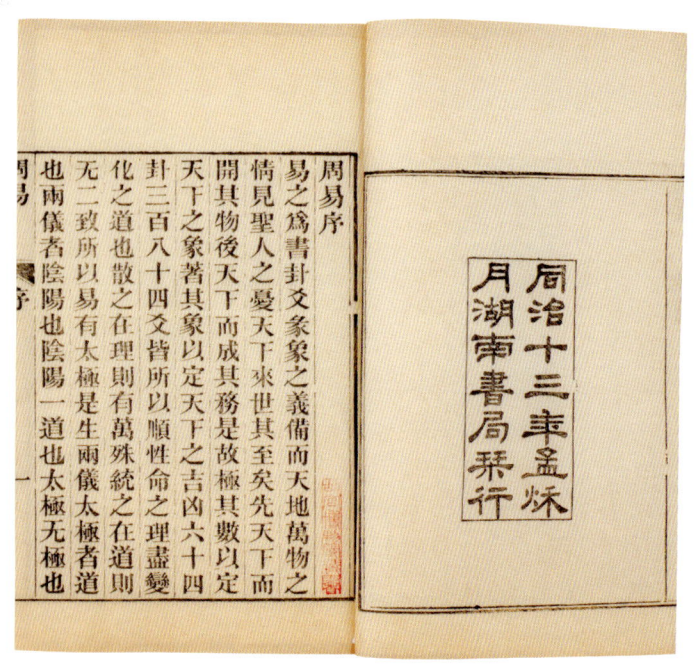

湖南书局刻《周易》

同治十三年（1874年）湖南书局刻本。

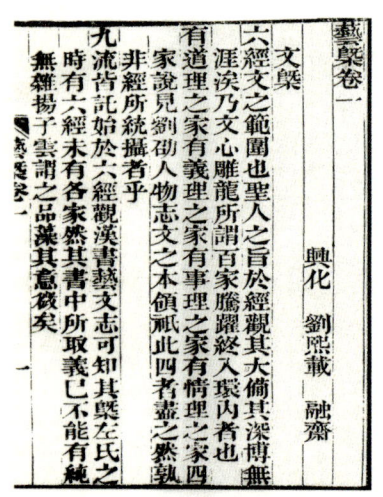

《艺概》

《皇清经解》

（清）阮元编刻。

太平天国禁止宣传封建思想的书籍流传。咸丰三年（1853年），太平天国出版的《诏书盖玺颁行论》中规定："凡孔孟诸子百家妖书邪说者，尽行焚除，皆不准买卖藏读也，否则问罪也。"本书收有清经学家70余人，180余种，属焚除之书。

《太平诏书》

洪秀全撰。咸丰二年（1852年）刊行。

本书收《原道救世歌》、《原道醒世训》、《原道觉世训》三篇文章和《百正歌》等，在太平天国早期理论宣传中起过重要作用。建都天京后，出版改正本，删去《百正歌》，改"歌"、"训"为"诏"。为加强宗教性，删改了所引诗书孔孟之语及成语典故。

《太平救世歌》扉页

以杨秀清名义颁布。咸丰三年（1853年）刊行。

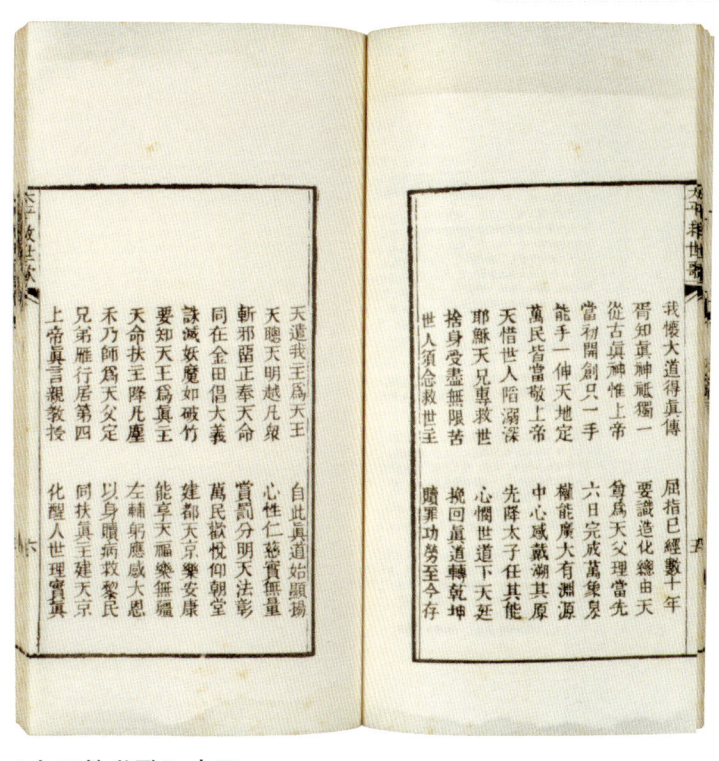

《太平救世歌》内页

这是太平天国宣传教育书籍之一，后改名为《太平救世诰》。书内有杨秀清序文及长歌三首，自述奉上帝命下凡扶天王起义救世经过，并劝人敬拜上帝修身行善之道。

《天父诗》扉页

《天父诗》内页

咸丰七年（1857年）刊行。

太平天国诗歌集，共500首，十分之九为洪秀全所写，主要是诰谕后妃、教导军民之作。另辑有杨秀清托天父下凡、萧朝贵假借天兄下凡以及根据《旧约》、《新约》的教义敷说的天父、天兄教训的诗句。

《幼学诗》封面刻版

木质阳刻。纵16.4厘米，宽11.4厘米，厚1.1厘米。咸丰元年（1851年）刊行。中国革命博物馆藏。

《幼学诗》内页

本书收录敬上帝、敬耶稣、敬内亲、君道、臣道、父道、母道等五言四句诗34首，主要敷说太平天国宗教和封建伦理纲常，与《三字经》、《御制千字诏》同为太平天国的幼学课本。

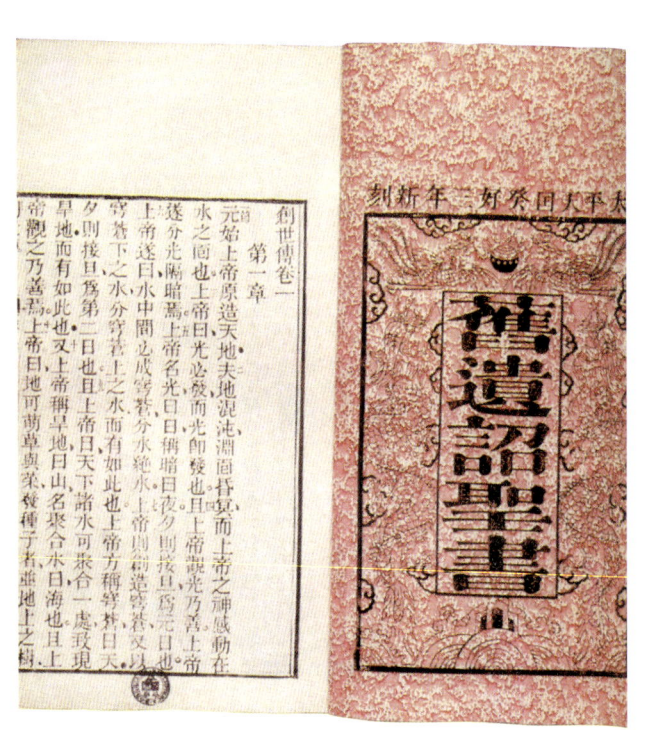

《旧遗诏圣书》

咸丰三年（1853年）刊印。

此书又名《钦定旧遗诏圣书》，为基督教的《圣经》，与《新遗诏圣书》分别译作《旧约》和《新约》。道光二十七年（1847年），洪秀全到广州礼拜堂读了两书，熟悉了一些基督教的教义和仪式。同年秋，到桂平县紫荆山区时，又仿效这些教义和仪式，制定了《天条书》，对组织群众起了很大作用。

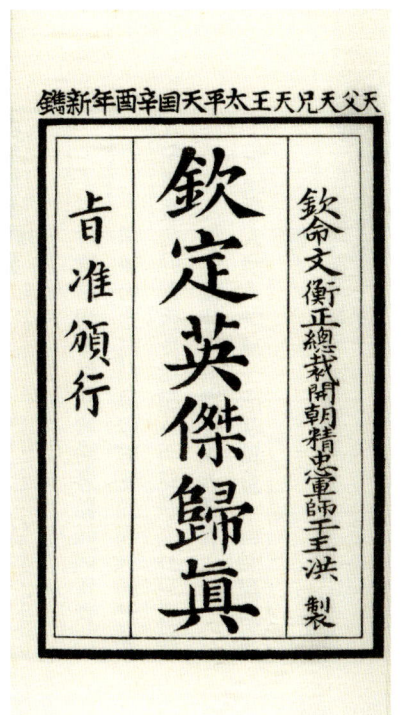

《钦定英杰归真》扉页

洪仁玕撰,刘闳忠等录。咸丰十一年(1861年)刊行。

《钦定英杰归真》内页

是书记录假设为清朝投降者红顶双翎张某询问礼法的言辞,洪仁玕给予解答,反映了洪秀全早年的思想、太平天国官制、考试制度,以及主张崇拜皇上帝、反对拜偶像邪神、否定占卜吉凶等内容。

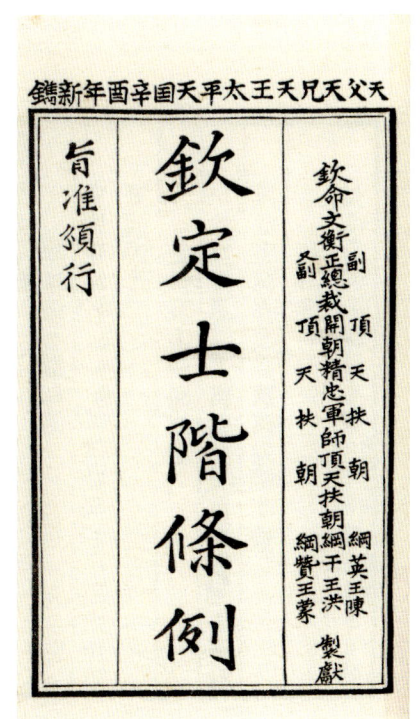

《钦定士阶条例》

洪仁玕、陈玉成、蒙得恩制献。咸丰十一年(1861年)刊行。

本书记载太平天国的科举制度,凡考选规程、试场条例和品级、章服等,均有详细规定。

四　太平天国艺术

与全国工艺美术界总体趋衰之势相反，太平天国的工艺美术却得到了长足的发展。

太平天国非常尊重工艺工人，每到一地，就张贴《招贤榜》，招募有特长的匠作艺人。同时，大力改革工艺美术生产组织，设立从事专业生产的"诸匠营"，按军制编组，分掌建筑、土木、金银、染织、刺绣、镌刻等各项工艺；还成立了管理机构——百工衙。所以，百工技艺，各有所归，各便其用。

太平天国提出了"益民"的工艺观，要求以有用之物为宝，以坚固轻便捷巧为妙，要求"中国有中国之形象"等。制定了鼓励创造发明的工艺政策，并以"益民"大小为标准给予奖励。为保护创造者的利益，还明文规定禁止他人仿造。因此，太平天国的工艺品种，在短短的几年中，很快恢复并得到发展。

太平天国留下了许多艺术杰作。艺术成就表现在多方面：宫殿建筑的恢弘壮丽，住宅建筑的灵活精巧，花园建筑的自然流畅，琳琅满目的苏式彩画，精美高超的壁画艺术等，在工艺美术史上占有一定的地位。装饰题材上，反对并禁用所谓龙德、龙颜及鹤、龟等内容，而使用蝎子、天牛等，大有革新之意，带有政治色彩、地方痕迹和传统内容，具有浓厚的民间艺术风格。

太平天国天王府石舫
　　位于江苏省南京市长江路天王府遗址西花园内，船身长14.5米，船头宽4.6米，船尾宽4.6米，船身中部吃水2米，船架后部高2.8米。

　　原为明初汉王府、清两江总督署，太平天国定都后改为天王府。继而征万人大兴土木，建造宫殿，半年方成，"穷极壮丽"。大略周围5公里，墙高数丈，规模宏大，分内外两城，外名太阳城，内名金龙城。同治三年（1864年）六月湘军攻陷天京后，惨遭洗劫，付之一炬。现存建筑除石舫外，还有大殿、朝房及西花园等残留建筑。

天王府西花园龙壁

大门向南，额为"真神光荣门"，二门为"真神圣光门"，左右有钟鼓楼。二门内设东西朝房二所，内外各三层。进门大殿有一牌坊，殿名"金龙殿"（或正称为"天父上帝真龙殿"），重檐圆顶，赤金栋梁，尤为壮观。殿后为内宫，宫后有"后林苑"。大殿东西两侧各有花园，西花园有水池、石舫，构筑精巧。

天王纶音碑额、座

太平天国侍王府

位于浙江省金华市。

侍王府东大殿议事厅

此厅又称演武厅。是苏南太平军举行军事等重要会议的场所，可容纳3000人列席会议。大厅内特粗的木柱、梁、枋、壁上满绘壁画、彩画，使整个大厅金碧辉煌，现仍依稀可见。

侍王府石门挡

高134厘米，宽162.5厘米，厚22.5厘米，中有图案花纹，外饰回文花边。

太平天国忠王府

位于江苏省苏州市娄门内东北街。现为苏州博物馆馆址。

咸丰十年（1860年）太平军攻克苏州后，改建拙政园及潘姓、汪姓宅第，作为忠王李秀成府第及苏福省省府所在地。现存玉兰堂、见山楼，构筑精巧，具有江南园林特色，并保存太平天国时的雕刻、梁枋彩绘、壁画等。

忠王府团龙云纹对花木雕

在大殿长扉群板上，直径52厘米。

忠王府石狮

　　青石制。分列于忠王府大门前东西两侧。图中系东首的一双，高256.5厘米，东西两面底部各宽96厘米，南北两面底部各宽64.5厘米。西首的一双略同。

忠王府彩画《松溪双虎图》

忠王府彩画《燕子矶图》

此图为南京城外燕子矶全景。图中峭壁悬崖上,苍松翠柏掩映着亭台轩阁。图右城楼耸峙,群山起伏;图左红榭临江,黄旗招展。全图景色极为壮丽。

忠王府彩画《猴拉马图》

纵40厘米,横81厘米。

此图为咸丰三年(1853年)太平天国北伐军驻杨柳青镇时所绘。图中画垂杨一株,树上一赭色猕猴紧握缰绳,用力拉树下一匹黑鬃白马的缰绳。白马昂头竖尾,作磋步不前状,其寓意有两说,一喻"马上封侯";一喻"三十六着,走为上策"。

忠王府壁画《狮象图》

《赵匡胤故事》壁画

此壁画位于绍兴孟家桥李军台门公堂东墙前壁,墨绘着彩,讲述宋太祖赵匡胤的故事。

缂丝三联桌围

宽385厘米,通高104厘米。正身高87厘米,围腰高9厘米。腰下围檐高24厘米。

围腰以红色棉布缀成。腰下有围檐,正面为缂丝,金黄地彩色八宝花纹。揭开围檐,桌围正身与布腰之间,有8厘米水红色棉布连接。正身正面为缂丝,金黄地彩色博古花纹。

丹凤朝阳天王绣花帐

长260厘米，宽242厘米，高200厘米。

此绣花帐用浅蓝色暗花绸制成，正面绣有丹凤朝阳花纹。

李秀成龙袍

太平天国是中国唯一具备服饰制度的农民政权。其服饰制度既继承传统遗制，又有所创新。以黄色织锦缎制成，饰金、银、红三色丝线盘成的龙纹，再佩以饰有各种珠宝的纯金朝冠，甚为华丽。

绣龙马褂

身长59厘米，腰身71厘米，下摆79厘米，袖长166厘米，袖口33厘米用黄缎制成，上绣龙4条。

此件绣四条龙的马褂是太平天国衣冠制度所定服饰之一。马褂上织绣的龙案数量代表着品级，天王马褂绣九条龙。

太平天国士兵盔帽

太平军的士兵平时只准扎巾，不能戴帽，临阵打仗时才允许戴盔。这种盔帽大多用竹、篾、柳、藤编成，名谓号帽，或称"得胜盔"。帽上绘五色花朵及彩云，中留粉白圈4个，分写"太平天国"四字。

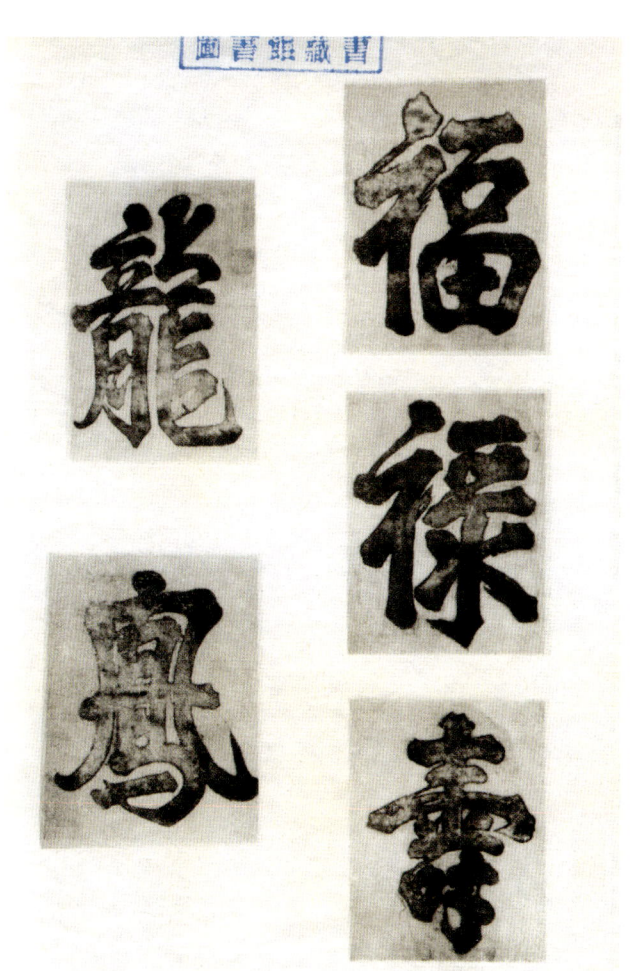

洪仁玕手书《龙凤福禄寿》遗迹

"龙凤"两字高约6英尺，"福禄寿"三字高约4英尺。

干王洪仁玕善作榘书，未赴天京之前，避居于香港永安村永培书室，在墙壁上写下这五个大字。

五　绘画、书法、篆刻

鸦片战争后政治局势的剧烈动荡，外来经济因素的巨大冲击，不可避免地给思想、文化、艺术领域带来强烈影响，萧条、冷落的中国画坛也发生了令人眩目的变化。最显著的标志就是画坛中心移向南方，又以上海为最盛，游寓此地的画家达数百人，掀起一股破格创新、富于时代气息的新潮流，后人以"海上画派"等称之。

"海派"的阵营既庞且杂，艺术风格呈现多样化的特征，大体分为两大类型：一类呈现较浓郁的都市文化特征，以职业画家为主体，代表人物有张熊、任熊、任颐、钱慧安等。他们一般出身低微，文化素养不高，以鬻画为生，创作主要适应社会和市场需要，尤其迎合新兴市民阶层和工商业主的趣味。另一类则多保留传统文化特征，以一批文人画家为主体，代表人物有赵之谦、胡远等。他们大多出身书香门第，有较广博的文化修养，主要承继文人画传统，虽落魄而不得不以卖画谋生，仍坚持高雅的画品。

"海派"绘画存在多样风格和两大类型，同时也呈现出共同的流派特征，主要表现为画家的职业化，作品的商品化，题材的大众化，审美的世俗化，以及形式上的新颖性和风格上的民族性，而与都市气息和与民族风格的有机结合，则成为"海派"艺术的精髓。

吴昌硕、赵之谦等人，更以书、画、印三绝称于世，成为一代巨擘。

王礼《花鸟图册·鹭鸶》

　　纸本，设色。共12开。每开纵31.7厘米，横44厘米。故宫博物院藏。

　　此为第八开。粉艳的花朵与洁白的鹭鸶，绚美醒目。构图新奇巧妙，用笔活脱畅快，呈现出雅俗共赏的韵味。

任熊《十万图册·雪景山水》

金笺本，设色。共10开。每开纵26.3厘米，横20.5厘米。自题"万峰飞雪"。故宫博物院藏。

任熊，字渭长，浙江萧山人。与其弟任熏同师陈老莲，擅长人物、走兽、花鸟，其人物造形高古，有奇伟之气，偶作仕女，工笔纤巧，秀媚可人，花鸟设色浓艳而不俗，笔致纤细而豪放，双钩亦强劲有力，颇具火候，乃任氏三杰之长。此图册中每开标题中均以"万"字开头，故称"十万图"。此幅线条娴熟秀润，构图变化自然，笔触精工细致，敷色浅淡雅致。

任熊《姚大梅诗意图册·牡丹》

绢本，设色。共10册，120开。每开纵27.3厘米，横32.8厘米。故宫博物院藏。

此图册据其好友、著名文学家、书画家姚燮（号大梅山民）诗意创作而成。当时任熊正下榻姚大梅山馆，姚氏自摘其句嘱其为图。灯下构稿，晨起赋色。组画堪称任氏精心巨作。他以极其丰富的想象力和创作精神，运用兼工带写的笔法绘出符合诗意的境界。构图新颖大胆，敷色浓郁艳丽，画法多样。此幅为第一册第11幅。

任淇《送子得魁图》轴

绢本，设色。纵97.6厘米，横42.6厘米。浙江省博物馆藏。

这是一件临摹之作。图中仕女、孩童面部造型，衣纹线条，甚至右上角"老莲洪绶书于狮子林"九字，都有陈洪绶的艺术风貌。这是他的早期作品，神不足而貌尚在。陈洪绶的绘画对后世影响深远，清雍正以来，一变于王树穀，再变于华新罗，后经任淇的倡导，艺坛上出现"三任"——任熊（任淇族子）、任熏、任颐，师法老莲，风靡一时。因此，从中国近代绘画史的角度来看，这件摹本自有其特定的艺术研究价值。

周闲《四时花卉图屏·绘山石杜鹃》

纸本,设色。共四屏,此为第2屏。每屏纵177厘米,横47.8厘米。故宫博物院藏。

周闲花卉师法明代陈淳、徐渭和清中期的李鱓,笔法清新活泼,水墨淋漓。构图严谨,赋色丰韵。周闲因与任熊交往深厚,画风也深受任熊影响。画法工稳,设色冶逸,可见其师法后之艺术造诣。画幅上下所留空白颇多,此为运用书法艺术之布字间架的特点而成。绘画特点与自题诗句交相辉映,足以体现其能够自立于海上名家中的艺术创造才能。

胡远《梅花图》轴

纸本,设色。纵145.6厘米,横37.4厘米。故宫博物院藏。

胡远（1823—1886年），字公寿，号小焦瘦鹤、横云山民，华亭（今上海松江）人。工诗，善画山水、花卉，尤喜画梅，苍干繁枝，横斜取势，集古今诸家之笔，自成一格。喜用湿笔，雅秀雄健，得淋漓沉郁之致。整幅画赋色不多，格调新颖雅逸，用笔凝重浑厚，朴拙中蕴含刚毅。此轴作于同治十年（1871年），时年52岁。

赵之谦《花卉图屏·画荷花》

纸本，设色。共12屏，此为第5屏。纵189.6厘米，横56.6厘米。故宫博物院藏。

赵之谦（1829—1884年），字益甫，号㧑叔，别号悲盦等，浙江绍兴人。咸丰朝举人。曾历任江西鄱阳（今江西波阳）、奉新知县，后弃官居上海以卖画为生。工诗文、书画、篆刻，并工于金石之学，著有《六朝别字》、《补寰宇访碑录》等。

作者以大写意笔法，用笔沉着厚重，水彩交融，为赵之谦花卉画代表作。

赵之谦《钟馗像》轴

纸本,设色。纵100.3厘米,横23厘米。故宫博物院藏。

作于同治九年(1870年),时年42岁。画面自题:"二十年卖画求生活,画得钟馗都没骨,问我如何画此手,唯唯喏喏装糊涂。年年五月五,近近远远,家家户户,钟馗无数。志在趋时,万不能摹古。标题猥鄙宗语录,朝夕拜观当人谱。此幅乃居杭州作。同治九年岁庚午。"

作者以风趣讽喻的笔法画钟馗身着宽大红袍,低头哈腰,头戴乌纱帽立于画面中下部。构图简洁明快,人物造型矮胖夸张。人物面部细匀轻染,有一定的明暗立体感。衣服用没骨法,更增添无奈附时的讽刺意味。作者成功地将诗、书、画、印结合在一起,使画面越发地增添了艺术趣味。赵氏人物画传世很少,此图为其难得佳作。

任熏《人物故事图屏·背弓望女仙》屏

绢本，设色。共4屏，此为第3屏。纵216.7厘米，横55.8厘米。故宫博物院藏。

任熏（1835—1893年），字阜长，任熊弟，浙江萧山人。后寓居苏州、上海，以卖画为生。工人物、花卉，初法明代陈洪绶，画风独具一格。工笔写意均擅，人物描写奇躯伟貌，别出匠心，花鸟草虫，设色瑰丽，工笔双构，尤见劲挺，与乃兄齐名，为任氏第二大家。

此图人物造型夸张，明显取法陈洪绶。衣纹多中锋勾勒，线条流畅飞动，颇具质感。面部刻画细腻，采用传统"三白法"表现凸起部分，使平涂赭色的脸部有立体效果。同时以自然山水、草木为背景衬托人物的活动，更具有情节性。山石用重墨勾画轮廓，淡墨填染，不作皴擦。作于同治十一年（1872年），时年37岁。

《列仙酒牌·陵阳子明》

《列仙酒牌·老子》

（清）任熊绘，蔡照初刻。纵17.5厘米，横7.4厘米。咸丰四年（1854年）刻行。

此卷仿陈老莲叶子格画列仙酒牌48幅，皆为传说中的仙人形象。蔡照初，字容庄，与任熊同为浙江萧山人，此卷为二人合作的第一部木刻绣像画册。继之有《于越先贤像传赞》、《剑侠传》、《高士传》，而成为《任渭长四种》。绘刻精湛绝妙，被誉为晚清版画艺术后起之秀。

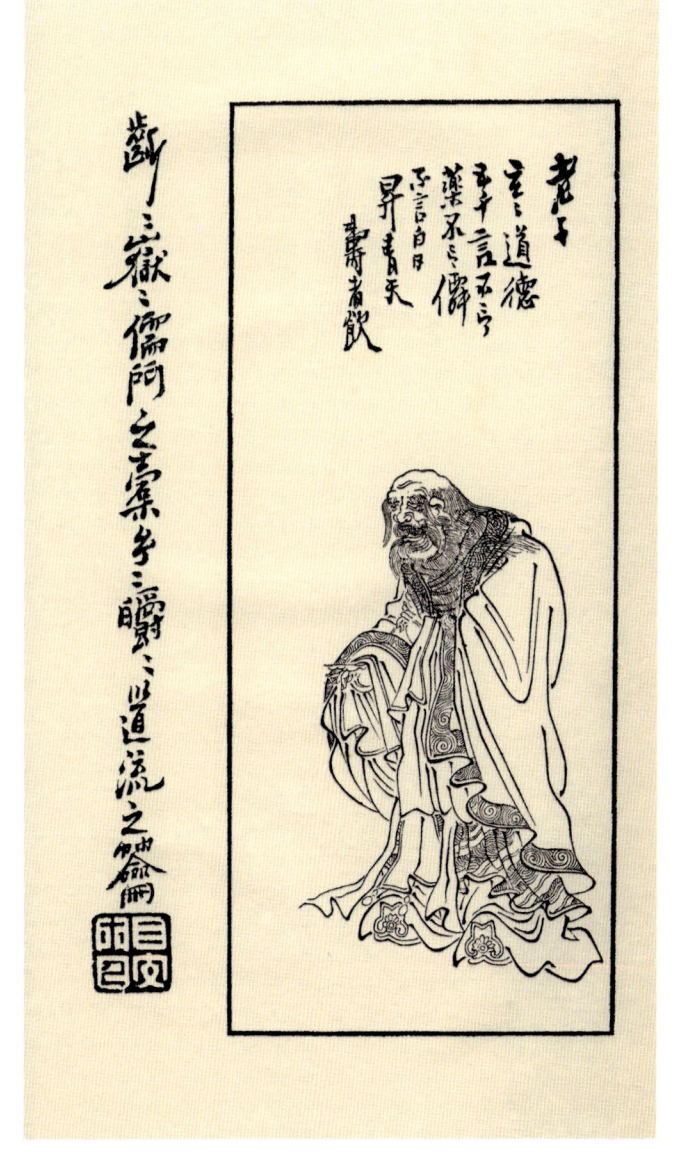

《剑侠像传·李龟寿》

（清）任熊画、蔡照初刻。

《剑侠传》流传有绪，后由王龄重校刻印，并为之作序。绘刻精绝，妙夺天工。清代晚期，版画已处于衰落之势，此为其中精品。

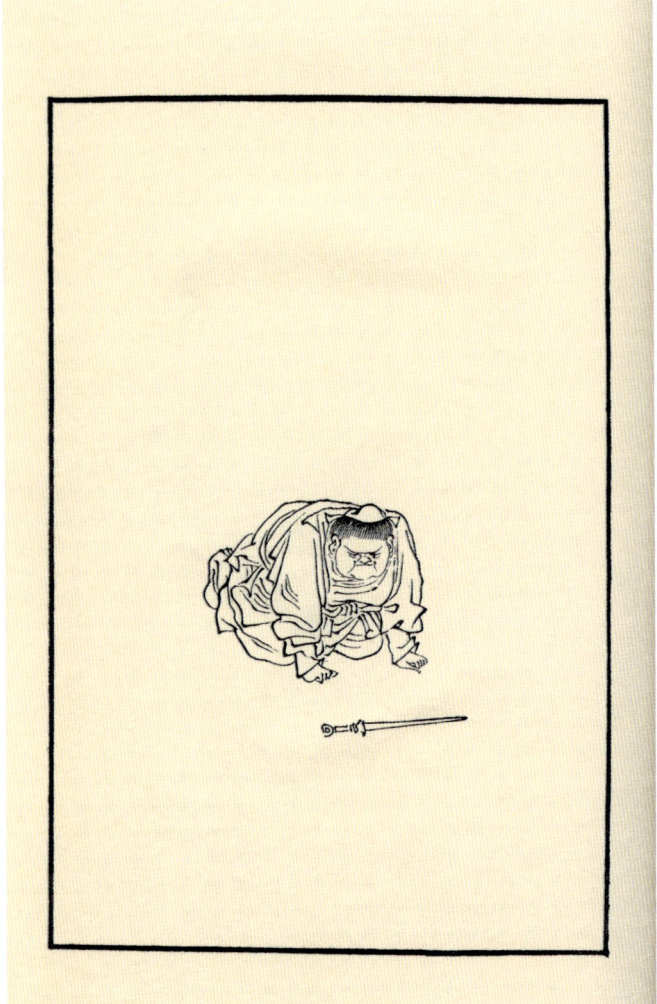

《于越先贤像传赞·王琳》

（清）王龄撰，任熊画，蔡照初刻。纵17.5厘米，横11.2厘米。咸丰七年（1857年）萧山王氏养和堂刻本。

王龄，浙江萧山人，嗜好文墨，羡慕越地高行节义之古人，就拔选一人行事以为传赞，总共有80人，上起越大夫范蠡，下至明巡抚忠惠祁公妻商夫人景兰。王龄称赞他们都是吾乡先贤人士。雕刻的人物瑰伟，刻技娴熟。

咸丰同治朝

《何绍基像》旧照

何绍基（1799—1873年），字子贞，号东洲等，湖南道洲（今道县）人。道光朝进士，官编修、四川学政。博涉群书，尤精小学，旁及金石碑版文字。

何绍基书《五言联》

何绍基的隶书源于《张迁》，于汉碑无所不学，见闻既广，用功尤勤，风貌自成。此联平正中寓流动，古雅中藏精巧，举重若轻，游刃有余，清雅赏心。

何绍基《篆书论书轴》

何绍基书法师颜真卿，追周秦、两汉古篆籀，下至六朝南北碑版，搜集千余种，皆心摹手追，融汇借鉴。真、行书面目独特，意趣高古；篆、隶二体浑厚古拙，亦自成体势。

吴熙载《临邓琰篆书》轴

纸本。纵122.7厘米,横39.8厘米。故宫博物院藏。

吴熙载(1799—1870年),原名廷飏,字熙载,号晚学居士,堂号师慎轩,江苏仪征人。博学多能,为包世臣入室弟子,精于小学,善各体书,亦工篆刻。恪守师法又能自成面目,为世人所宗尚。

吴熙载"醉墨轩收藏金石书画"印

纵2.8厘米,横2.9厘米。上海博物馆藏。

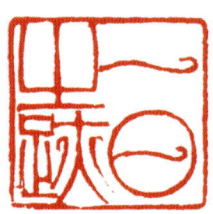

吴熙载"一日之跡"印

纵2.5厘米,横2.5厘米。上海博物馆藏。

吴熙载的篆刻师法邓石如,在中日印坛有较大影响。有《师慎轩印谱》、《吴让之印谱》、《吴让之先生十画集》行世。

吴熙载"震无咎斋"印

印面3.6厘米,3.6厘米。上海博物馆藏。

杨沂孙《篆书蔡邕熹平书经》屏

纸本。纵138.2厘米，横31.3厘米。故宫博物院藏。

    杨沂孙（1812—1881年），字子舆，号泳春，江苏常熟人。道光朝举人，官至安徽凤阳知府。工书法，少学于李兆洛，尤工钟鼎、石鼓、篆隶，其篆书古朴严整，自成一家，与邓石如相颉颃，崇拜者纷纷投于门下。著有《管子今论》、《在昔篇》等。

《吴大澂像》旧照

吴大澂（1835—1902年），初名大淳，避同治帝讳改名，字止敬，又字清卿，号恒轩，江苏吴县人。同治七年（1868年）进士，历任编修、陕甘学政、河南、河北道员、太仆寺卿、太常寺卿、通政使、左都御史，广东、湖南巡抚等官。为晚清著名金石考古家。著有《愙斋诗文集》、《愙斋集古录》、《恒轩吉金录》等。

吴大澂"硕卿"印
纵1.7厘米，横1.65厘米。

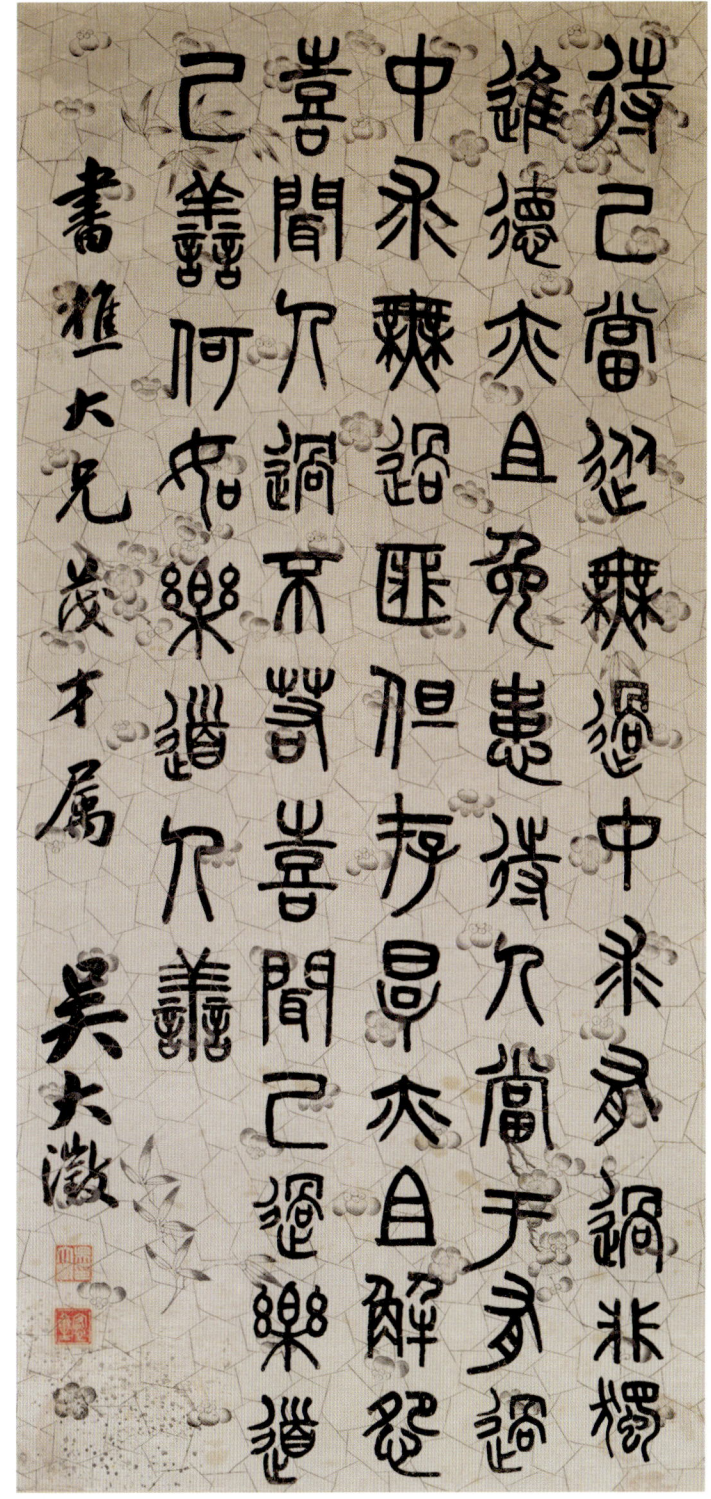

吴大澂《篆书知过论》轴

花笺纸本。纵1.293厘米,横60.3厘米。故宫博物院藏。

吴大澂平生多才多艺,精鉴古物,尤善书法。少年从陈硕甫学篆书,中年从吸收金文笔意,与陈介祺、潘祖荫通信,往往作篆札,篆书书法别树一帜。

赵之谦《篆书节录史游急就篇》轴

纸本，纵112.4厘米，横46.4厘米。故宫博物院藏。

赵之谦的书法初宗颜真卿，后专意于北碑。魏体结字紧密，峻拔洒脱。篆、隶师邓石如，取法多样，又加以融化，自成一家。其书风是碑学其表，帖学其里，形成"颜底魏面"。此小篆改方折为圆转，劲拔有力，起笔收笔仍见方角，顿挫显出魏碑意态。

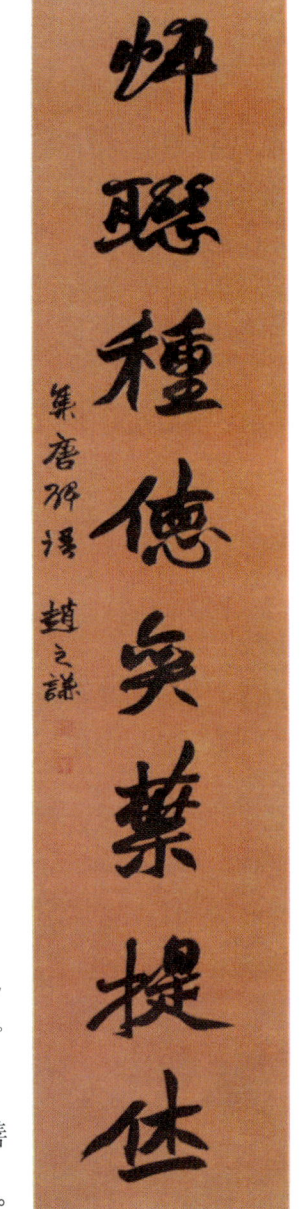

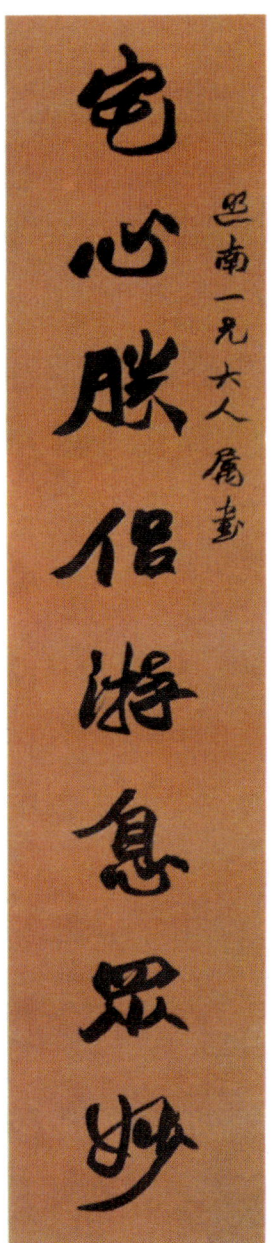

赵之谦书《八言联》

纸本，行书。纵169厘米，横34.5厘米。安徽省博物馆藏。

赵之谦书法艺术造诣甚高，正、草、隶、篆无不精妙，更善魏碑，此八言联集唐碑语为联，笔力刚劲，朴厚端庄，别具一格。

赵之谦"会稽赵之谦印信长寿"印

纵 4.15 厘米，横 4.15 厘米。

赵之谦的篆刻师丁敬、邓石如，融秦权诏版、汉碑篆额、钱文、镜铭于一炉。使刀如笔、视石如纸，结体新奇，古艳映发。

赵之谦"吴县潘伯寅平生真赏"印

纵 4.65 厘米，横 4.55 厘米。上海博物馆藏。

赵之谦"茶梦轩"印

印面 2.85 厘米。上海博物馆藏。

冯桂芬书《六言联》

纸本，行书。纵128厘米，横30厘米。常州市博物馆藏。

冯桂芬生平讲学著书，引掖后进。精古文辞，兼通算学，又擅书法。此联用泥金淡黄色蜡笺写成，用墨浓淡相宜，运笔轻巧灵转，神逸气满。结字严谨而宽博，刚中有柔，秀而不媚，有晋唐遗风，又有碑学影响。

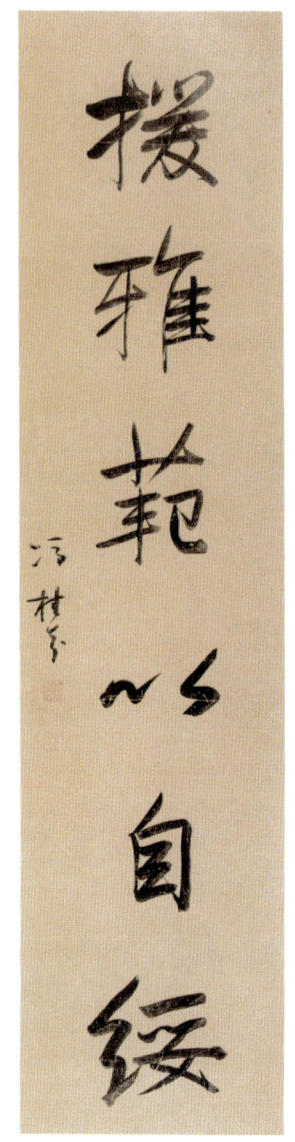
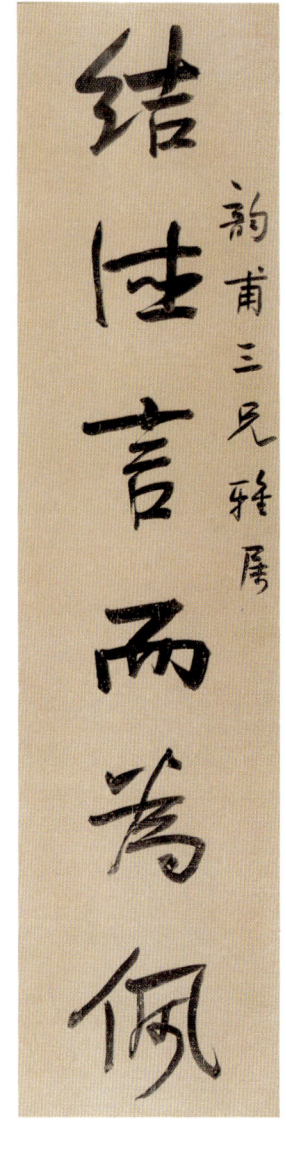

左宗棠书《七言联》

乾嘉之际，研究金石文字的工作已有极大进展，书法界大兴习尚北碑之风，阮元又首创南北书派说，论书竭力"扬碑抑帖"，以后包世臣又著《艺舟双楫》，发挥了阮元书论，给书坛带来了新气象。左宗棠也受到这一书法潮流的影响。他的书法融碑帖于一炉，结字高古，变化而统一，用笔沉着含蓄，藏千钧之力于点划之中，书风直追汉魏。

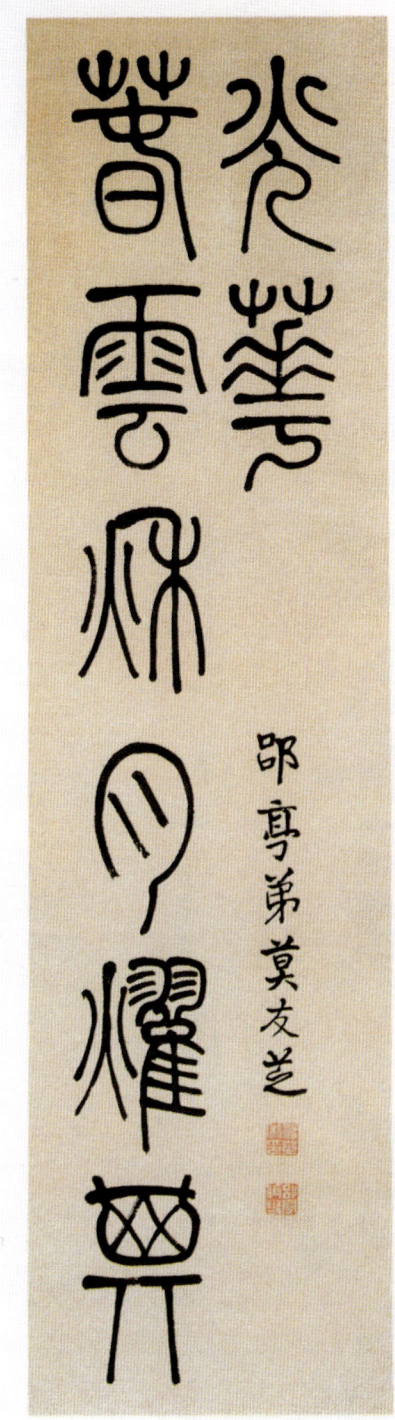

莫友芝《篆书八言联》

纸本。纵126.2厘米，横32.6厘米。故宫博物院藏。

莫友芝遍临钟鼎款识和秦汉石刻，专工篆隶，意态深古，自立门庭，被誉为具有金石气的书法家。此幅字体圆润洒脱，富于疏宕古拙的风格特征。

六 戏曲小说

古典小说发展到咸丰、同治年间，明显地呈现出衰落的势态。

随着民众的反抗活动此起彼伏，清统治者在军事镇压的同时，也发起了文化上的反扑，企图压制进步的思想和文学创作。为了消弥人民的反抗心理，还采取了禁毁容易引发人们反抗意识的民间文化小说等文化政策。太平天国初起之时，清廷专门下令查禁《水浒传》。

为了维护封建统治秩序，一些害怕和仇视人民反抗运动的文人创作了一些旨在弥灭人民反抗心理的充满封建糟粕的侠义小说，出现了像《荡寇志》和《儿女英雄传》等诋毁农民起义的作品。

在戏曲方面，却呈现出相反的情形。由于战乱、农村生活的贫困及一些商业城市的发展，大量贫困农民及一些身怀绝技的民间艺人，流入城市谋生，形成了一股流量很大、流域甚广的游民群，许多地方小戏相继萌生和发展。咸丰、同治时期，城乡上下看戏之风有增无减。

咸丰帝对戏曲的癖好比其前辈更有甚之，曾请人教御前太监唱戏，还作诗、制曲，对一些传统剧目进行整编。国土上狼烟四起，也未能阻止他的日日笙歌。戏曲一直伴随着咸丰帝走到了"升遐"的那一刻。慈禧太后看戏的兴致也很浓厚，因此太监唱戏的相对简朴的做法无法满足她的欲望，重新收罗民间伶人。政局愈加危机，宫廷中的看戏之风反而愈盛。

《荡寇志》

〔清〕俞万春著。咸丰年抄本。
故宫博物院藏。

书中描写侠士陈希真父女落草于猿臂寨，专门与梁山英雄为敌，把剿灭梁山农民起义作为向封建统治者的进身礼。作者自始至终对梁山英雄表现了一种刻骨的仇恨，迎合了一部分统治阶级人士的社会心理，受到封建文人的欢迎和推崇，很快流传开来。与此截然相反的是，太平军一进苏州，就焚毁了它的书版。

《绘图荡寇记》插图之一
故宫博物院藏。

《绘图荡寇记》插图之二
故宫博物院藏。

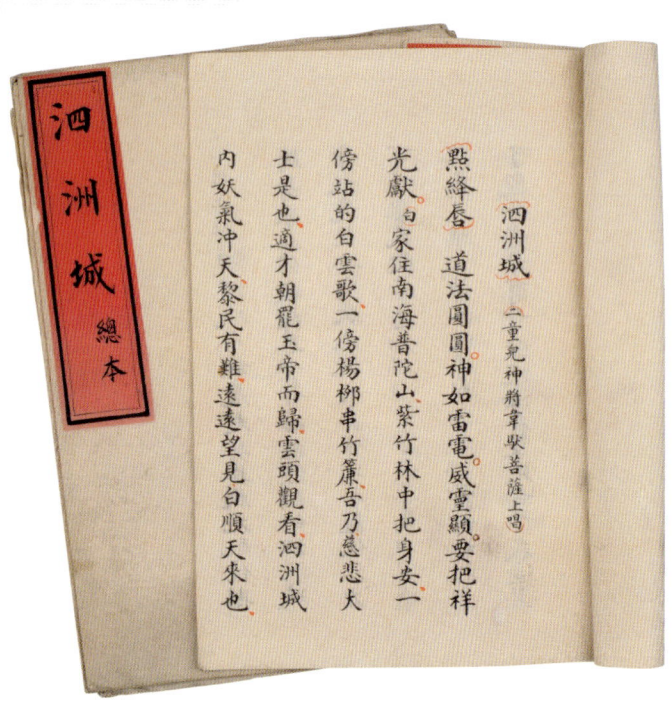

升平署戏本《泗洲城》
故宫博物院藏。

《升平署戏曲人物·泗洲城·孙悟空》
中国国家图书馆藏。

《升平署戏曲人物·泗洲城·水母》
中国国家图书馆藏。

  戏曲人物画是是升平署的教习和管理戏箱的人员与宫廷画家合作完成的,供帝后"观赏"之用。所画全部剧目都属于"乱弹"(现称为"京剧")。所画的穿戴与宫中所藏当时的戏衣、盔头等实物都是吻合的。其做工锦上添花、精益求精,与民间戏班的穿戴绝非同一水平。

升平署戏本《玉玲珑》
故宫博物院藏。

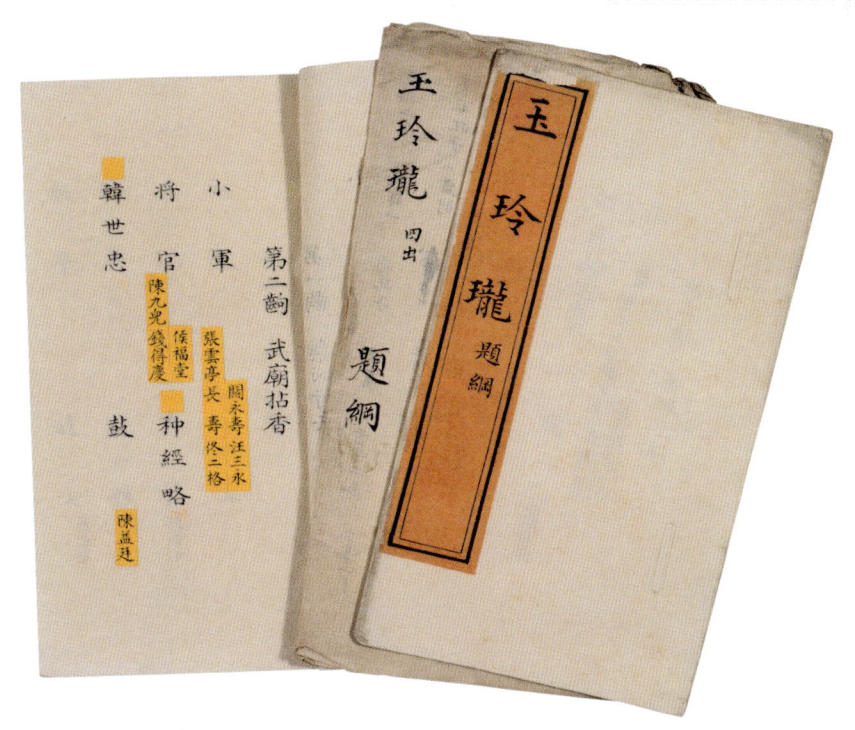

《升平署戏曲人物·玉玲珑·庞勋》
中国国家图书馆藏。

《升平署戏曲人物·玉玲珑·节氏》
中国国家图书馆藏。

《同光十三绝》

（清）沈容圃绘。

此图是同治、光绪年间北京名伶剧装写真照,分别描绘了(自左至右)郝巧玲、张二奎、梅巧玲、刘赶三、余紫云、程长庚、徐小香、时小福、杨鸣玉、庐胜奎、朱莲芬、谭鑫培、杨月楼等13位著名艺人扮演其擅长角色的风采。

《升平署戏曲人物·空城计·诸葛亮》
中国国家图书馆藏。

《升平署戏曲人物·空城计·司马昭》
中国国家图书馆藏。

恭王府室内戏台

太平天国忠王府室内戏台

咸丰年间，在原有四合院基础上建成。原有南房3间为正座，东西厢房各5间为偏座，北房3间改为戏房，前建木结构戏台，上设天花。

戏曲砖雕

彩绘本《桃花扇图》插图

（清）孔尚任原撰。同治间彩绘本，三色笔录曲文。北京大学图书馆藏。

彩绘本《桃花扇图》

七　宫廷生活

咸丰以降，国事孱弱，财政入不敷出，但皇宫高墙之内，帝王后妃们却依然衣锦奢华，闲适悠哉。与民间大众的困窘生活形成巨大反差。

帝王、后妃的各种画像，题材仍不外乎便装、佛装之类，或端坐书桌旁，或置身于庭院中，安然闲适，竟无丝毫"风雨飘摇"的迹象。

理政之暇，帝后或吟诗作赋，弈子走棋；或铺纸濡墨，任意挥洒；从他们现存作品中可见内具几分功底。

各种御用之物，由内府专门机构制作，极尽精工细作之能事，件件都是兼具多重价值的杰作。

《孝贞后璇闱日永图》轴

清宫廷画家绘。纸本,设色。纵169.5厘米,横90.3厘米。故宫博物院藏。

《孝钦显皇后像》轴

清宫廷画家绘。纸本,设色。纵130.5厘米,横67.5厘米。故宫博物院藏。

《英嫔春贵人乘马图》轴

清宫廷画家绘。纸本,设色。纵 76 厘米,横 56 厘米。故宫博物院藏。

《玫贵妃春贵人行乐图》轴

清宫廷画家绘。纸本,设色。纵169厘米,横90厘米。故宫博物院藏。

咸丰同治朝

《大公主大阿哥荷亭晚钓图》轴

　　清宫廷画家绘。纸本，设色。纵96.5厘米，横60.5厘米。故宫博物院藏。

《大公主大阿哥庭院游戏图》轴

　　清宫廷画家绘。纸本，设色。纵113厘米，横53.5厘米。故宫博物院藏。

275

咸丰帝书《谕后妃》贴落之一

款署"咸丰二年十二月十四日"。故宫博物院藏。

咸丰帝有感于皇后等服饰过于华丽，不合满洲规矩，特对其佩饰穿戴作出具体规定，并令在皇后殿内及嫔等住屋各悬挂一道，不遵者以违旨论。

咸丰帝书《谕后妃》贴落之二

款署"咸丰四年二月十四日"。故宫博物院藏。

咸丰帝对前次所发谕旨中未备之处又作了补充，尤其是增加了具体的处罚内容。可见咸丰帝对后宫的管理颇为严格。

咸丰帝《御笔词册》封面
故宫博物院藏。

咸丰帝《御笔词册》内页
故宫博物院藏。

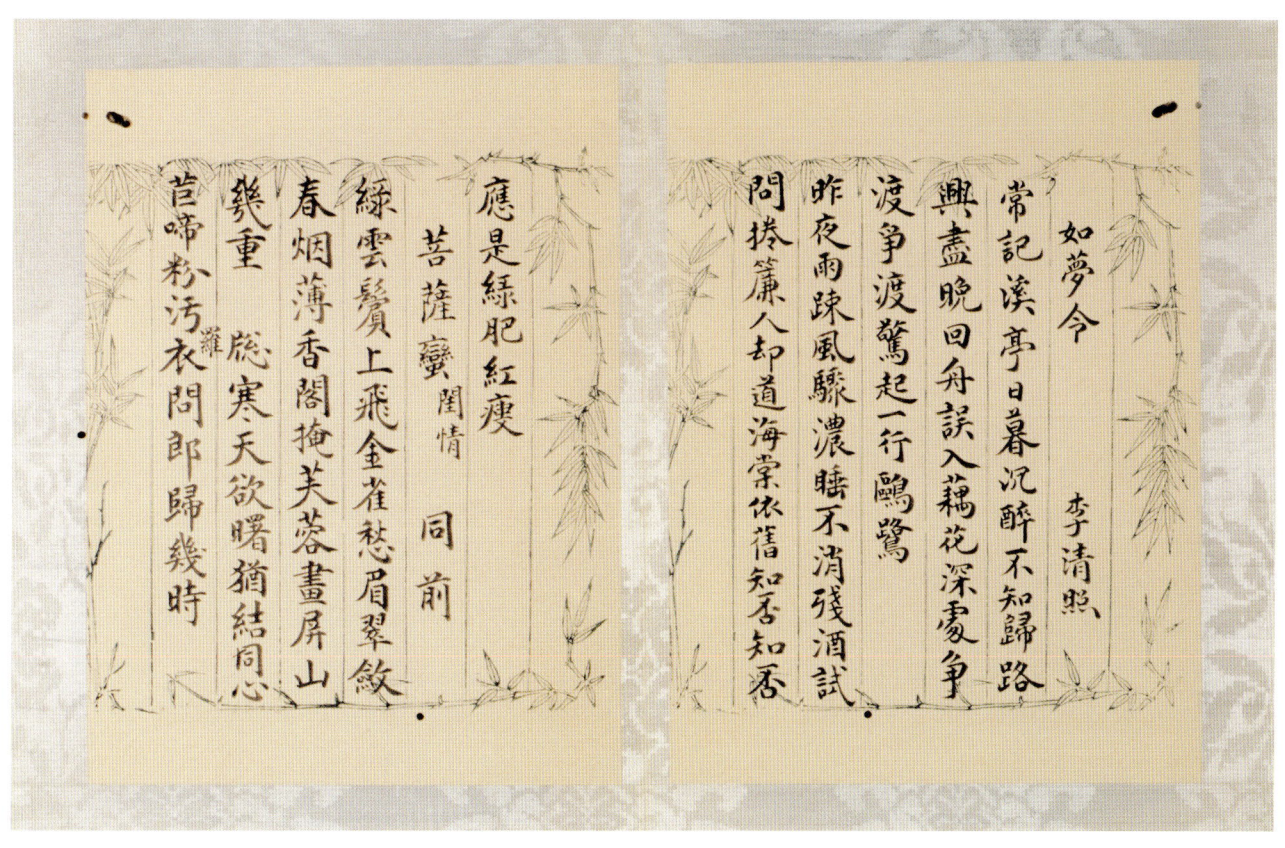

咸丰帝题"乐寿堂"匾额
乐寿堂位于避暑山庄。

咸丰帝题"岫云门"匾额
岫云门位于避暑山庄。

奕詝《设色人物图》轴
　　故宫博物院藏。

此为咸丰帝皇子时代的作品之一。

奕詝《柏枝图》轴之一
　　故宫博物院藏。

奕詝《柏枝图》轴之二
　　故宫博物院藏。

奕詝《棕色马图》轴
　　故宫博物院藏。

　　此为咸丰帝皇子时代的作品之一。

奕詝《马图》轴
　　故宫博物院藏。

　　此为咸丰帝皇子时代的作品之一。

《咸丰宝薮》之一

清内府钤印本。故宫博物院藏。

右上方"咸丰鉴赏"玺，寿山石质。方台圆面。狮钮。面径3.8厘米，通高3.1厘米，钮高1.5厘米。篆书。故宫博物院藏。

右下方"咸丰御览之宝"玺，寿山石质。椭圆形。夔凤钮。宽3.7厘米，长3.5厘米，通高5厘米，钮高2.5厘米。篆书。

左下方"克敏居"玺，田黄石质。长方形。瑞兽钮。长4厘米，宽2.8厘米，通高4.8厘米，钮高2.8厘米。语出《尚书太甲中》"惟天无亲，克敬惟亲"。大意为天于人无亲疏，惟敬能亲。

咸丰御览之宝

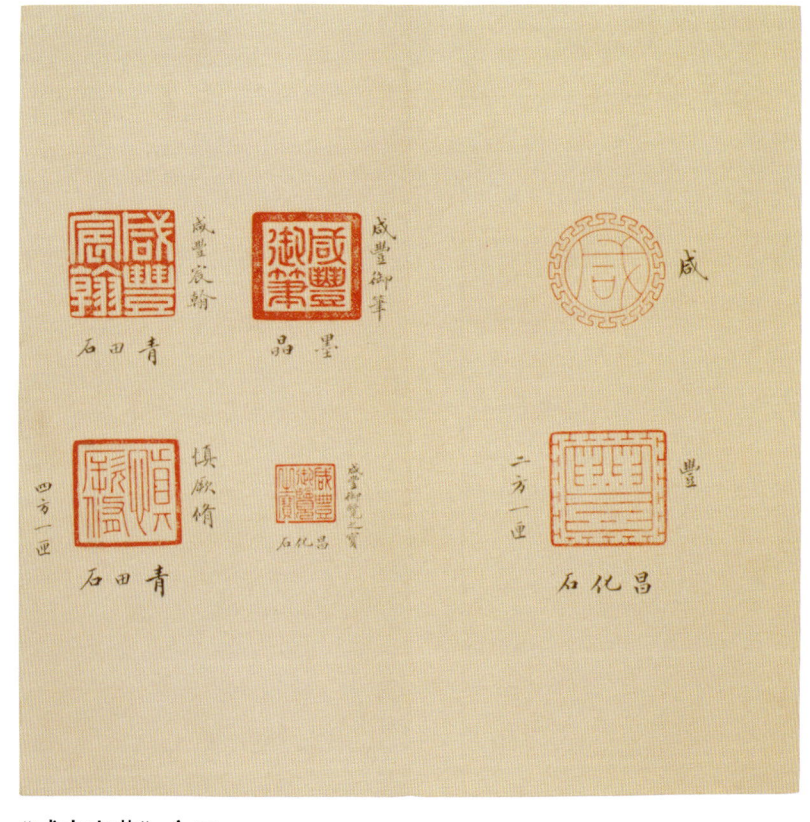

《咸丰宝薮》之二

《管城春满图》轴

（清）载淳绘。纸本，设色。故宫博物院藏。

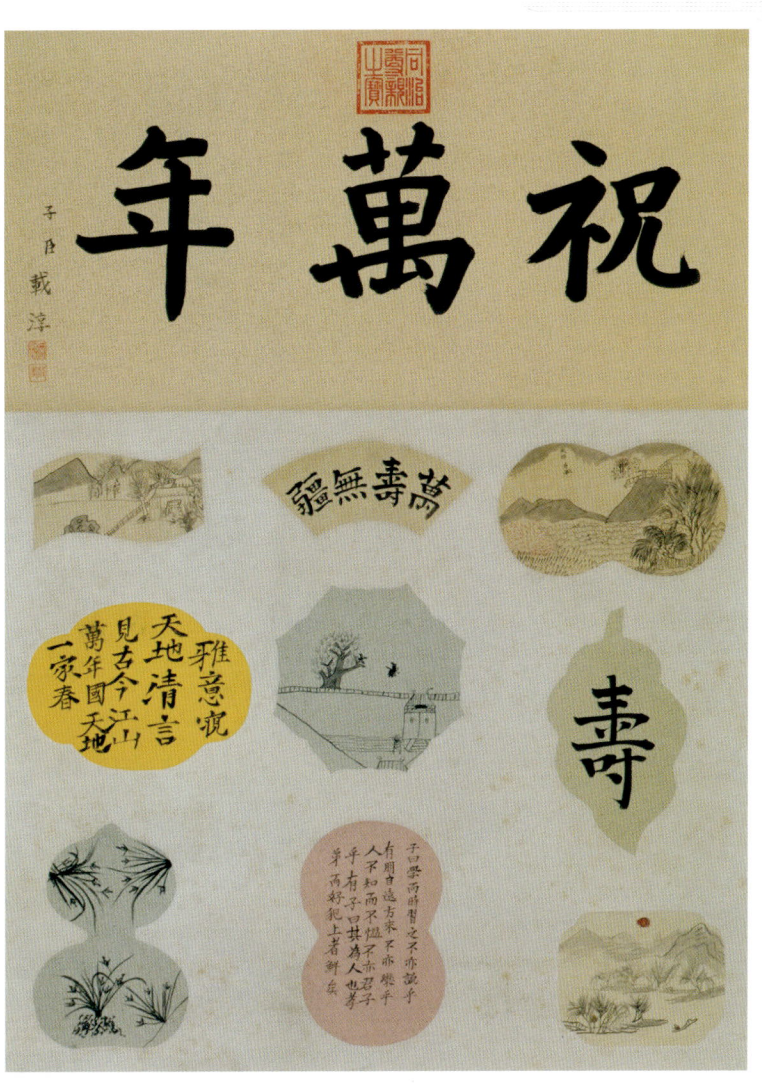

同治帝《祝万年图》轴

（清）载淳绘。纸本，设色。故宫博物院藏。

同治帝《御制诗文集》

（清）载淳撰。清内府抄本。故宫博物院藏。

咸丰、同治帝虽然也作诗属文，但是数量都不及乾隆帝的零头。他们生不逢时，加上在学习方面也不如先辈们刻苦，作品自然多不了。这是清代御制诗文集的最后一部，未曾发刻。

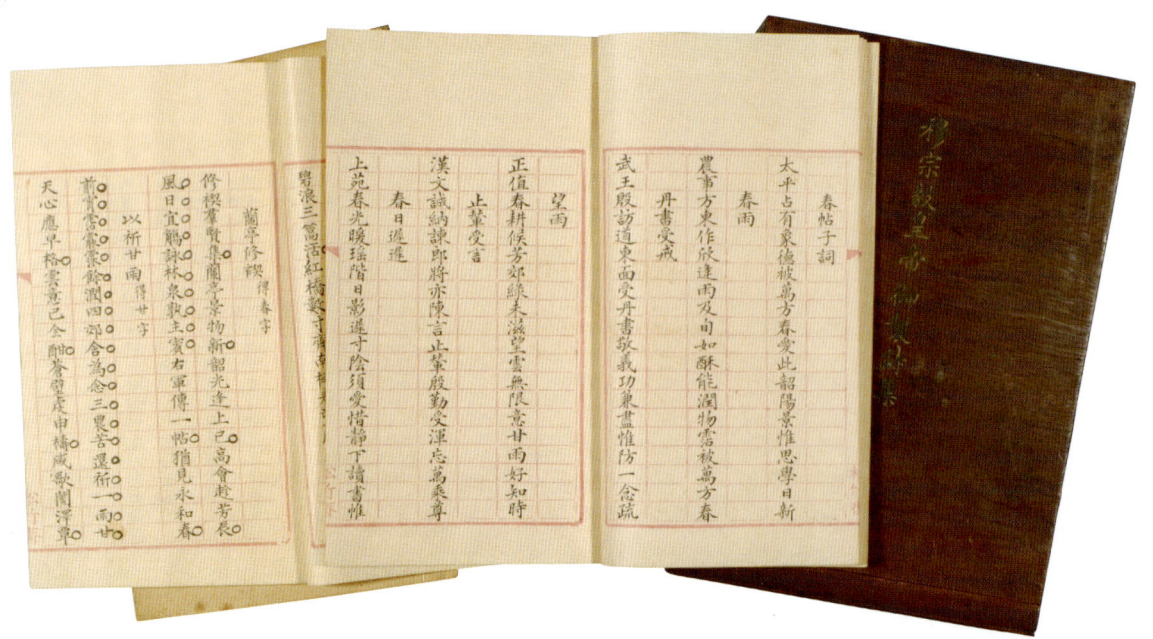

同治帝书《恭贺慈禧四旬万寿圣节诗》轴

满文《穆宗毅皇帝圣训》

（清）载湉敕撰。清光绪五年（1879年）武英殿刻满文本。故宫博物院藏。

清代继承前代的传统，自康熙帝开始，后嗣之君为前帝编纂《圣训》，未曾中断。载湉即位后，依例纂辑穆宗《圣训》。编成后，同时以满、汉两种文字刊行。这是清宫编刻的最后一部《圣训》。

"同""治"组玺

寿山石质。方形。4.4厘米见方。通高6.2厘米，钮高3.2厘米。故宫博物院藏。

此印螭钮。"同"字阳文，"治"字阴文，篆书。外圈均有万字回纹图案。

象牙雕花镜奁

同治年制。长31厘米,宽23厘米,高19.8厘米。故宫博物院藏。

清代后妃喜爱化妆,此奁专供其梳妆之用,上层为装香粉、胭脂的牙雕盒,下层是内嵌玻璃镜的双门柜,匣内有放梳具的抽屉。通体遍刻丹凤朝阳、喜鹊登梅、鸳鸯戏水、鹤鹿同春等吉祥图案等。整体造型优美,刻工精细,技法多样,纹饰富丽、丰满,是一件兼具实用价值的艺术杰作。

画珐琅缠枝花唾盂

清晚期制。高8厘米,口径9厘米。故宫博物院藏。

慈禧太后很注意养颜、护肤、护发,并注重牙齿的保护。饭后吃零食、甜食、水果后都要漱口,还经常用专配的"固齿刷牙散"擦牙漱口。所以,唾盂成了她不可缺少之物,端着痰盂的宫女随时恭候在旁。在慈禧的座位、床榻等处,都可见到金、银、珐琅等不同质地的唾盂。

黄杨木描金彩杂锦梳具

清晚期制。匣长29.2厘米，宽20.7厘米，高3.7厘米。故宫博物院藏。

慈禧发质很好，垂帘听政后，越发讲究美容美发。梳头时，常常为掉下几根头发而大骂为她梳头的宫女，几乎到了视发如命的程度。慈禧梳头时，要以象牙梳和黄杨木梳轮换使用，还依头发不同部位，分别选用大小、疏密齿不同的梳子。梳的方法分为精梳、细梳、勤梳，边梳边用中药护发养发水抿头，使药液浸入发根。清宫梳具除黄杨木外，还有象牙、玳瑁等不同品种，皆雕饰精美。

玛瑙按摩器

清中晚期制。长11.5厘米，宽3.5厘米。故宫博物院藏。

按摩是中国传统医学中的健身防病治病方法之一。此按摩器由铜构件嵌制，手柄上滚动的椭圆珠为玛瑙质地，精美雅致，细润滑腻。操作时，在身体上前后推动，可使气脉通畅，舒筋活血，消除疲劳。

铜架香水瓶

　　清晚期制。高28厘米,宽11厘米。故宫博物院藏。

　　清代后妃所用香水多为西洋贡品。这架香水瓶,外形精美大方,色彩艳丽,是一件很别致的艺术装饰品。

蓝透明珐琅描金喜字把镜

　　同治年制。长27.9厘米,宽12.5厘米。故宫博物院藏。

　　此镜椭圆形,描金花纹。柄端嵌有染牙和珊瑚珠,并饰有黄丝先穗。镜面为珐琅万字地,上嵌八宝花和双喜字。为清朝皇后、妃、嫔专用。

明黄缎绣花卉五毒纹扇套

通长50厘米，套长30厘米，宽4—5.5厘米。故宫博物院藏。

金錾古钱纹指甲套

清晚期制。长5.2厘米。八成金，重7克。故宫博物院藏。

银镀金珠石累丝指甲套

长8.9厘米，口径1.4厘米。故宫博物院藏。

古代贵族妇女手部装饰的内容之一为蓄甲。指甲套即是为保护长长的指甲而设计的。此件金指甲套为皇太后所佩带，一端粗，一端细，呈筒形，是按其手指的粗细及指甲的长短精心制作而成。前端錾古钱纹，尾端为双环古钱纹，做工细腻。背面有"横金条五"戳记。

此套通身为银镀金累丝古钱纹，玲珑剔透。套口上面装饰点翠蝙蝠、寿字，蝙蝠腹部嵌一颗红宝石，寿字上嵌一粒珍珠。蝙蝠、寿字寓意"福寿"，"钱"与"全"谐音，合寓"福寿双全"。

铜镀金点翠穿珠石九凤钿子

高19厘米,宽31厘米。故宫博物院藏。

银镀金点嵌珠宝点翠条

长22.5厘米,宽2.7厘米。故宫博物院藏。

银镀金嵌松鼠葡萄头簪

同治年制。长15.5厘米,宽5.3厘米。故宫博物院藏。

此条为弧形,缉米珊瑚为宝相花,红宝石梅花点翠,银镀金花叶。

此簪为清代后妃首饰,慈禧时期之物。簪首有银镀金累丝松鼠,点缀花叶、嵌翠、碧玺、紫晶、红宝石等精美华丽的饰物,簪挺插入发间,以固定发型。

《同治帝游艺怡情图》轴

　　清宫廷画家绘。纸本，设色。纵147.5厘米，横84厘米。故宫博物院藏。

《同治帝僧装像》轴

　　清宫廷画家绘。绢本，设色。纵183.5厘米，横98厘米。故宫博物院藏。

《同治帝便装像》轴

　　清宫廷画家绘。绢本，设色。纵182.5厘米，横98厘米。故宫博物院藏。

《慈禧太后弈棋图》轴

清宫廷画家绘。绢本,设色。纵235厘米,横144.3厘米。故宫博物院藏。

此图绘慈禧太后端坐在绣墩上,右手伸入盒中,作取子状,与花园内的古松、牡丹、兰花、翠竹及秀石等景物相映成趣,生动地重现了后妃闲暇舒适的娱乐生活。

《慈禧太后佛装像》轴

　　清宫廷画家绘。绢本，设色。纵191.2厘米，横100厘米。故宫博物院藏。

《慈禧太后观音装像》轴

清宫廷画家绘。绢本,设色。纵217.5厘米,横116.厘米。故宫博物院藏。

  图中慈禧太后身着佛装,头戴莲花帽,端坐在桃竹树下,神态安祥,右侧一童子双手捧灵芝。环境配置幽静,色彩艳丽。花蝶、灵芝、桃、竹等吉祥植物喻意着她的长寿,又突出了佛的身份,这是号称为"老佛爷"的慈禧太后喜欢的题材,借此来宣扬她的"慈悲"之心。

慈禧御笔书轴

"龙",纸本。纵180.9厘米,横92.7厘米。

"虎",纸本。纵182厘米,横93.8厘米。

"福",纸本。纵180厘米,横93.5厘米。

"寿",纸本。纵181.2厘米,横92.7厘米。

故宫博物院藏。

慈禧太后曾日习书画以自娱,又喜代笔批答奏章。垂帘听政后,她经常书写大幅的单字赐给内外大臣,但其墨迹存世很少。此四幅大字沉稳凝重,内具几分功力。

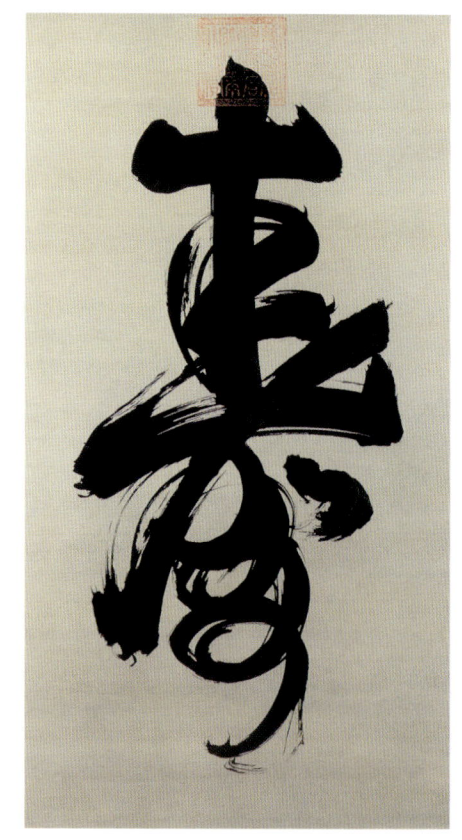

后 记

《清史图典》经过两年多的努力，终于杀青付梓。本书在编纂过程中，得到了故宫博物院各部门领导的大力支持以及有关同仁的密切配合与鼎力相助。本书选用了大量具有丰富历史内涵的文物、图书，以展现当时的社会风貌。诸多同仁参加了提取文物，图书的协助拍摄、图片制作等工作，可以说，本书是集体劳动的结晶。在此，《清史图典》编撰人员向所有给予此书以各种帮助的同仁致以衷心的感谢！

除故宫博物院的文物藏品图片外，《清史图典》还得到了许多兄弟单位和个人的大力帮助，为本书提供了各种图片资料。为此，编著者亦深表诚挚的谢意！

《清史图典》各卷卷首冠以著名清史专家所写的序言，综述每朝历史概貌，实为各卷锦上添花。对各位专家于百忙中给予本书的厚爱深表敬意！

除本书各卷主编主笔外，佟悦、董平撰写了《太祖 太宗朝》的某些条目，郭蕾撰写了《康熙朝》的部分章节，牛克诚撰写了《乾隆朝》的部分章节，刘蔷、吕成龙、邵岩、陈芳、曹莉、白炎林、蒋金治撰写了《咸丰 同治朝》部分条目，董健丽、范文海撰写了《光绪 宣统朝》的某些条目。

本书拓片由郭玉海制作，印章由方斌钤本。

最后，对所有为《清史图典》提供帮助的单位与个人，在此一并开列，以示其功不可没。

提供图片的单位如下（按音序排列）：

北京大学图书馆、北京市古代钱币展览馆、北京雍和宫、福建晋江博物馆、广东东莞鸦片战争博物馆、河北承德避暑山庄、湖北通山博物馆、辽宁大连金州博物馆、辽宁丹东文化局、辽宁锦州文物考古研究所、辽宁辽阳博物馆、辽宁旅顺博物馆、辽宁省博物馆、辽宁省档案馆、辽宁省图书馆、辽宁新宾永陵文管所、旅顺日俄监狱旧址陈列馆、内蒙古自治区博物馆、内蒙古自治区通辽博物馆、南京太平天国历史博物馆、山东邹城孟庙文物管理局、山西省博物馆、上海博物馆、上海市历史博物馆、上海图书馆、沈阳故宫博物院、首都图书馆、史可法纪念馆、四川省博物馆、西藏自治区档案馆、小莽苍苍斋、新疆维吾尔自治区博物馆、浙江金华太平天国侍王府纪念馆、浙江省博物馆、中国第一历史档案馆、中国革命博物馆、中国国家图书馆、中国历史博物馆。

协助图片拍摄、制作的个人如下（按姓氏音序排列）：

白皛晶、曹莉、丁孟、郭金芳、郭亚玲、何林、华宁、黄希明、蒋若威、李斌、李欢、李卫东、李艳霞、李英、梁金生、梁宪华、刘鸿武、刘家迅、刘硕、刘振祥、毛宪民、聂崇正、彭德、齐心、钱九如、秦凤京、施安昌、汤信东、王大中、王会、王连起、王秋菊、王硕、王薇、王幼敏、王玉书、吴鹏、恽丽梅、张广生、张楠平、张小新、张莹、朱庆征。

为本书图片摄影的除故宫博物院信息中心摄影科的胡锤、刘志岗、冯辉、赵山、刘明杰、邹一伟等人外，还有以下个人（按姓氏音序排列）：

冯玉涛、郭蕾、华仁、贾宁、李荣发、李泽奉、刘俊勇、刘如仲、任鸿魁、苏盛清、孙志奇、王家鹏、王家忠、王时伟、王思治、王政伟、吴胜利、徐凯、阎崇年、张邦义、赵雅新。

春华秋实，两载笔耕的成果捧出，我们期待着专家学者建设性的意见与批评。

《清史图典》编委会
2001 年 8 月 27 日

清史图典

藍田縣
石門湯
藍水
板廟子
舊縣關
盧子石
秦嶺
大泥峪
天書山
石甕子
西王谷嶺
紅山洞
鐵鎖橋
鎮安縣
營兒寨
長峭舖
青鎖關
洵河
金坪
高峯寨
土地嶺
金井河
兩河關
安善嶺
徐家坪
表德舖
上茅坪
孟家寨
野猪坪
社川河
大白山
清涼溝
陳家壩
華陽關
馬鞍山
洋縣
龍亭舖
石泉縣
堯峯關
牛羊河
漢陰縣
紫陽縣
洵陽縣
雙河關
廣墩山
太平縣
白沙河
通天觀
石塘溪
東溪河
觀面山
後溪河
分水河
五溪河
大寧縣
舊縣壩